Christoph Nix / Winfried Möller /
Carsten Schütz

# Einführung in das Jugendstrafrecht für die Soziale Arbeit

Mit 6 Abbildungen und 2 Tabellen

Ernst Reinhardt Verlag München Basel

Rechtsanwalt Prof. Dr. iur. *Christoph Nix* lehrte an der Evangelischen Fachhochschule Hannover, der Humboldt Universität Berlin, der Universität der Künste und ist an der Universität Bremen für Jugendstrafrecht zuständig. Er verteidigte in zahlreichen Strafprozessen. Zugleich ist er Regisseur und Intendant am Theater Konstanz.

Rechtsanwalt Prof. Dr. iur. *Winfried Möller* lehrt an der Fachhochschule Hannover Verwaltungsrecht, Jugendrecht und Strafrecht.

Richter Dr. iur. utr. *Carsten Schütz* war nach fünfjähriger Tätigkeit als Wissenschaftlicher Assistent an der Universität Würzburg in der ordentlichen Gerichtsbarkeit tätig, bevor er Richter und Direktor des Sozialgerichts Fulda wurde. Er ist Lehrbeauftragter an der HS Fulda.

Bibliografische Information der Deutschen Nationalbibliothek

Die Deutsche Nationalbibliothek verzeichnet diese Publikation in der Deutschen Nationalbibliografie; detaillierte bibliografische Daten sind im Internet über <http://dnb.d-nb.de> abrufbar.
    UTB-ISBN 978-3-8252-3216-0

Printed in Germany
Einbandgestaltung: Atelier Reichert, Stuttgart
Satz: Arnold & Domnick, Leipzig

**ISBN 978-3-8252-3216-0** (UTB-Bestellnummer)

Ernst Reinhardt Verlag, Kemnatenstr. 46, D-80639 München
Net: www.reinhardt-verlag.de E-Mail: info@reinhardt-verlag.de

UTB 3216

**Eine Arbeitsgemeinschaft der Verlage**

Böhlau Verlag · Wien · Köln · Weimar
Verlag Barbara Budrich · Opladen · Farmington Hills
facultas.wuv · Wien
Wilhelm Fink · München
A. Francke Verlag · Tübingen und Basel
Haupt Verlag · Bern · Stuttgart · Wien
Julius Klinkhardt Verlagsbuchhandlung · Bad Heilbrunn
Mohr Siebeck · Tübingen
Nomos Verlagsgesellschaft · Baden-Baden
Orell Füssli Verlag · Zürich
Ernst Reinhardt Verlag · München · Basel
Ferdinand Schöningh · Paderborn · München · Wien · Zürich
Eugen Ulmer Verlag · Stuttgart
UVK Verlagsgesellschaft · Konstanz, mit UVK/Lucius · München
Vandenhoeck & Ruprecht · Göttingen · Oakville
vdf Hochschulverlag AG an der ETH Zürich

# Inhalt

**Es haben bearbeitet:**
Christoph Nix – §§ 1–3, 7 I. u. II., 9, 13
Winfried Möller – §§ 4–6, 8, 10
Carsten Schütz – §§ 7 III., 11, 12

# Abkürzungsverzeichnis

| | |
|---|---|
| **1. JGGÄndG** | 1. Gesetz zur Änderung des Jugendgerichtsgesetzes |
| **a. A.** | anderer Ansicht |
| **abl.** | ablehnend |
| **a. E.** | am Ende |
| **a. F.** | alte Fassung |
| **Abs.** | Absatz |
| **AG** | Amtsgericht |
| **AufenthG** | Aufenthaltsgesetz |
| **BayLJA** | Bayerisches Landesjugendamt |
| **BayObLG** | Bayerisches Oberstes Landesgericht |
| **BayStVollzG** | Bayerisches Strafvollzugsgesetz |
| **BGB** | Bürgerliches Gesetzbuch |
| **BGBl.** | Bundesgesetzblatt |
| **BGH** | Bundesgerichtshof |
| **BGHSt.** | Entscheidungen des BGH in Strafsachen – Amtliche Sammlung (zitiert nach Band und Seite) |
| **BT-Drs.** | Bundestagsdrucksache |
| **BtMG** | Betäubungsmittelgesetz |
| **b. u.** | bis unter |
| **BVerfG** | Bundesverfassungsgericht |
| **BVerfGE** | Entscheidungen des Bundesverfassungsgerichts – Amtliche Sammlung (zitiert nach Band und Seite) |
| **BZRG** | Gesetz über das Zentralregister und das Erziehungsregister (Bundeszentralregistergesetz – BZRG) |
| **DVJJ** | Deutsche Vereinigung für Jugendgerichte und Jugendgerichtshilfen e. V. |
| **DJT** | Deutscher Juristentag |
| **EGMR** | Europäischer Gerichtshof für Menschenrechte |
| **EMRK** | Europäische Konvention zum Schutz der Menschenrechte und Grundfreiheiten |
| **Fn.** | Fußnote |

| | |
|---|---|
| **FS** | Festschrift |
| **GG** | Grundgesetz |
| **GVBl.** | Gesetz- und Verordnungsblatt |
| **HessJStVollzG** | Hessisches Justizvollzugsgesetz |
| **h. M.** | herrschende Meinung |
| **Hs.** | Halbsatz |
| **HV** | Hauptverhandlung |
| **JA** | Jugendamt |
| **JAmt** | Das Jugendamt (zitiert nach Jahrgang und Seite) |
| **JAVollzO** | Jugendarrestvollzugsordnung |
| **JGG** | Jugendgerichtsgesetz |
| **JGH** | Jugendgerichtshilfe |
| **JVA** | Justizvollzugsanstalt |
| **KG** | Kammergericht Berlin |
| **KICK** | Gesetz zur Weiterentwicklung der Kinder- und Jugendhilfe vom 4. Juni 2005 |
| **KJHG** | Kinder- und Jugendhilfegesetz |
| **KrimJ** | Kriminologisches Journal (zitiert nach Jahrgang und Seite) |
| **LG** | Landgericht |
| **m. w. N.** | mit weiteren Nachweisen |
| **NdsJVollzG** | Niedersächsisches Justizvollzugsgesetz |
| **NJW** | Neue Juristische Wochenschrift (zitiert nach Jahrgang und Seite) |
| **NStZ** | Neue Zeitschrift für Strafrecht (zitiert nach Jahrgang und Seite) |
| **NStZ-RR** | Neue Zeitschrift für Strafrecht – Rechtsprechungs-report (zitiert nach Jahrgang und Seite) |
| **OLG** | Oberlandesgericht |
| **PKS** | Polizeiliche Kriminalstatistik |
| **RGBl.** | Reichsgesetzblatt |
| **RJGG** | Reichsjugendgerichtsgesetz |
| **Rn.** | Randnummer |
| **SGB VIII** | Sozialgesetzbuch (SGB) Achtes Buch (VIII) – Kinder- und Jugendhilfe |
| **SGB X** | Zehntes Buch Sozialgesetzbuch – Sozialverwaltungs-verfahren und Sozialdatenschutz (SGB X) |
| **StA** | Staatsanwaltschaft, Staatsanwalt |
| **StGB** | Strafgesetzbuch |

| | |
|---|---|
| **StPO** | Strafprozessordnung |
| **stRspr.** | ständige Rechtsprechung |
| **StV** | Strafverteidiger (zitiert nach Jahrgang und Seite) |
| **StVG** | Straßenverkehrsgesetz |
| **StVollzG** | Strafvollzugsgesetz |
| **SVS** | Strafverfolgungsstatistik |
| **TOA** | Täter-Opfer-Ausgleich |
| **VV Jug** | Verwaltungsvorschriften zum Jugendstrafvollzug |
| **ZfJ** | Zentralblatt für Jugendrecht (zitiert nach Jahrgang und Seite) |
| **ZfStrVo** | Zeitschrift für Strafvollstreckung (zitiert nach Jahrgang und Seite) |
| **ZKJ** | Zeitschrift für Kindschaftsrecht und Jugendhilfe (zitiert nach Jahrgang und Seite) |
| **ZJJ** | Zeitschrift für Jugendkriminalrecht und Jugendhilfe (zitiert nach Jahrgang und Seite) |
| **ZRP** | Zeitschrift für Rechtspolitik |
| **ZStVBetrV** | Verordnung über den Betrieb des Zentralen Staatsanwaltschaftlichen Verfahrensregisters |

„An einem Abend vor dem Lagerfeuer erzählte ein alter Cherokee-Indianer seinem Enkel die Geschichte über den Kampf, der in allen Menschen vorgeht. Er sagte: „Mein Sohn, der Kampf zwischen zwei Wölfen findet in uns allen statt. Einer ist das Böse. Es ist Zorn, Neid, Eifersucht, Gier, Arroganz, Selbstmitleid, Missgunst, Minderwertigkeit, Lügen, falscher Stolz, Überheblichkeit und Egoismus. Der andere ist das Gute. Es ist Freude, Frieden, Liebe, Hoffnung, Gelassenheit, Bescheidenheit, Güte, Nächstenliebe, Mitgefühl, Großzügigkeit, Wahrheit, Einfühlungsvermögen und Glaube." Der Enkel dachte für einen Moment darüber nach und fragte den Großvater: „Welcher Wolf gewinnt?" Der alte Indianer antwortete: „Der, den du mit Futter versorgst."

# Vorwort

Dieses Buch will Studentinnen und Studenten der Sozialarbeit und Rechtswissenschaft, aber auch andere an Jugendrecht und seiner Praxis Interessierte ansprechen und notwendige Grundlagen des Jugendstrafrechts vermitteln.

Es ist keine gängige und harmonische Einführung, sie ist auch in der Auseinandersetzung entstanden, und wir hoffen, die Leserinnen und Leser werden das spüren. Neben zahlreichen anderen und umfangreicheren Schriften über das Jugendstrafrecht greifen wir eine alte Idee wieder auf, die Karl Peters auf dem 13. Jugendgerichtstag formuliert hat. Wir brauchen ein einheitliches Jugendrecht. Oder brauchen wir eine radikale Trennung von Jugendstrafrecht und Jugendhilferecht?

Unser Büchlein beschränkt sich eben nicht auf die Vermittlung notwendigen Wissens, sondern will Fragen aufwerfen. Fragen nach den

Grundlagen, nach alten und neuen Wahrheiten des Jugendstrafrechts. Das Buch enthält auch Herausforderungen für den Leser und die Leserin – darunter die, sich mit den darin, aber auch mit den in anderen Werken zum Jugendstrafrecht vertretenen Auffassungen kritisch auseinanderzusetzen.

Die einzelnen Kapitel tragen die Handschrift des jeweiligen Autors, aber auch in der Sache weichen Auffassungen mitunter voneinander ab. Wir haben bewusst darauf verzichtet, sie stilistisch wie inhaltlich einzuebnen, weil wir solche Differenzen eher für eine Bereicherung denn einen Mangel halten. Es mag die Leserinnen und Leser dazu anregen, eine eigene Position zu finden und ihre eigenen Anteile aufzudecken, in denen sich strafrechtliche Fantasien tummeln.

Wir danken Gerhard Spiess von der Universität Konstanz für seine Unterstützung.

Konstanz, Hannover und Fulda im Frühjahr 2011
Christoph Nix, Winfried Möller und Carsten Schütz

Unsere Literaturempfehlungen sind
mit diesem Buchsymbol gekennzeichnet:

# § 1 Einleitung – oder eine persönliche Geschichte

Wie die meisten von uns habe ich als Jugendlicher Straftaten begangen. Ich erinnere mich noch sehr genau an meinen Wunsch, unbedingt Moped fahren zu wollen. In Freistunden oder wenn ich den Unterricht schwänzte, boten sich die besten Gelegenheiten. Ich war 15 Jahre alt und ging auf ein kleinstädtisches Gymnasium. Ich hatte einen Schulfreund, der eine „Kreidler Florett" fuhr und sie mir ausborgte.

An einem sonnigen Vormittag fuhr ich mit einem Klassenkameraden, Kurt, die Landstraße entlang. Plötzlich überholte uns ein Polizeifahrzeug. Kurz darauf hielt es an, und zwei Beamte winkten mit einer Kelle. Ich bremste und die beiden wollten meinen Führerschein sehen. Ich behauptete, ihn zu Hause liegen gelassen zu haben. Aber allzu lange hielt ich meine Notlüge nicht durch. Ich beichtete, ich legte ein Geständnis ab. Erleichterung auf allen Seiten. Nichts wünscht sich die Strafverfolgungsbehörde mehr als geständige Beschuldigte, Angeschuldigte, Angeklagte (die Geständnisbereitschaft ist besonders bei jungen Tätern groß; Walter 2005, Rn. 206. Häufig kommt es zu falschen Geständnissen, damit man die unangenehme Situation der Erstvernehmung loswird. Zur weiteren Lektüre: Nix 1993, 181). Sie gelten als reumütig und besserbar.

Die Beamten nahmen meine Personalien auf. Kurt, mein Klassenkamerad, stand betrübt daneben. Dann verkündete einer der Beamten, „der Böse", mir süffisant, ich müsse jetzt das Moped sechs Kilometer bis in die Schule schieben. Man würde noch ein wenig in die Ermittlungen einsteigen, ich bekäme dann Bescheid, wann die Gerichtsverhandlung stattfinden würde. Das waren eine ganze Menge Ankündigungen. Es war bereits eine Mischung aus informellen Sanktionen (in der Schule würde man erfahren, dass ich ohne Führerschein gefahren war, und ich sollte dieses verdammte Moped auch noch schieben). Darüber hinaus erfuhr ich, dass es eine Gerichtsverhandlung geben würde. Gegen mich war ein Ermittlungsverfahren eingeleitet worden.

In § 160 StPO liest man:

„Sobald die Staatsanwaltschaft durch eine Anzeige oder auf anderem Wege von dem Verdacht einer Straftat Kenntnis erhält, hat sie zu ihrer Entschließung darüber, ob die öffentliche Klage zu erheben ist, den Sachverhalt zu erforschen."

Was war geschehen und was würde am Ende daraus werden? Viele Unsicherheiten und bedrohliche Fantasien für einen 15-jährigen Jungen. Würde ich von der Schule fliegen? Musste ich in einen Arrest? Was würden meine Großeltern sagen, bei denen ich lebte?

Nun, heute kann ich das alles in der Strafprozessordung (§ 160 StPO) oder im Jugendgerichtsgesetz nachlesen, aber da steht auch nicht, womit ich wirklich zu rechnen hatte. Welche Sanktion würde ausgesprochen werden, oder konnte das Verfahren eingestellt werden? Wann gilt was?

Ängste, Fantasien, das Zusammenspiel von Polizei und Schule, Elternhaus und Mitschülern, all das ist in einem anderen „Buch des Lebens" festgehalten? Ich musste aber auch rasch entscheiden, was ich tun sollte, damit mein Freund, dem das Moped gehörte, nicht noch belastet werden würde. Ich dachte an Mittäterschaft, Beihilfe oder andere Konstrukte, weswegen er angeklagt werden könnte. Ich fürchtete, dass das Jugendamt und der Großvater, bei dem ich aufwuchs, von der Sache erfahren würden, und überhaupt, ich hatte keinerlei Vorstellung davon, welche Strafe mich erwarten würde. Natürlich war mir bewusst, dass man eine Fahrerlaubnis brauchte. Es war aber das Jahr 1969, und wir Schüler wollten gerne „die Revolution machen". Wir hielten nicht viel von bürgerlichen Normen, von Führerscheinen, die letztlich unseren Freiheitsdrang eindämmen sollten. Wir wollten keine unnötigen Normen.

Rössner (in: Meier et al. 2007, 2 ff.) beschreibt den Prozess der Normaneignung und des Normlernens ausführlicher: In einem komplexen Entwicklungsprozess des Normlernens, der zweiten sozialen Geburt wird gemeinschaftsbezogenes Wissen und Handlungskompetenz erst erworben. Das Jugendstrafrecht ist ein Meilenstein dieser Entwicklung in den ersten beiden Lebensjahrzehnten. Mit dem Eintritt ins 14. Lebensjahr (§ 1 JGG; § 19 StGB) gelten für den öffentlichen Raum die Strafvorschriften der Erwachsenen mit den entsprechenden Verboten uneingeschränkt.

Von Anbeginn soll uns klar gemacht werden, wie es unsere Kultur mit der Kategorie der Zeit aufnimmt. Man muss sie nutzen. Man muss seine Zeit nutzen, was Hänschen nicht lernt, lernt Hans nimmermehr. Nutzt man die Zeit nicht zur Normverinnerlichung, so winkt uns die Strafe, allerdings: Erst als ultima ratio, als ein letztes Mittel auf der nach oben offenen Sanktionsskala. Schön formuliert es Weis (1998, 196 ff.): Als Maß der gesellschaftlichen Reife und Verantwortung im rechtlichen Rahmen gelte die verbrauchte Lebenszeit.

Es ist eine normative Entscheidung, dass man bei uns mit dem 14. Lebensjahr strafmündig wird. Das JGG von 1923 (§ 1 JGG 1923) hatte die Strafbarkeit vom 12. auf das 14. Lebensjahr angehoben, im Nationalsozialismus war sie wieder gesenkt worden (RJGG 1943) und in Ost und West haben wir zum einen mit dem JGG 1953 und in der DDR bereits seit 1951 eine Strafmündigkeit ab 14 Jahren gehabt.

Mit unserer Erfindung von Kindheit und Jugend, die ja erst eine Idee der Neuzeit zur bürgerlichen Gesellschaft hin beschreibt (vgl. Aries 1975, 92 ff.), haben wir ein Stufenmodell anerkannt. Das Kind hatte 14 Jahre Zeit, um sich gesellschaftliche Regeln, soziales Wissen und Handeln anzueignen. Das Jugendstrafrecht räumt den Jugendlichen (14–17 Jahre) und den Heranwachsenden (18–20 Jahre) eine Übergangsfrist (§ 1 Abs. 2 JGG) bei dieser Entwicklung ein.

Die Kategorie der Verantwortlichkeit (§ 3 JGG), die in der Strafpraxis eine zu wenig beachtete Rolle spielt, das Modell der Verantwortungsentwicklung aber sind kaum in der Lage, die Komplexität und Störanfälligkeit kindlicher und jugendlicher Entwicklung beim Lernen sozialer Normen zu erfassen. Trotzdem ist § 3 JGG eine interessante Norm, die man insbesondere in der Sozialen Arbeit nicht zu schnell überlesen sollte.

Sie findet Anwendung bei Jugendlichen, also zwischen 14 und 17 Jahren vor den Jugendgerichten. Im 19. Jahrhundert ergaben sich zwei unterschiedliche Konzepte zur Frage einer absoluten oder nur bedingten Strafmündigkeit oder Strafunmündigkeit.

Die deutschen Partikulargesetze kannten eine absolute von 14 Jahren (im BayStGB von 1810 lag sie bei acht Jahren), wobei es Minderungen bei den 16- bis 18-Jährigen gab. Der französische Code Pénal (1810) ließ die Strafmündigkeit erst mit 16 Jahren zu. All dies aber war bei uns in der Schule nie Gegenstand von Geschichte geworden. Es interessierte sicher auch das Amtsgericht wenig.

Mir war zwar bewusst, dass die Fahrerlaubnis notwendige Voraussetzung dafür war, damit ich, als „Subjekt des Lernens", eine geringere

Gefahr im Straßenverkehr darstellen würde. Aber ich hätte zum einen die Fähigkeit benötigt, mein Bedürfnis hintanzustellen, zum anderen aber auch die Einsicht, dass Gesellschaft Regeln braucht, um sich vor solchen Gefahren, wie sie in diesem Fall von mir ausgingen, zu schützen. So sah ich mich nicht, und so sah ich auch die schutzbedürftige Gesellschaft nicht. Es ging daher um die persönliche Aneignung (Verinnerlichung) der in der Außenwelt konstituierten Normen, um die soziale Integration der äußeren und der inneren sozialen Kontrolle.

Das aber lehnten wir im Jahre 1969 noch strikt ab, ja in gewisser Weise war ich auch ein Überzeugungstäter, denn an unserer Schule hatte gerade die Gruppe „Ho-Chi-Minh" begonnen, die bürgerliche Gesellschaft radikal infrage zu stellen (vgl. meinen Roman „Junge Hunde", 2008).

Nichtsdestotrotz musste ich mein Moped über mehrere Kilometer schieben und machte damit Bekanntschaft, was das für eine anstrengende, informelle Sanktion war: nahezu schlimmer als die richtige Strafe, zumindest empfindet man das nach sechs Kilometern. Mehr noch machte sich im Kopf eines gerade nicht mehr strafunmündigen Jugendlichen breit: Bekommt mein Freund, der mir das Moped geliehen hatte, Ärger wegen mir? Was bedeutet es in der Schule, wenn die „Bullen" kommen? Bin ich blamiert? Bekomme ich noch eine Nebenstrafe? Kann ich die Sache verheimlichen?

Ich erinnere mich weder an Gespräche mit einer Sozialarbeiterin, noch an eine besondere Bestrafung durch meinen Schulrektor, irgendwann jedenfalls war die Gerichtsverhandlung vor dem Jugendrichter. Meine erste, registrierte Straftat in der jungen Demokratie der BRD wurde nicht eingestellt (§§ 153 ff. StPO, 45 ff. JGG).

Irgendwann erhielt ich die Abschrift meiner Anklageschrift (scheinbar hatte die Staatsanwaltschaft die Ermittlungen abgeschlossen [§ 169a StPO] und sich für eine öffentliche Klage entschieden [§ 170 StPO]). Ich fischte sie aus dem Briefkasten, ohne dass mein Großvater davon etwas mitbekam. Später kam die Ladung zum Termin.

Es kam zur Gerichtsverhandlung und zu einer formellen Sanktion. Es kam auch zu einem Fehlurteil, denn ich wurde wegen Diebstahls (§ 242 StGB) und nicht wegen Gebrauchsanmaßung (§ 248b StGB) verurteilt. Aber da das Jugendstrafrecht außerdem erziehen will und erziehen soll, nimmt man es mit der Dogmatik des materiellen Strafrechts sowieso nicht so ernst. Da ich nicht wollte, dass mein Freund, der Eigentümer des Motorrollers, belangt werden würde, hatte ich erklärt, ich hätte den Roller ohne sein Wissen entwendet. Ich hatte eine eigene Moral.

Der Richter, der über mich urteilen sollte, war Dr. Schumann, den kannte ich noch. Am Amtsgericht in Herborn war er für alles zuständig: allgemeine Zivilsachen, Vormundschafts-, Straf- und Jugendstrafsachen. Im JGG ist aber normiert, dass in Jugendsachen besondere Fachgerichte einzurichten sind. Das steht in §§ 36 ff. JGG. Wie gesagt, ich war geständig, mein Vater war bis zu seinem Tod ein angesehener Mann der Stadt, daran sollte sich auch nichts ändern, und wenn man dann noch einsichtig ist, dann ist auch das Urteil milde, und Dr. Schumann war auch als „Papa Gnädig" bekannt.

Der Philosoph Ernst Bloch (1885–1977) ist in seinem Buch „Naturrecht und menschliche Würde" dem Phänomen des fordernden und des konservierenden Naturrechts nachgegangen. Es findet sich in seinem Werk ein Text über das Richten und über den Richter (1972, 276):

„Besonders leicht wird das Kind geschlagen. An ihm übt sich der Erwachsene, der sich sonst nicht zu helfen weiß. Umgang mit Unmündigen ist oft schwierig, der Hieb kürzt die Wege ab. Je unbegabter ein Erzieher, desto eher greift er zum Stock, und desto weniger richtet dieser aus. Der Schmerz der Prügel gilt bereits als Strafe. Sie beschwichtigt den Strafenden, sie soll weiterhin die verbotene Tat mit Schmerz verbinden, für später, und so gegen die Wiederholung wirken. Vielleicht wirkt bei all dem noch nicht Rache mit, doch Strenge, und eine, die sich nicht einmal darum kümmert, ob das Kind zurechnungsfähig ist. Die Rute soll bessern, indem sie abschreckt; sie soll zur Zucht führen, züchtigen ist das Zeitwort von Zucht. Wenn der Vater nun der früheste Richter, so wird der Richter denen, die als Unmündige mündiger Art vor im stehen, zum härtesten Vater. Die Kindheit, dann die Schule war sehr vielen Menschen ein Zustand jenes Zitterns, jenes Preisgegebenseins an den Rächer, das später nur den Verbrechern ihr schwieriges Leben ist. An den Kindern übt sich die Strafe, der Richter selbst wurzelt in sehr frühen Gefühlen und Zeiten. Auch wird die Jugend desto weniger geschlagen, je weniger grausam es hinter Schloss und Riegel zugeht."

Dr. Schumann, damals noch mit dem Titel eines Oberamtsrichters versehen, verurteilte mich zu einer Arbeitsleistung von sechs Stunden, den ich in der orthopädischen Abteilung der Herborner Psychiatrie zu absolvieren hatte. Ich war erleichtert, keine Führerscheinsperre. Ich empfand die Entscheidung als gerecht. Was aber war das für ein Dienst? Was war das für eine Auflage, wenn sie mich zugleich bestrafen und erziehen sollte? Aber die alte Akte ist verschwunden, sie ist vernichtet. Da hilft nur ein Blick ins Gesetz. War es eine Weisung nach § 10 oder schon eine Arbeitsauflage und damit ein Zuchtmittel nach § 15 JGG?

In der Literatur haben sich sehr heterogene Auffassungen etabliert über die Rolle des Jugendstrafrechts „als Teilsystem der sozialen Kontrolle beim Normlernen in den ersten beiden Lebensjahrzehnten". Die Auffassungen halten am primären Erziehungsgedanken fest (Schaffstein/Beulke 2002, § 5 IV 4; Schlüchter 1994), am Jugendstrafrecht als jugendadäquater Individualprävention (so vor allem Eisenberg 2010a, Einl. Rn. 5c; Ostendorf 2009c, Grdl. z. §§ 1–2 Rn. 4) oder vertreten die Auffassung, dass für den Erziehungsgedanken im Strafrecht kein Platz sei (Albrecht 2000, 65 ff.; Nix 1994, Einl.).

Rössner (Meier et al. 2007) hält diesen dogmatischen Streit scheinbar für überflüssig, indem er noch einmal auf den vielfältigen, sich überschneidenden Prozess des Normerlernens abstellt:

- Sozialisation als Gesamtgeschehen der Entstehung und Entwicklung von Persönlichkeit.
- Erziehung als Teilbereich der Sozialisation, der die bewussten Handlungen und Maßnahmen umfasst.
- Strafe als widersprechende Reaktion zu einem Fehlverhalten.

Ohne große Strafrechtstheorie haben wir aber im Alltagswissen schon einmal etwas vom Vorsatz gehört, ohne genau zu wissen, was das ist. Über den Vorsatz steht auch etwas im Gesetz, wenn es auch nicht sagt, worin er besteht (§ 15 StGB).

Vom Vorsatz des Jungen, über den wir eben gesprochen haben, und über sein Innenleben sagt das JGG wenig aus, es ist im Wesentlichen ein formelles Recht, es beschäftigt sich mit den Sanktionen und den Alternativen zur Freiheits- und zur Geldstrafe. Spätestens bei der Frage, ob Jugend- oder Erwachsenenstrafrecht anzuwenden ist, zeigt sich in § 105 JGG und seiner Anwendungspraxis, wie wir über Jugend und Erwachsene denken werden. Davon handelt dieses Buch.

# §2 Geschichte des Jugendstrafrechts

📖

Kreuzer, A. (2008): Ursprünge, Gegenwart und Entwicklungen des deutschen Jugendstrafrechts. ZJJ, 122–131

## I. Über Kindheit und Jugend

Im Vorwort zu Philippe Ariès' „Geschichte der Kindheit" stellt Hartmut von Hentig die künftigen Chancen von Kindheit und Jugend infrage:

> [...] dass die Kinder ihrer Kindheit um jeden Preis entrinnen wollen, groß, stark, unabhängig, sie selbst sein; und dass Jugendliche umgekehrt sich weigern, erwachsen zu werden. Den einen hat man die Kindheit verleidet; sie ist unwirklich, in dem wir sie kindgemäß und pädagogisch machen. Den anderen ist inzwischen sichtbar geworden, wie unfroh, unzufrieden, ohne Perspektive die Erwachsenen sind – wie leer oder wie überlastet ihr Leben ist und ihnen selbst in beiden Fällen nicht verständlich (Ariès 1975, 37).

Was ist das für ein gesellschaftlicher Befund, wird er Eingang finden in die Überlegungen von Jugendrichtern und Jugendgerichtshilfe, ist mit solchen gesellschaftlichen Beschreibungen etwas anzufangen, können wir im Einzelfall überhaupt den Fokus verändern und von außen auf solch einen Prozess der Kriminalisierung blicken? Wir wissen es noch nicht. Innerhalb unserer Zivilisation haben wir keine Anhaltspunkte dafür, dass Kinder in der Antike oder im Mittelalter anders angesehen wurden, als kleine Erwachsene oder Wesen in der Phase einer „unmündigen Vorexistenz". Die Erziehung des Adels war nicht mit Gedanken des sozialen oder moralischen Lernens belastet, ausschließlich mit einem Wissenskanon aus Künsten und Wissenschaft. Etwas anderes erscheint uns herüber aus den Kulturen nomadischer Stämme Afrikas und Nordamerikas. Die Rituale in solchen Stammeskulturen, die den

Eintritt in die Welt der Erwachsenen kennzeichnen sollten, waren geprägt von Begleitern, die den jungen Menschen helfen sollten, diese Welt zu verstehen und in ihr zu bestehen: ein Prozess des Normerlernens und des Erwachsenwerdens. Bei uns ist Kindheit und Jugend eine Erfindung des späten 17. Jahrhunderts, seine ideengeschichtlichen Protagonisten sind John Locke („Einige Gedanken über die Erziehung", 1693), Rousseau („Emile", 1762) und Beccaria („Von den Verbrechen und von den Strafen", 1764/2005). Seit dem 19. Jahrhundert setzten Bemühungen ein, die besondere Lebenssituation von Jugendlichen und Kindern zu erfassen. All diese Überlegungen aber, die ab jetzt die Geschichte und Entwicklung des Jugendgerichtsgesetzes umfassten, waren undenkbar und untrennbar mit einer Reformpädagogik verbunden, die emanzipatorische, also freiheitlichere Ansätze verfolgte. Sie kamen niemals aus dem Reich der Konservativen und der Kirchen, sie haben eher einen humanistisch, sozialdemokratisch, psychoanalytisch orientierten Hintergrund. Es lohnt, sich mit dieser Geschichte zu befassen, gerade, nachdem wir versuchen, massenhafte Übergriffe von Klerikern gegenüber Mädchen und Jungen aufzuarbeiten, gerade auch, nachdem eine Reformschule wie die Odenwaldschule als Institution versagt hat.

## II.    Eine kurze Geschichte des JGG

Das JGG vom 16.2.1923 (RGBl. I, 135) war als Entwurf des Reichsjustizministers Gustav Radbruch in das Deutsche Parlament eingebracht worden. Materiell-rechtlich entkriminalisierte es die 12- und 13-Jährigen, indem die Strafmündigkeit von zwölf Jahren (§ 45 StGB a. F.) angehoben wurde. Bereits zehn Jahre vorher war von der Fortschrittspartei ein Antrag auf ein erstes Jugendstrafgesetzbuch eingebracht und von v. Liszt begründet worden (Ostendorf 2007, Grdl. z. §§ 1–2 Rn. 2 und Nix 1994, Einl. Rn. 8). Liszt war eigentlich bemüht gewesen, die Strafmündigkeit erst mit 16 Jahren beginnen zu lassen. Vorschläge zur Einführung einer unbestimmten Jugendstrafe durch die Deutsch-Nationalen waren vom Reichstag abgelehnt worden. Das JGG 1923 institutionalisierte die Jugendgerichte als eigenständige Fachgerichte und legte die Täterbeurteilung in die Hände der Jugendämter. Damit war die Jugendgerichtshilfe geboren. Die Jugendhilfe wurde bereits ein Jahr vorher durch das Jugendwohlfahrtsgesetz (RJWG) von 1922 gesetzlich geregelt. Es schuf den Rahmen für eine eigenständige Jugendhilfe, die als Ausfluss des Wohlfahrtsstaates verstanden werden musste. Das RJWG enthielt zahlreiche Eingriffstatbestände bei Gefährdungen des Kindeswohls. Neue Sanktionen wurden eingeführt, und es entwickelten sich Alternativen zur Freiheitsstrafe, insbesondere die Erziehungsmaß- regeln. Die Freiheitsstrafe konnte zum ersten Mal in der Geschichte des Strafens zur Bewährung ausgesetzt werden (§ 10). Das erste deutsche Jugendgericht wurde 1907 in Frankfurt eingerichtet. Frankfurt blieb stets ein liberaler Ort, ab 1968 weigerten sich hier die Jugendrichter Hermann Möller und Jürgen Fröhlich, in Strafprozessen ihre schwarze Robe zu tragen, um Jugendliche nicht einzuschüchtern. Sie wurden dis- ziplinarisch verfolgt. Seit 1912 hatten wir in Deutschland 1283 Jugend- gerichte, die Jugendgerichtshilfe musste jetzt beteiligt werden und ein eigener Jugendstrafvollzug wurde eingeführt. Die 1920er-Jahre waren für die Reform des Jugendstrafrechts nahezu revolutionär. Es brauchte aber auch Helden wie Gustav Radbruch, die solche Vorhaben gesetzlich stützten.

Die VO zur Ergänzung des Jugendstrafrechts vom 4. Oktober 1940 (RGBl. I, 1336), die Durchführungsverordnung zur Ergänzung des Jugendstrafrechts vom 28. November 1940 (RGBl. I, 1541) und letztlich das RJGG vom 6. November 1943 führten die faschistische Erziehungs- ideologie in das Strafrecht ein. Vieles, was zum Mindeststandard eines Bildes von Kindheit und Jugend gehörte, wurde zurückgenommen.

Die Strafmündigkeit wurde wieder auf 12 Jahre gesenkt (§ 3 Abs. 2 RJGG). Das allgemeine Strafrecht war auf Jugendliche anzuwenden, wenn sie mit über 18 Jahren alten Tätern gleichgestellt werden konnten und das „gesunde Volksempfinden es wegen der besonders verwerfli- chen Gesinnung des Täters und wegen der Schwere der Tat forderte" (§ 20 Abs. 1 RJGG).

Die Möglichkeit der Aussetzung zur Bewährung wurde aufgehoben. Ferner wurden Kategorien eingeführt, die dem faschistischen Sprach- gebrauch entstammten: „frühreife Personen" (§ 20 Abs. 1 RJGG) oder „charakterlich, abartige Schwerverbrecher"(§ 20 Abs. 2 RJGG). Jugend- schutzlager wurden eingeführt, in denen Jugendliche nach der Verbü- ßung ihrer Strafe verwahrt werden konnten, und auch der Jugendarrest ist eine Erfindung faschistischer Disziplinierung, der zunächst von der Hitlerjugend (HJ) herkam, „die die Spreu vom Weizen trennen sollte". Während des gesamten Verfahrens sollte die (HJ) und die Jugendge- richtshilfe zur Mitarbeit herangezogen werden (knapp und präzise die Darstellung bei Eisenberg 2010a, Einl. Rn. 2).

Nach den Untersuchungen von Wolff (1992) wurden von 1939 bis 1943 in der „ordentlichen Strafgerichtsbarkeit" 61 Todesstrafen gegen Jugendliche verhängt. Die neue Sanktionsart der Zuchtmittel wurde eingeführt und damit auch der Jugendarrest gesetzlich etabliert. Die Polizei war berechtigt, Jugendarrest zu verhängen (§ 52 RJGG 1943). Interessanterweise lassen sich wirklich Wiederholungen von Diskussionsmustern aufzeigen, denn die Nazis und die Deutschnationalen warfen den demokratischen Parteien der Weimarer Republik vor, ihr Reformgesetz von 1923 habe die Eindämmung von Jugendkriminalität verhindert, und deshalb müsse jetzt der Staat zu mehr Härte greifen. Das waren fast die gleichen Worte, wie die des Ministerpräsidenten Roland Koch im Wahlkampf 2007 (Gehb/Drange 2004a, 118 ff.).

Durch VO zur Ergänzung des Jugendstrafrechts vom 4.10.1940 (RGBl. I, 1336) wurde der Jugendarrest eingeführt, der nach der Durchführungsverordnung vom 28.1.1940 (RGBl. I, 1541) den Zuchtmitteln zugeordnet wurde (§ 1 Abs. 1).

Die heutige Dreiteilung in Erziehungsmaßregeln, Zuchtmittel und Jugendstrafe findet sich erstmals in der Jugendstrafrechtsverordnung vom 6.11.1943 (RGBl. I, 635), deren § 2 dem jetzigen § 5 JGG gleicht. Die Geschichte des jugendstrafrechtlichen Rechtfolgensystems zeichnete sich nicht durch Innovation, sondern durch Kontinuität aus und zeigte eine deutliche Resistenz gegenüber gesellschaftspolitischen Umwälzungen im 20. Jahrhundert. Es erscheint angesichts der Pluralität von Lebensstilen und Weltanschauungen und den damit notwendig verbundenen Statusunsicherheiten mehr als fraglich, ob die zu sanktionierende Jugend ähnlich unverändert geblieben ist, wie die Geschichte seit 1940 (Rzepka, in: Nix 1994, § 5 Rn. 2).

In der DDR wurde im Jahr 1952 ein Jugendstrafrecht eingeführt, das moderner als im Westen eigene Ansprüche von Jugendlichen auf eine Resozialisierung formulierte. Im Restaurationsjahr 1968 wurde auch dies wieder abgeschafft und lediglich Sonderregelungen im Erwachsenenstrafrecht der DDR normiert (Plath 2005).

Das JGG von 1953 (BGBl. I, 751) hatte im Westen die Aufgabe, das Jugendstrafrecht wieder auf das alte Niveau der Weimarer Republik zurück zu führen. Es wurde vom faschistischen Gedankengut befreit, die Strafbarkeit auf 14 Jahre plus wieder eingeführt. Jedoch blieben die Instrumente der Zuchtmittel, der Jugendarrest und die unbestimmte Jugendstrafe erhalten. Die Grundstruktur der Sanktionen wurde nicht angetastet.

Die Dreigliederung in Erziehungsmaßregeln, Zuchtmittel und Jugendstrafe entsprechen bis heute der Hierarchie einer immer strenger werdenden Sanktion mit größerer Eingriffsintensität. Als Neuerungen wurden allerdings wieder die Strafaussetzung zur Bewährung und die obligatorische Bewährungshilfe durch ausgebildete Sozialarbeiter eingeführt. Außerdem stellte man die Heranwachsenden unter den Schutz des § 105 JGG. Ihre Straftaten werden bis heute alle bei einem Jugendgericht angeklagt, das erst nach Eröffnung der Hauptverhandlung entscheiden wird, ob man das Recht der Jugendlichen oder der Erwachsenen anwendet.

Während das RJGG von 1923 Strafe strikter vom Erziehungsgedanken trennte, hat das JGG von 1953 die Vermischung von Strafe und Erziehung befördert. Der Erziehungsgedanke im Jugendstrafrecht ist bis heute ein ungelöstes normatives und ideologisches Problem (Nix 1991, 541 ff.).

An das 1. JGGÄndG von 1990 (BGBl. I, 1853) hatte man große Erwartungen geknüpft, aber wirkliche Freude konnte damals unter dem Fachpublikum nicht aufkommen. Selbst Böhm (1991, 534) ein im Grunde doch eher konformer Jugendstrafrechtslehrer, sprach von den Neuregelungen, die kaum etwas Neues bringen, allenfalls befriedigen, aber nicht beglücken konnten.

Hervorzuheben ist jedoch, dass die Einflussmöglichkeiten der Jugendgerichtshilfe (JGH) durch die Novellierung des § 38 JGG und die Einfügung eines § 72a JGG gestärkt worden sind. Andererseits erleben wir derzeit eine massive Stellenkürzung bei der JGH, die z. B. in Hannover dazu führt, dass in Jugendstrafverfahren vor dem Jugendrichter nahezu keine Jugendgerichtshilfeberichte mehr schriftlich abgefasst werden (zum Stand der Arbeit der JGH: Trenczek 2003).

Der Maßnahmekatalog des § 10 JGG wurde um einige Weisungsmöglichkeiten erweitert, der Täter-Opfer-Ausgleich erstmals vom Gesetzgeber anerkannt. Außerdem wurde der umstrittene Freizeitarrest auf eine Höchstdauer von zwei Freizeitarresten reduziert. Die Möglichkeiten der Aussetzung einer Jugendstrafe zur Bewährung wurden erweitert und die U-Haft gegen 14- und 15-Jährige beschränkt.

Als bedeutendste Reform aber muss anerkannt werden, dass die Jugendstrafe von unbestimmter Dauer abgeschafft wurde. Die Jugendstrafe wegen „schädlicher Neigungen" wurde trotz massiver Kritik beibehalten. Die Floskel, mit der in der Strafrechtspraxis weiterhin begründet wird, die aber auch von der Sozialarbeit zunehmend unkritisch übernommen worden ist, hat jedoch weder etwas mit erziehungspsychologischen Erkenntnissen noch mit einer präzisen Strafrechtsdogmatik zu tun (hierzu ausführlich § 7). Mit Wirkung vom 3.10.1990 galt das JGG auch für das Gebiet der ehemaligen DDR mit Modifikationen. Jugendarrest gab es mit Rücksicht auf die faschistische Vergangenheit dieses Institutes nicht.

Bereits 1965 forderte beim 13. Deutschen Jugendgerichtstag Karl Peters ein umfassendes Jugenderziehungsrecht. Jugendhilfe und Jugendstrafrecht sollten seiner Meinung nach zusammengeführt werden. Diese Idee wurde vor allem von der Arbeiterwohlfahrt in einem Reformvorschlag aufgegriffen. Erziehungshilfen vom Erziehungskurs über eine ambulante Ersatzerziehung bis zum „Werkhof" für über 16 Jahre alte Straffällige sollten Maßnahmen nach dem JGG überflüssig machen. Dem schloss sich 1973 ein stärker differenzierter Diskussionsentwurf des Bundesministeriums für Jugend, Familie und Gesundheit an (Rössner, in: Meier et al. 2007, 41).

Viele Institute, die die Soziale Arbeit vor Inkrafttreten des neuen JGG entwickelt hatte, haben nun Eingang in das Jugendstrafrecht gefunden, seien es neue Möglichkeiten der Verfahrenseinstellung, der Täter-Opfer-Ausgleich oder soziale Trainingskurse. Ob damit die Möglichkeiten menschlichen Handelns erweitert wurden oder nur neue und feinere Sanktionsgewalten eingeführt wurden, ist einer ständigen kritischen Überprüfung zu unterziehen. Im Hinterkopf bleibt die kritische Stimme Michel Foucaults (1926–1984), der uns vor Illusionen warnt:

„Was die Richter durchsetzen, wenn sie therapeutische Urteile fällen und ‚Resozialisierungsstrafen' verhängen, ist die Ökonomie der Macht und nicht die ihrer Skrupel oder ihres Humanismus. Wir leben in der Gesellschaft des Richter-Professors, des Richter-Arztes, des Richter-Pädagogen, des Richter-Sozialarbeiters, sie alle arbeiten für das Reich des Normativen, ihm unterwirft ein jeder an jedem Platz, an dem er steht, den Körper, die Gesten, die Verhaltensweisen, die Fähigkeiten, die Leistungen (Foucault 1977, 145 ff.)".

Das Zweite Justizmodernisierungsgesetz vom 30.12.2006 (BGBl. I, 3416) führte die Zuständigkeit der Jugendstrafkammer aus Opferschutzgründen ein (§ 41 Abs. 1 JGG), das Anwesenheitsrecht der Erziehungsberechtigten und gesetzlichen Vertreter des Verletzten in der Hauptverhandlung (§ 48 Abs. 2 Satz 1 JGG), gleichzeitig wurde die Vorführung im vereinfachten Jugendverfahren möglich (§ 78 Abs. 3

Satz 3 JGG), ebenso wurde eine modifizierte Nebenklage und das Adhäsionsverfahren gegen Jugendliche bzw. Heranwachsende eingeführt.

Das Zweite Gesetz zur Änderung des JGG und anderer Gesetze vom 13.12.2007 (BGBl. I, 2894) definierte zum ersten Mal in der kurzen Geschichte das Ziel des Jugendstrafrechts (§ 2 Abs. 1 JGG). Die bisherigen Regelungen zum Jugendstrafvollzug in den §§ 91 ff. JGG wurden gestrichen und eigene Ländergesetze zum Jugendstrafvollzug formuliert. Zuletzt wurde noch mit dem Gesetz zur Einführung der nachträglichen Sicherungsverwahrung bei Verurteilungen nach Jugendstrafrecht vom 8.7.2008 (BGBl. I, 1212) die nachträgliche Sicherungsverwahrung unter besonderen Voraussetzungen bei Jugendlichen und Heranwachsenden ermöglicht (§ 7 Abs. 2–4 JGG). So umstritten wie die Gesetzgebung zur Sicherungsverwahrung bei Erwachsenen, dürfte diese Regelung einer verfassungsrechtlichen Prüfung nicht standhalten (dazu im Einzelnen die Ausführungen in § 7 III.).

Seit den bescheidenen Versuchen von 1953 und von 1990, das JGG zu reformieren, hat es immer auch eine Gegenbewegung gegeben. Solche populistischen Betrachtungen finden sich bei Kusch (2006, 65 ff.) oder Gehb/Drange (2004b, 259 ff.) ebenso in den Versuchen von Politikern, mit Kriminalitätsängsten Politik zu machen.

Es besteht die Gefahr, dass unreflektierte und vom Gedanken der Rache geprägte Rechtspolitiker repressive Änderungen im Jugendstrafrecht anstreben. So hatte Gehb im Bundestag und in zwei Fachzeitschriften dafür plädiert, den Anwendungsbereich des Jugendstrafrechts auf 14- bis 18-Jährige zu beschränken.

Schlimmeres noch war von Kusch (2006, 65 ff.) zu lesen, der das Jugendstrafrecht ganz abschaffen wollte, da die Lage in der Jugendkriminalität kompliziert genug sei und man mit klaren Strafmustern zu arbeiten habe. Die Soziale Arbeit, aber auch die Rechtswissenschaft ist aufgefordert, solchen Erwägungen ihre Menschenbilder entgegenzuhalten und diesen Populismus zu entlarven.

Wie kritisch man auch immer das Jugendstrafrecht aus freiheitlicher Sicht sehen sollte, es hat im Gegensatz zum Erwachsenenstrafrecht vielfältige Möglichkeiten der Sanktionierung und Reaktionen, die geeigneter sind, Kriminalität künftig zu verhindern. Die Freiheitsstrafe sollte seit Friedrich von Liszt die ultima ratio sein, mehr nicht.

Christian Bochmann (2003) formuliert erstmals Elementarteile eines Europäischen Jugendstrafrechts. Dabei stützt er sich – wie sein Lehrer Heribert Ostendorf betont (2009a, Rn. 19) – unter anderem auch auf nachfolgende internationale Regeln und Empfehlungen:

- die Mindestgrundsätze der Vereinten Nationen für die Jugendgerichtsbarkeit (Beijing-Rules, 1985) in Verbindung mit dem Model Law on Juvenile Jusitice (1998),
- die „Mindestgrundsätze der Vereinten Nationen für nicht-freiheitsentziehende Maßnahmen" (Tokyo Rules, 1990),
- die Regeln der Vereinten Nationen zum Schutz von Jugendlichen unter Freiheitsentzug"(Havanna Rules, 1990),
- die Richtlinien der Vereinten Nationen für die Prävention von Jugendkriminalität (Riyadh-Guidelines, 1990),
- die UN-Kinderrechtskonvention von 1989 in Verbindung mit den UN-Richtlinien für Maßnahmen gegenüber Kindern im Strafrechtssystem – Jugendgerichtsbarkeit", 1997, und dem Generalkommentar des Un-Kinderrechtskomitees zu Kinderrechten in der Jugendgerichtsbarkeit (2007),
- die Empfehlungen Rec. No (1987) 20 „über die gesellschaftlichen Reaktionen auf Jugendkriminalität" und Rec. No. (1988) 6 über die gesellschaftlichen Reaktionen auf Kriminalität unter Jugendlichen aus Gastarbeiterfamilien",
- die Empfehlung Rec. No. (2003) 20 „zu neuen Wegen im Umgang mit Jugenddelinquenz und der Rolle der Jugendgerichtsbarkeit",
- die Empfehlung Rec. No. (2008) 11 „Europäische Regeln für Sanktionen und Maßnahmen bei jugendlichen Straftätern".

Betrachtet man das Normenmaterial dieser Vorschriften, die ja in großen Teilen nur „minima iuris" formulieren, so haben die Regeln des internationalen Rechts allenfalls die Bedeutung einer materiell-rechtlichen Prüfung für das Verfahren gegen Entscheidungen inländischer Strafgerichte vor dem Europäischen Gerichtshof.

# § 3 Ursachen und Erscheinungsformen von Jugendkriminalität

## I.  Jugendkriminalität – Jugenddelinquenz

Vor über vierzig Jahren schrieb der Kriminologe Stephan Quensel in der Zeitschrift „Kritische Justiz" einen Aufsatz mit der Überschrift „Wie wird man kriminell" (1970, 377). Diese Frage, die in den meisten Lehrbüchern zum Jugendstrafrecht ausgeklammert wird, beschäftigt uns alle, gesellschaftspolitisch führt sie zu unterschiedlichen Ergebnissen: Wer so denkt, dass der junge Mensch über alle oder viele Möglichkeiten der Selbstentscheidung auch in irrationalen Situationen und erbärmlichen Verhältnissen verfügt, der reagiert, wenn der andere sie übertritt, mit stärkerer Repression.

Quensel aber verbindet mit seinem Aufsatz verschiedene Erkenntnismethoden und Theorien und führt sie in einem Zeit- und Eskalationsmodell zueinander. Man spürt bei ihm den Einfluss Luhmannscher Systemtheorie, aber auch die alte Liebe zur Psychoanalyse Sigmund Freuds. So beschreibt er den scheinbar unaufhaltsamen Prozess der Kriminalisierung eines Jugendlichen sowohl aus der Perspektive der Individualpsychologie (z. B. deviantes Verhalten als Problemlösungsmuster), vermittelt uns eine Übersicht über verschiedene Erklärungsansätze von Jugendkriminalität und macht zugleich deutlich, dass Gesellschaft in ihrer jeweiligen Verfassung Produzentin von Kriminalität ist (Christie 2005, 79 ff.).

Unter Jugendkriminalität wird dasjenige Verhalten von Jugendlichen und Heranwachsenden verstanden, das nach den allgemeinen Vorschriften mit Strafe bedroht ist (§ 1 Abs. 1 JGG), d. h., das als eine tatbestandsmäßige und rechtswidrige, nicht notwendig auch schuldhafte Straftat anzusehen ist (Meier et al. 2007, 48). Meier setzt dem Begriff der Jugendkriminalität mit dem der Jugenddelinquenz gleich, während andere Autoren wie Albrecht (2000) die Delinquenz bewusst vom Begriff der Kriminalität abgrenzen und darunter dasjenige Verhalten bezeichnen, das von den Strafverfolgungsbehörden gerade nicht registriert wird.

Widmen wir uns zunächst dem Schein, der Erscheinungsebene, der Phänomenologie, bevor wir eine Debatte um Ursachen von Kriminalität anreißen werden.

## A.   Jugendkriminalität ist normal und ubiquitär *unvermeidlich*

Zahlreiche empirische Untersuchungen lassen keinen Zweifel daran aufkommen, dass nahezu alle Jugendlichen in ihrem Leben einmal straffällig geworden sind.

Innerhalb unserer Biographie haben wir (fast) alle schon einmal kleine Diebstähle begangen oder sind schwarz gefahren, haben gar verbotene Drogen konsumiert oder haben unter dem Einfluss legaler Drogen ein Fahrzeug gefahren (Kaiser, § 37 Rn. 88; Albrecht 2000, § 3 II; Böse / Nix 1990).

Dieses Phänomen geht durch alle sozialen Klassen und Schichten und ist ubiquitär. Jedoch bezieht sich diese Feststellung überwiegend auf leichtere Formen der Kriminaliät, wie Vergehen nach den §§ 242, 265 StGB.

Jugendkriminalität gilt zudem als episodenhaft, sie taucht auf und verschwindet wieder, wenn der Mehrfachtäter nicht in einen gesellschaftlichen Prozess der Kriminalisierung Eingang findet. Jugendkriminalität bleibt in den meisten Fällen eine vorübergehende Erscheinung, die sich nicht in massiver Erwachsenenkriminalität fortsetzt und die nicht in eine kriminelle Karriere einmündet. Etwas anderes gilt für die jugendlichen Mehrfach- und Intensivtäter, die, obwohl sie nur eine kleine Gruppe bilden, für die große Masse der von den Jugendlichen begangenen Taten verantwortlich sind (Meier et al. 2007, 50 f.).

Die Gefahr der kriminellen Karriere wächst, je häufiger die Jugendlichen in den staatlichen Sanktionsprozess Eingang gefunden haben, sei es durch Fremd- oder Selbststigmatisierung, sei es durch die Identifizierung und Übernahme eines anderen, neuen Wertekodexes, durch eine „alternative Sozialisierung" in den Gangs und Banden der Vollzugsanstalten, stets dort, wo Parallelgesellschaften entstehen.

Jugendkriminalität ist traditionell männlich, beginnt sich jedoch in den Deliktsgruppen langsam immer mehr zu verwischen, vom Geschlecht her steigt der Anteil der Mädchen und jungen Frauen.

Was wir als Alltagstheorie mit uns tragen, dass Schläger überdurchschnittlich oft selbst kindlich Geschlagene, Sexualtäter selbst oft Opfer früherer Sexualdelikte waren, bestätigt sich in zahlreichen empirischen Untersuchungen. (Villmow/Stephan 1983, 192 ff.; Schläfke et al. 2005, 3 ff.; Wetzels 1997, 43 ff.)

Die lebensgeschichtliche und philosophische Frage, die sich stellt: Wie weit hat der Mensch die Möglichkeit, die Kraft, den Bedingungen seiner eigenen Determiniertheit, der biographischen Bestimmtheit zu entfliehen?

## B. Registrierte Jugendkriminalität

Der erste statistische Schnitt zwischen normaler und breit angelegter jugendlicher Kriminalität (im Dunkelfeld) und ihrer selektierten Auffälligkeit, oder besser ihrer registrierten Form gegenüber der nicht registrierten Erscheinung, hat verschiedene Ursachen.

Je mehr Taten im Dunkelfeld begangen werden und je schwerer die Taten sind, desto größer ist auch die Wahrscheinlichkeit, dass die Strafverfolgungsorgane Kenntnis von der Tat erlangen und den Täter ermitteln (Meier, in: Meier et al. 2007, 52). Interessant sind aber auch vor allem die in den späten 1970er-Jahren angestellten Untersuchungen über das Anzeigeverhalten der ermittelnden Behörden gegenüber Tätern und Opfern in verschiedenen sozialen Klassen. Vor allem Sessar bestätigte, dass sich Polizeibeamte häufig weigern, die Taten von Deklassierten gegen Deklassierte polizeilich aufzunehmen.

Mehrere Erkenntnisquellen geben uns Auskunft über Art und Ausmaß der registrierten Kriminalität. Sie machen aber auch deutlich welchen Umgang die staatlichen Instanzen mit Kriminalität pflegen.

Besonders die StA-Statistik gibt uns Auskunft über informelle Erledigungen im Rahmen der Diversion, interessant für das Arbeitsfeld der Sozialarbeit ist die Statistik über den Täter-Opfer-Ausgleich. Zeigt sie doch wie viele Möglichkeiten dieses Institut zur Entkriminalisierung bietet. Hier liegt das genuine Arbeitsfeld von Sozialarbeit und Jugendhilfe.

- Die Polizeiliche Kriminalstatistik (PKS): Sie erfasst die zur Anzeige gebrachten Fälle ohne die Verkehrsdelikte.
- Die staatsanwaltschaftliche Erledigungsstatistik (StA-Statistik): Sie zeigt, dass von den polizeilich registrierten Fällen allerdings ein erheblicher Teil mangels Strafbarkeitsvoraussetzungen oder mangels hinreichenden Tatverdachts (§ 170 Abs. 2 StPO) von der Staatsanwaltschaft gar nicht zur Anklage gebracht wird – und dass von den anklagefähigen Verfahren

mehr als die Hälfte „informell" durch Einstellung mit oder ohne Auflagen erledigt wird.

■ Die Strafverfolgungsstatistik (SVS) weist die Zahl der Verurteilten und der ausgesprochenen Strafen aus.

■ Eine hervorragende – sekundäre – Informationsquelle mit aufgearbeiteten und interpretierten Daten sind die beiden Periodischen Sicherheitsberichte (PSB) der Bundesregierung (der statistische Teil geht wesentlich auf Konstanzer Daten zurück, so wie sie im „Konstanzer Inventar" aktualisiert und dargestellt sind (www.ki.uni-konstanz.de/kik/).

Die meisten Kriminologen stützen sich auf die PKS, da sie der Meinung sind, diese erste Form der Registrierung käme der sozialen Realität am nächsten, und in der Tat hat hier der Filter der informellen Erledigung noch nicht verzerrt, dafür verzerrt aber der Filter der polizeilichen Wahrnehmung: Jede Veränderungen in der Anzeigeerstattung oder der polizeilichen Anzeigeverarbeitung verändert die registrierte Kriminalität.

Die PKS bestimmt (über jährliche Pressemitteilungen von BKA und LKA) zusammen mit der Medienberichterstattung z. B. über besonders gravierende Gewaltdelikte) die öffentliche Wahrnehmung. Die PKS ist aber in erster Linie Tätigkeitsnachweis der Polizei und führt zu einer mit der Realität nicht übereinstimmenden „gefühlten Kriminalität".

Sie ist ein Indikator für das, was überhaupt angezeigt wird, gibt aber kein unverzerrtes Bild der tatsächliche Kriminalitätsentwicklung ab.

**Neue Statistiken:** Von der Polizei wurden 2010 insgesamt 6.572.135 Fälle registriert. Die Kriminalitätsbelastungsziffer hat sich von 1970 bis heute nahezu verdoppelt. Die Zunahme in den 1980er- und 1990er-Jahren wurde in allen Industriegesellschaften beobachtet. Dabei dürfen wir nicht verkennen, dass die soziologischen Veränderungen in der Gesellschaft eine neue Gelegenheitsstruktur geschaffen haben, es sind anonyme Verkaufszentren nahezu ohne Verkäufer geschaffen worden, der Öffentliche Personennahverkehr funktioniert heute nahezu nur noch über automatisierten Ticketkauf, die Selbstbedienungsflächen haben sich in den letzten 30 Jahren um 200 % vergrößert, alles läuft automatisiert und scheinbar ohne menschliche Kontrolle und gesellschaftliches Korrektiv.

Die registrierte Kriminalität ist gewachsen, nicht allein auch deshalb, weil die Strafanzeigen in Fällen der Gewaltdelinquenz und der

Sexualdelikte zugenommen haben. Die Bedingungen der Annahme solcher Anzeigen sind gewachsen, weil der Opferschutz verbessert wurde. Die langfristige Kriminalitätsentwicklung verdeutlicht Tabelle 1.

Tab. 1: Langfristige Kriminalitätsentwicklung

| Bereich | Jahr | Einwohner am 01.01.*) | erfasste Fälle | Häufigkeits-zahl **) |
|---|---|---|---|---|
| Bundesrepublik Deutschland (Gebietsstand vor 03.10.90) | 1970 | 61.508.400 | 2.413.586 | 3.924 |
| | 1980 | 61.560.700 | 3.815.774 | 6.198 |
| | 1990 | 62.679.000 | 4.455.333 | 7.108 |
| alte Länder mit Gesamt-Berlin | 1991 | 65.001.400 | 4.752.175 | 7.311 |
| | 1992 | 65.765.900 | 5.209.060 | 7.921 |
| Bundesrepublik Deutschland (Gebietsstand seit 03.10.90) | 1993 | 80.974.632 | 6.750.613 | 8.337 |
| | 1994 | 81.338.093 | 6.537.748 | 8.038 |
| | 1995 | 81.538.603 | 6.668.717 | 8.179 |
| | 1996 | 81.817.499 | 6.647.598 | 8.125 |
| | 1997 | 82.012.162 | 6.586.165 | 8.031 |
| | 1998 | 82.057.379 | 6.456.996 | 7.869 |
| | 1999 | 82.037.011 | 6.302.316 | 7.682 |
| | 2000 | 82.163.475 | 6.264.723 | 7.625 |
| | 2001 | 82.259.540 | 6.363.865 | 7.736 |
| | 2002 | 82.440.309 | 6.507.394 | 7.893 |
| | 2003 | 82.536.680 | 6.572.135 | 7.963 |
| | 2004 | 82.531.700 | 6.633.156 | 8.037 |
| | 2005 | 82.501.000 | 6.391.715 | 7.747 |
| | 2006 | 82.438.000 | 6.304.223 | 7.647 |
| | 2007 | 82.314.900 | 6.284.661 | 7.635 |
| ***) | 2008 | 82.217.800 | 6.114.128 | 7.436 |
| ****) | 2009 | 82.002.400 | 6.054.330 | 7.383 |

*) 1970 und 1980: Einwohner am 30.06. des Berichtsjahres
**) Häufigkeitszahl: Fälle pro 100.000 der Wohnbevölkerung (Problem: überhöht durch nicht zur Wohnbevölkerung gemeldete Tatverdächtige wie Touristen, Durchreisende, Stationierungsstreitkräfte, Ausländer ohne Aufenthaltsberechtigung)
***) 2008: 7.335 Fälle für Bayern konnten aus programmtechnischen Gründen nicht in die Bundesdaten übernommen werden.
****)2009: Die Berliner Daten weisen aufgrund einer technischen Anpassung des Zählzeitpunktes eine einmalige Überhöhung auf. Es handelt sich um 9.372 Fälle.

Diebstahl bestimmte auch 2009 die Gesamtkriminalität quantitativ erheblich. Sein Straftatenanteil von 38,7 % aller polizeilich erfassten Fälle hat sich aber gegenüber den Vorjahren (2002: 47,5 %) verringert. Bezogen auf die registrierte Gesamtkriminalität war mehr als jeder zehnte Fall entweder ein Diebstahl aus Kraftfahrzeugen oder ein Ladendiebstahl.

Tab. 2: Übersicht der 2008 und 2009 erfassten Fälle nach Straftatengruppen

| Straftaten | 2009 | Prozent | 2008 | Prozent |
|---|---|---|---|---|
| insgesamt | 6.054.330 | 100,0 | 6.114 128 | 100,0 |
| Diebstahl unter erschwerenden Umständen | 1.108.766 | 18,3 | 1.165.985 | 19,1 |
| Diebstahl ohne erschwerende Umstände | 1.235.881 | 20,4 | 1.277.295 | 20,9 |
| Betrug | 955.804 | 15,8 | 887.906 | 14,5 |
| Sachbeschädigung | 775.547 | 12,8 | 799.179 | 13,1 |
| Körperverletzung insgesamt | 544.853 | 9,0 | 543.514 | 8,9 |
| Rauschgiftdelikte | 235.842 | 3,9 | 239.951 | 3,9 |
| Straftaten nach Aufenthaltsgesetz und Asylverfahrensgesetz | 74.241 | 1,2 | 76.704 | 1,3 |

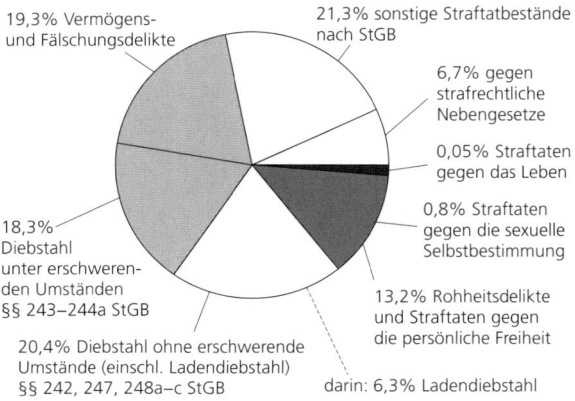

19,3% Vermögens- und Fälschungsdelikte

21,3% sonstige Straftatbestände nach StGB

6,7% gegen strafrechtliche Nebengesetze

0,05% Straftaten gegen das Leben

0,8% Straftaten gegen die sexuelle Selbstbestimmung

13,2% Rohheitsdelikte und Straftaten gegen die persönliche Freiheit

18,3% Diebstahl unter erschwerenden Umständen §§ 243–244a StGB

20,4% Diebstahl ohne erschwerende Umstände (einschl. Ladendiebstahl) §§ 242, 247, 248a–c StGB

darin: 6,3% Ladendiebstahl

Abb. 1: Deliktstruktur (nach BKA 2010)

1.435.656 Fälle, also fast ein Viertel (23,7%) aller erfassten Fälle, wurden 2009 der sog. Straßenkriminalität zugeordnet.

Fast die Hälfte (45%) der erfassten Fälle von Straßenkriminalität betreffen den Diebstahl aus und an Kraftfahrzeugen sowie die Sachbeschädigung an Kraftfahrzeugen. Delikte der Straßenkriminalität werden überproportional oft in Großstädten registriert; dies gilt insbesondere für Taschendiebstahl, Straßen- und Handtaschenraub. Unter den ermittelten Tatverdächtigen sind Minderjährige und Heranwachsende bei der Straßenkriminalität, im Vergleich zu ihren Tatverdächtigenanteilen bei Straftaten, insgesamt erheblich überrepräsentiert; das gilt vor allem für sonstige Sachbeschädigung (ohne an Kfz) auf Straßen, Wegen oder Plätzen (nach BKA 2010, 238 f.).

Tabelle 2 gibt einen Überblick der Straftatengruppen nach ihren Anteilen an der Gesamtzahl der 2009 (im Vergleich zu 2008) erfassten Fälle, Abbildung 1 veranschaulicht den prozentualen Anteil der verschiedenen Delikte.

## C.    Tatverdächtige Jugendliche und Erwachsene im Verhältnis zueinander

Für das Berichtsjahr 2009 wird hier noch einmal deutlich, wie gering letztlich der Anteil der Kriminalität von Kindern, Jugendlichen und Heranwachsenden an der Gesamtzahl der Tatverdächtigen ist (Abb. 2).

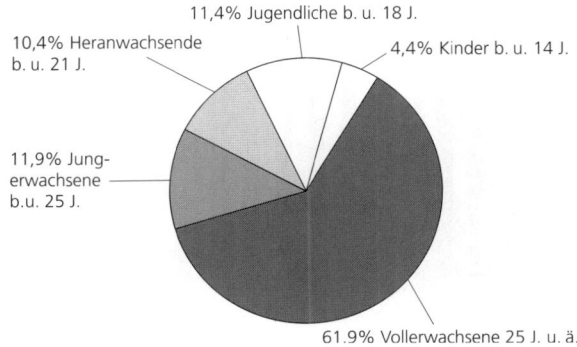

11,4% Jugendliche b. u. 18 J.

10,4% Heranwachsende b. u. 21 J.

4,4% Kinder b. u. 14 J.

11,9% Jungerwachsene b.u. 25 J.

61.9% Vollerwachsene 25 J. u. ä.

Abb. 2: Polizeilich registrierte Tatverdächtige (nach BKA 2010)

Betrachtet man die Basiswerte der Kinderkriminalität und ihre absoluten Zahlen, so wird deutlich, dass selbst unerhebliche quantitative Steigerungen sich sofort in prozentualen Erhöhungen niederschlagen. Zugleich zeigt sich noch einmal, dass der Anteil der sogenannten Jungerwachsenen relativ hoch ist, dann aber alsbald ab dem 26. Lebensjahr abfällt. Man könnte das auch als ein Indiz dafür werten, dass der Prozess des Erwachsenwerdens in einer älter werdenden Gesellschaft Verzögerungen erlebt, nach außen aber durch scheinbare Selbstständigkeit kompensiert wird.

## D.    Tatverdächtige nach Geschlecht und Altersgruppe

Die Tatverdächtigungsbelastungszahlen nach Geschlecht und Altersgruppe im Jahr 2009 verdeutlichen die Episodenhaftigkeit von Kriminalität in den Lebensjahren zwischen 16 und 25 (Abb. 3). Deutlich erkennbar ist auch der Anstieg der Kriminalität bei weiblichen Tätern, ausschlaggebend ist hier vor allem die Diebstahls- und Drogenkriminalität, da gibt es wenig spezifisch-geschlechtliche Faktoren.

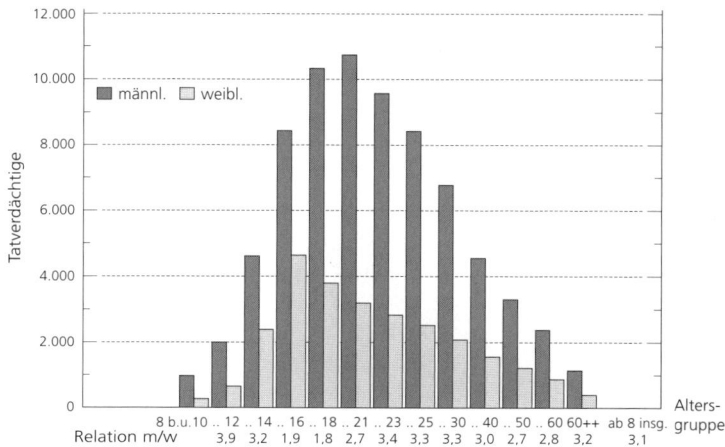

Abb. 3: Tatverdächtigen-Belastungszahlen für Deutsche, nach Geschlecht und Altersgruppe 2009 (nach BKA 2010)

Spiess fasst in seinem Aufsatz „Jugendkriminalität in Deutschland" das erhobene Datenmaterial noch einmal zusammen. Mit seiner persönlichen Erlaubnis schließen wir uns ihm an und zitieren:

„1. Die **Entwicklung der registrierten Delinquenz** in Deutschland gibt keinen Anlass zur Beschwörung von Horrorszenarien, wie dies mancherorts ein lang geübter Brauch anlässlich der Vorstellung der jährlichen PKS war. Die in den letzten Jahren beobachtete Entwicklung der *registrierten* (und das heißt im Wesentlichen: der *angezeigten*) Fälle ist – auch im Vergleich zur früher beobachteten Entwicklung – keineswegs besonders auffallend. Auch gibt es keine Anzeichen für eine Zunahme der Opfergefährdung der Bevölkerung durch Kapitaldelikte; die Belastungszahlen für Mord, Raubmord, Sexualmord sind vielmehr in den letzten zehn bis 15 Jahren rückläufig. Das gilt auch für Sexualmorde an Kindern.

2. Auch die **subjektive Wahrnehmung und Bewertung der Sicherheitslage** gibt keinen Anlass zu einer dramatisierenden Darstellung. Vergleichende Bevölkerungsbefragungen zeigen, dass die Deutschen sich – auch im europäischen Vergleich – relativ sicher fühlen und dass das subjektive Sicherheitsgefühl sich, soweit in etwa vergleichbare Daten erhoben wurden, sogar eher günstig entwickelt hat.

3. Die – seit Beginn der Kriminalstatistik bekannte – **linksgipfelige Verteilung der altersabhängigen Tatverdächtigenbelastungszahlen** (die jeweils überdurchschnittliche Belastung der jungen Altersgruppen) rechtfertigt eine pauschale Dämonisierung der Jugendkriminalität in keiner Weise, weder in quantitativer noch in qualitativer Hinsicht. In **quantitativer** Hinsicht ist darauf hinzuweisen, dass die Polizeiauffälligkeit nach dem 18. oder 21. Lebensjahr keineswegs endet: Nach dem 21. Lebensjahr erfolgen doppelt so viele Registrierungen wie in der Lebensphase bis zum 21. Lebensjahr. In den Jahren zwischen 20 und 40 nimmt die Zahl der Registrierungen im selben Umfang zu wie in den ersten 20 Lebensjahren eines Menschen; und in den Jahren nach 40 noch einmal im selben Umfang.

Allerdings bestehen erheblich qualitative Unterschiede: Die Delikte junger Menschen sind in weit höherem Maße als die von Erwachsenen jugendtypisch-bagatellhafter Natur. Sie sind aufgrund *unprofessioneller, gelegenheitsgesteuerter, wenig planvoller Handlungsweise* leicht zu entdecken und zu überführen. Demgegenüber finden sich bei den erwachsenen Altersgruppen – im ‚Dunkel-' wie im ‚Hellfeld' – häufiger weitaus sozialschädlichere Deliktsformen mit erheblichen materiellen und immateriellen Schäden. Alleine die vergleichsweise kleine Zahl der Fälle aufgedeckter Wirtschaftskriminalität – einer Form typischer *Erwachsenen*kriminalität – verursacht eine größere Schadenssumme als die Gesamtheit aller registrierten Fälle konventioneller Eigentumskriminalität vom Ladendiebstahl über Einbruchsdiebstähle bis Raub.

Das Ausmaß, mit dem junge Menschen höher als Erwachsene mit Kriminalität belastet sind, ist zum Teil das Ergebnis der systematischen **Unterrepräsentierung von Erwachsenenkriminalität** in der Wahrnehmung, Registrierung und Strafverfolgung – und zwar infolge der größeren Professionalität der von diesen verübten Delinquenz. Im Dunkelfeld verbleiben deshalb vor allem die besonders sozialschädlichen und gravierenden Rechtsbrüche der typischen Erwachsenenkriminalität, von Wirtschafts- und Umweltdelikten bis zur sexuellen Gewalt gegen junge Menschen, während die fehlende Planmäßigkeit der Deliktsbegehung und die leichtere Überführbarkeit von jungen Menschen im Hellfeld zu einer hohen Belastung der jungen Altersgruppen in der polizeilichen Kriminalstatistik führen.

4. Nicht nur bei den Eigentumsdelikten entfällt auf die jungen Täter ein unterdurchschnittlicher Schadensanteil; auch bei der Masse der Fälle registrierter **Gewaltdelinquenz** im Sinne der Definition der PKS treten sie überwiegend nicht durch schwere Fälle mit schwerwiegenden Folgen in Erscheinung (Abbildung 4, Ergänzung der Autoren). Anders als bei Gewaltdelikten Erwachsener ist bei jungen Tätern für die Zuordnung zu dieser Gruppe ganz überwiegend nicht eine gefährliche Verletzung oder die Benutzung von Waffen ausschlaggebend, sondern alleine der Umstand, dass Raufereien junger Menschen häufig innerhalb von Gruppen Gleichaltriger stattfinden. Polizeiinterne Erhebungen bestätigen den kriminologischen Befund, dass die Zunahme der angezeigten Fälle von Gewaltdelikten junger Menschen offensichtlich zu einem bedeutenden Teil auf die **Veränderung der Sensibilität und des Anzeigeverhaltens** zurück gehen und dass zunehmend auch leichtere Fälle zur Anzeige kommen. Zudem wird die polizeiliche Eingangsbewertung der Tatschwere – über die Zeit zunehmend – von der Justiz nach unten korrigiert. Nicht nur durch Herabstufung der Deliktschwere, durch Verneinung des Strafbedürfnisses zugunsten von Diversionsentscheidungen, sondern auch durch die Verneinung der rechtlichen Strafbarkeitsvoraussetzungen wird ein (wachsender) Teil des Zuwachses polizeilich,

meist durch Anzeigen, erfassten Tatverdächtigenaufkommens aufgefangen, sodass die Schere zwischen Tatverdächtigen- und Verurteilenzahlen sich in den vergangenen Jahren immer weiter geöffnet hat.

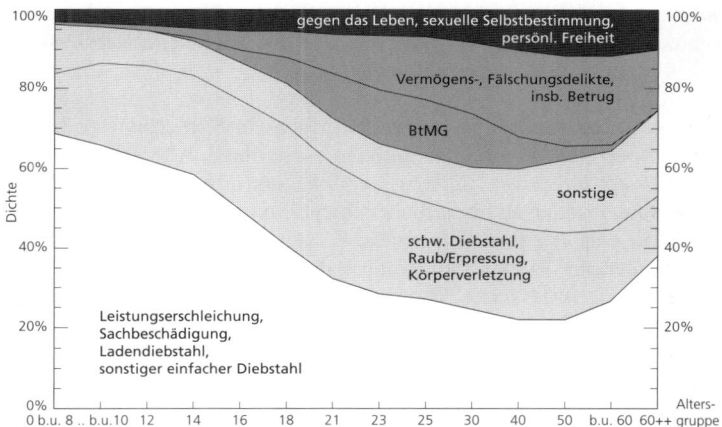

Abb. 4: Struktur der registrierten Delikte nach Alter der Tatverdächtigen (TV) insgesamt 2009 (nach BKA 2010)

5. Besondere Besorgnis erregt die Gewaltdelinquenz junger Menschen. Gewaltdelikte, namentlich solche der Straßenkriminalität, spielen sich **überwiegend innerhalb derselben Altersgruppe** ab. Eine Analyse der *Täter-Opfer-Konstellationen* anhand polizeilicher Daten zeigt, dass es keinen Anlass zur Besorgnis gibt, ältere Menschen würden zunehmend durch gewalttätige Kinder und Jugendliche bedroht. Vielmehr ist eine **Asymmetrie der Opfergefährdung** in Richtung einer Schädigung junger Menschen durch ältere Tatverdächtige im Hellfeld festzustellen. Für das Dunkelfeld ist eine noch stärkere Gefährdung insbesondere von Kindern durch Übergriffe Älterer anzunehmen, darunter insbesondere auch durch Gewalt durch Erwachsene im sozialen Nahraum.

6. Für eine Dämonisierung von Kindern und Jugendlichen besteht kein Anlass. Vielmehr ist die Polizei auf dem richtigen Wege, wenn sie, wie dies zunehmend geschieht, der Opfergefährdung junger Menschen mehr Aufmerksamkeit schenkt und junge Menschen nicht einseitig als

potentielle Täter, sondern als *Zielgruppe für Prävention und Opfer-schutz* sieht und anspricht. Die Tatsache, dass junge Menschen nicht nur als Tatverdächtige, sondern auch als Opfer überdurchschnittlich belastet sind, und die hohe Akzeptanz sichtbarer Polizeipräsenz auch bei jungen Menschen, wie sie in einer Bevölkerungsbefragung festgestellt wurde, sprechen dafür, dass Jugendliche durch präventionsorientierte Aktivitäten erreicht werden können.

7.  Einer kleinen Gruppe junger Mehrfach- und Intensivtäter ist ein überproportionaler Anteil an Delikten zuzuordnen. Allerdings ist nach einer *Phase intensiver Auffälligkeit*, abhängig insbesondere von Möglichkeiten sozialer und beruflicher Integration, das *Abklingen der Auffälligkeit* eher der Regelfall als die Fortsetzung im Erwachsenenalter. Auch intensive Frühauffälligkeit ist deshalb nicht geeignet für eine hinreichend verlässliche Prognose einer kriminellen Karriere im Erwachsenenalter.

Für das Ausscheren aus einer Phase intensiver Belastung ist weniger das Ausmaß bisheriger Auffälligkeit als vielmehr das Vorhandensein günstiger Bedingungen für eine (berufliche, soziale) Reintegration bedeutsam; dies sind dieselben Rahmenbedingungen, die schon im Hinblick auf Prävention bedeutsam sind. Dies gilt für die sogenannten Mehrfach- und Intensivtäter wie generell für Gruppen, die zeitweilig – und oft über eine bestimmte, aber begrenzte Lebensspanne hinweg – in Zusammenhang mit ungelösten Integrationsproblemen gehäuft in Erscheinung treten. Gerade bei der sogenannten Ausländer- wie bei der Aussiedlerkriminalität wird deutlich, dass nicht die Staatsangehörigkeit „kriminell" werden lasst, sondern dass hierfür, wie bei einem großen Teil der ‚eingeborenen' Mehrfachtäter, ungelöste Integrationsprobleme bedeutsam sind. Dass gerade junge Menschen durch fehlende Startchancen und subjektive Perspektivlosigkeit besonders belastet und auch gefährdet werden, ist keine neue Erkenntnis; dass dies Bedingungen sind, die in der Verantwortlichkeit der *Erwachsenen*gesellschaft liegen, scheint dagegen allzu oft in Vergessenheit zu geraten.

Einzufordern ist deshalb, dass allen jungen Menschen – auch solchen mit ungünstigen Startbedingungen oder unguter Vorgeschichte – die Chance geboten wird, im sozialen und beruflichen Leben Fuß zu fassen.

8. Der Erwartung, durch mehr, durch früher einsetzende, durch härtere Strafen die Jugendkriminalität günstig beeinflussen zu können, fehlt

jede empirische Grundlage. Als unverantwortlich sind populistische Forderungen zu bewerten, die überwiegend ambulanten, nicht freiheitsentziehenden Reaktionen des Jugendstrafrechts „aufzurüsten" durch Verbindung ausgerechnet mit dem Jugendarrest, der auch in der jüngst veröffentlichten Rückfallstatistik mit Rückfallraten in einer Größenordnung auffällt, wie sie sonst allenfalls bei Freiheitsstrafen beobachtet werden. Nicht Freiheitsstrafen und Arrest, sondern die nicht freiheitsentziehenden Maßnahmen, vor allem aber die Diversionsentscheidungen, haben sich trotz der erheblichen Ausweitung ihres Anwendungsbereichs vergleichsweise am besten bewährt. Nicht mehr Härte, sondern mehr Prävention ist angezeigt, um eine Überkriminalisierung junger Menschen zu vermeiden und die Ressourcen von Polizei und Justiz nicht im Bereich der alterstypischen Bagatelldelinquenz zu binden, sondern die Ressourcen dort einzusetzen, wo tatsächlich Interventionen angezeigt und Investitionen in eine Verbesserung der Chancen für (Re-) Sozialisierung und (Re-)Integration erforderlich sind." (Spiess 2010, 36–38)

## E.   Dunkelfeld und Dunkelfeldforschung

Das in den Statistiken erfasste sogenannte „Hellfeld" der den Strafverfolgungsbehörden bekannt gewordenen Straftaten und Straftäter ist nur ein kleiner und überdies nicht repräsentativer Ausschnitt der „Kriminalitätswirklichkeit". Ein Großteil der Delikte wird amtlich nicht bekannt, verbleibt also im Dunkelfeld.

Wie groß dieser Ausschnitt ist und welche Struktur die Kriminalitätswirklichkeit aufweist, wissen wir nicht. Denn das Dunkelfeld selbst ist nach Umfang und Struktur auch durch die neueren Methoden der Dunkelfeldforschung, insbesondere durch Täter- oder Opferbefragungen, nur für Teilbereiche und auch für diese nur begrenzt aufhellbar. Die Grenzen für Dunkelfeldforschungen beruhen sowohl auf allgemeinen methodischen Problemen von Stichprobenuntersuchungen als auch auf speziellen Problemen dieses Befragungstyps. Hierzu zählen vor allem die beschränkte Erfragbarkeit bestimmter, namentlich schwerer Delikte, Probleme der Verständlichkeit der Deliktsfragen und der Erinnerungsfähigkeit der Befragten wie schließlich des Wahrheitsgehalts der Aussagen. Gemessen wird im Übrigen auch in Dunkelfeldforschungen nicht die Kriminalitätswirklichkeit, sondern immer nur die Selbstbeurteilung und Selbstauskunft der Befragten in einer immer schon vorstrukturierten

Befragungssituation, d.h., es wird erfasst, wie Befragte bestimmte Handlungen definieren, bewerten, kategorisieren, sich daran erinnern und bereit sind, darüber Auskunft zu geben. Dunkelfeldforschungen sind (auch) deshalb kein Ersatz für Kriminalstatistiken, sie sind aber eine notwendige Ergänzung der Kriminalstatistiken, um – jedenfalls für Teilbereiche – die stattfindenden Selektionsprozesse, insbesondere hinsichtlich der Anzeige, erkennen, quantitativ einordnen und in ihrer Bedeutung für das kriminalstatistische Bild bewerten zu können.

## II.   Theorien über (Jugend-)Kriminalität

Weder die Sozialarbeitswissenschaft noch die Rechtswissenschaft stellen eigene wissenschaftliche Disziplinen dar. Sie sind, wie Gustav Radbruch es einmal gesagt hat, schlicht Menschenwerk, sie bedienen sich innerhalb ihres Erkenntnisfeldes unterschiedlicher Denkansätze und Denkweisen. Ich bin der Auffassung, dass die Theorie der Sozialarbeit, die an der Idee des Sozialstaates arbeitet, berufsmäßig andere Menschen, wie jugendliche Straftäter, nachsozialisiert, therapiert oder schlicht unterstützt, in den letzten Jahren ihrer Berufsgeschichte die Analyse gesellschaftlicher Missstände vernachlässigt und deren Bekämpfung eingestellt hat.

Die Rechtswissenschaft, die nie mehr war als eine Hilfswissenschaft, versucht die Normstruktur einer Gesellschaft zu verstehen, da sie seit den bürgerlichen Revolutionen an inhaltlicher Suche nach Gerechtigkeit aufgehört hat, ist sie heute eine Sozialtechnologie, ein formalisiertes Steuerungsverfahren zur Ausübung von Herrschaft, mit Mitteln der Normsetzung und Normdurchsetzung. Wie rechtsstaatlich dieses Verfahren verläuft, hängt zunächst davon ab, wie die Norm, die positiv von der Legislative festgelegt wurde, interpretiert wird. Im Wege der Textauslegung, schafft sich die Rechtswissenschaft ein normatives Geflecht, ist zugleich ihr Interpret und Exekutor, aber hat alle großen Fragen, die beispielsweise noch bei Radbruch formuliert werden (1963), längst auf den Misthaufen der Geschichte geworfen.

Es liegt an der Neugier, dem Engagement junger Studentinnen und Studenten, die alten Fragen nach Recht und Gerechtigkeit und warum der eine als kriminell gilt und der andere im Bankenvorstand sitzt, und als weniger kriminell, neu zu stellen.

Theorien gehen von Wiederholungen aus und wollen die Gesetzmäßigkeiten benennen, nach denen bestimmte Ereignisse wiederkehren.

Die Bezeichnungen solcher gesetzmäßigen Zusammenhänge sollen Erklärungen liefern, die uns die Welt berechenbarer, vorhersehbarer machen und uns zugleich Angst vor dem Unverständlichen nehmen. Da bei den Kontrollierten und bei den Kontrollierenden menschliche Handlungen zu erfassen sind, werden Handlungstheorien benötigt, die sich nicht auf das beobachtbare Äußere beschränken, vielmehr die subjektive Bedeutung des Verhaltens einbeziehen (Walter 2005, 48).

Diese Zusammenfassung von Michael Walter in Form einer kleinen eigenen Wissenschaftstheorie hat mir gut gefallen und bietet die Grundlage für meine eigenen Betrachtungen, er aber ist Vater der Idee:

1. Im Wissenschaftsbetrieb dienen Theorien oder Theorieansätze der Überprüfung selbst formulierter, gesellschaftlich ventilierter oder von anderer Seite formulierter Hypothesen.
2. Je nach Rechtsgebiet bedient sich die Rechtssprechung alltagstheoretischer Konzepte, psychologischer Modelle, soziologischer Theorien, Interpretationshilfen der Literaturwissenschaft, im Kriminalrecht aber auch immer noch biologistischer Erklärungen oder grob betrachtender Psychiatrie.
3. Die Frage danach, warum einer kriminell wird, die im Berufsalltag keine große Rolle mehr spielt, muss im Studium die Chance bieten, sich mit den großen Gesellschaftstheorien bis hin zu den psychologisch und davon zu unterscheidenden psychoanalytischen Theorien befassen zu können.
4. Man kann am Spektrum des Regenbogens der Theorien auf der einen Seite den Yogi erblicken, er winkt uns zu und lädt uns dazu ein, individual-psychologisch die Seele des einzelnen Täters zu ergründen. Gleich neben ihm sitzen ein alter Anthropologe und ein junger Neurobiologe, die uns immer wieder zuflüstern: Es sind die Gene. Die Drei haben nicht viel miteinander zu tun und halten sich doch in ihrer jeweiligen Nähe auf.
5. Auf der anderen Seite des Spektrums sitzt der politische Kommissar, er ist übrig geblieben, aus der russischen Revolution, „alles Gesellschaft" flüstert er in den Raum, neben ihm sitzt Marx, er schüttelt den Kopf, nichts von ihm habe der Kommissar verstanden, stets habe er, Karl, auf die Dialektik zwischen Individuum und Gesellschaft abgestellt, allerdings in seinem Essay über den Holzdiebstahl, habe er auf die Kriminalität produzierende Funktion des Staates hingewiesen.
6. Zwischen diesen beiden Polen, dem Yogi und dem Kommissar, agieren eine Unzahl von Jung- und Altwissenschaftlern mit systemischen, multikausalen, sozialpsychologischen, normativen, lerntheoretischen oder kontrolltheoretischen Ansätzen.

7. Ich behaupte, dass der gesellschaftliche Prozess der Kriminalisierung, also der sich wiederholenden registrierten Kriminalität im Bereich der einfachen Eigentums- und auch Körperverletzungsdelikte stark klassenbedingte Züge aufweist. Andererseits finden wir im Reich der Sexual- und Tötungsdelikte Tätergruppen, die ohne eine Genese ihrer psychologischen Entwicklung nicht erklärbar werden, ohne dass sie zugleich pathologisch oder schuldunfähig wären.

8. Da Jugendkriminalrecht auch Wirklichkeit gestalten will, verwendet dieses Rechtsgebiet kriminalpolitische Theorien zur Erfassung des Verhaltens von Jugendlichen, um Einfluss zu nehmen auf entkriminalisierende Prozesse. Das ist nicht ungefährlich, denn es führt zu Vermischungen von positivem Recht und guten Absichten.

   Das Jugendkriminalrecht ist besonders anfällig für ideologische Theorie im instrumentellen Sinne. Dies gilt für die Theorien vom Erziehungsgedanken im Jugendstrafrecht, die Behauptung, das Strafrecht, das auf Jugendliche und Heranwachsende angewendet würde, müsse erziehenden Charakter haben. Zum anderen gilt es für die sog. kriminalpräventive Bewegung (Frehsee 1998, 739 ff.).

9. Viele gesellschaftliche Gruppen können dem neuen Ziel der Kriminalprävention etwas abgewinnen. Nicht zuletzt vermag die Polizei ihr äußeres Erscheinungsbild und ihre Sympathiewerte zu erhöhen (Walter 2005, 111), desgleichen auch die städtische Jugendpolitik, die im Grunde seit Jahren mit dem Argument der Finanznot politisch visions- und tatenlos agiert.

10. Die Psychoanalyse der „strafenden Gesellschaft" ist in den letzten Jahren stark in den Hintergrund getreten. Die These von Friedrich Nietzsche, dass die Strafe zunächst einmal den Zweck habe, den zu strafen, welcher straft, ist so unerträglich wahr und verlangt ein hohes Maß an analytischer Gelassenheit, die dem Zeitgeist

11. Völlig im Abseits gesellschaftlicher Diskurse befindet sich der „abolitionistische Erklärungsansatz" (Mathiesen 1979) der die Perspektiven eröffnen will, in denen es keine Gefängnisse mehr braucht.

Es gibt zumindest in Deutschland folgende drei Tendenzen: a) Freiheitsentzug zu vermeiden (insbesondere Geldstrafe statt Freiheitsstrafe); b) Ausbau der Strafaussetzung, heute mehr als 2/3, und c) durch Diversion die förmliche Bestrafung durch Strafurteil zu umgehen. Gemessen an der Legalbewährung sind alle drei Tendenzen übrigens *ausgesprochen erfolgreich* – im Gegensatz zu „tough on crime"-Strategien, wie sie derzeit von CDU- und FDP-Politikern wieder propagiert werden (Einstiegsarrest; Projekt „Gelbe Karte" in NRW etc.).

Im Folgenden möchte ich auf einige grundlegende Theorien näher eingehen.

1. Die **Lerntheorie** geht davon aus, dass Verhaltsweisen gelernt, aber auch verlernt werden können. Lernen wird als prozesshaftes Geschehen verstanden, es findet unter sehr konkreten und wechselnden Bedingungen statt.

Jeder Mensch verfügt über Lernerfahrungen, sodass eine Schilderung von Lernvorgängen eigene Erlebnisse in die Erinnerung ruft. Zunächst gilt allgemein:

Gelernt und wiederholt wird, was subjektiv Erfolg und Selbstbestätigung mit sich gebracht hat. Die von außen empfangene und persönlich empfundene Belohnung führt dazu, dass das betreffende Verhalten als zur Lebensbewältigung brauchbar und positiv eingestuft wird. Die Lerntheoretiker sprechen von Verstärkern. So vermag etwa gewalttätiges Verhalten als gewinnbringend erlebt zu werden, soweit es von Gleichaltrigen durch Achtung und Freundschaft belohnt wird. Verstärker können von außen nach innen verlagert werden, wenn sich der Betreffende die Belohnung selbst verschafft, sei es materiell, beispielsweise durch zusätzlichen Konsum, sei es ideell, beispielsweise durch das gute Gefühl, eine Angelegenheit pflichtbewusst und sorgfältig erledigt zu haben (Walter 2005, 51; Skinner 1953; Eisner 1997).

Die Lerntheoretiker gehen vor allem davon aus, dass je nach sozialer Lage und sozialer Biografie kriminelles Verhalten auch als positive Lernerfahrung gemacht werden kann. Bei jungen Leuten wirkt vor allem die positive Verstärkung der jeweiligen Gleichaltrigengruppe, ungleich stärker als das Wertesystem ansonsten fernstehender älterer Menschen.

2. Zu den vergessenen Kriminologen Europas gehört Willem Adriaan Bonger, er wurde 1876 geboren, studierte Rechtswissenschaft in Amsterdam und promovierte über das Thema **Kriminalität und ökonomische Bedingungen**, später setzte er sich intensiv mit den rassischen Kriminalitätstheorien der Nationalsozialisten auseinander, dazu gehört seine 1939 aufgelegte Schrift „Rasse und Kriminalität". Bonger nahm sich am 10. Mai 1940 das Leben, als deutsche Truppen die deutschholländische Grenze überschritten. Sehr vereinfachend fasst Schneider (1982, 48) den marxistischen Ansatz zusammen:

Egoismus schließt die Fähigkeit, kriminelle Handlungen zu begehen, ein, während Altruismus diese Fähigkeit ausschließt. Der Kapitalismus fördert den Egoismus, der Sozialismus den Altruismus. Die Neigung zur Begehung kriminellen Verhaltens wächst, wenn eine egoistische Person die Möglichkeit wahrnimmt, durch illegale Handlungen auf Kosten anderer einen Vorteil zu erlangen, und wenn ihr die Chance versperrt ist, Befriedigung auf legalem Weg zu erreichen. Im Kapitalismus kann man auf Kosten anderer durch illegale Handlungen egoistische Vorteile erzielen. Man muss es sogar, weil einem der legale Weg zur Befriedigung der eigenen Bedürfnisse versperrt ist.

Vieles an dieser Zusammenfassung eines marxistischen Ansatzes zur Erklärung von Kriminalität mutet naiv an. Im Grunde ist die Unterscheidung in Egoismus und Altruismus auch eine moralische und keine materielle Differenzierung. Die Fortführung marxianischen Denkens in der Kriminologie darf man sicherlich mit gutem Recht der „Hamburger Schule" um Fritz Sack und Sebastian Scheerer zuschreiben.

3. Die **interaktionistischen Kriminalitätstheorien** (dazu Meier 2003, 70 ff.) unterscheiden sich von den psychologischen und täterorientierten soziologischen Theorien darin, dass sie die gesellschaftliche Reaktion auf als kriminell definiertes Handeln ins Blickfeld nehmen. Kriminalität ist nicht mehr primär eine individuelle Eigenschaft, sondern ein Prozess, der gesellschaftlich einzelnen oder Gruppen von Menschen zugeschrieben wird.

Am einfachsten ist dies nachvollziehbar bei neu geschaffenen Straftatbeständen für Asylbewerber. Während Asylsuchende bis Ende der 1980er-Jahre noch weitgehend Freizügigkeit genossen, wurden 1990 im Asylverfahrensgesetz neue Straftatbestände eingeführt, danach begingen Asylsuchende zunächst Ordnungswidrigkeiten, wenn sie sich unerlaubt vom Ort des Asylheimes entfernten, um z. B. Verwandte zu besuchen. Taten sie dies wiederholt, so begingen sie damit sogar Straftaten.

Andererseits lassen sich ganze Bereiche entkriminalisieren, wenn man ein bestimmtes Verhalten nicht mehr als kriminell definiert, z. B. Rauchen von Haschisch, Mopedfahren ohne Führerschein oder Schwarzfahren in öffentlichen Verkehrsmitteln.

„Der Perspektivwechsel, den die interaktionistischen Kriminalitätstheorien vollziehen, indem sie nicht das Verhalten des Täters, sondern die gesellschaftliche Reaktion in den Mittelpunkt stellen, eröffnet den Zugang zu einer Vielzahl neuer Fragestellungen. […] Indem ein Mensch von den Strafverfolgungsorganen als Krimineller bezeichnet wird, wird nach den interaktionistischen Theorien eine Rollenzuweisung geschaffen, die der Betreffende mit einer gewissen Wahrscheinlichkeit in sein Selbstbild übernimmt und zur Richtschnur seines Handelns macht (,self-fulfilling prophecy'). Wenn dieser Fall eintritt, haben die Strafverfolgungsorgane freilich eine Konsequenz herbeigeführt, die das Gegenteil dessen ist, was eigentlich beabsichtigt war: Sie haben weitere Straftaten nicht verhindert, sondern die Entstehung oder Verfestigung krimineller Karrieren geradezu gefördert. Die interaktionistischen Theorien knüpfen an diese nicht intendierte Konsequenz an und sehen die zentrale Bedingung für (weiteres) kriminelles Handeln in der strafrechtlichen Reaktion: Indem auf bestimmte Verhaltensweisen mit Etikettierung und Stigmatisierung reagiert wird, wird das Problem erst geschaffen, das eigentlich gelöst werden soll. Entsprechend dieser Sichtweise wird dieser Theorieansatz auch als Etikettierungsansatz, Definitionsansatz oder auf Englisch als ,labeling approach' bezeichnet" (Meier 2003, 70 f.).

Als Begründer der interaktionistischen Theorie gilt Becker, der ein Karrieremodell zur Erklärung der Entstehung von Delinquenz und Kriminalität entwickelt hat (Becker 1982, 19 ff.). Quensels Verlaufsstudie ist eine Weiterentwicklung dieses Modells. Insbesondere Fritz Sack hat aus dem Grundgedanken des labeling approach heraus abweichendes Verhalten für die Sozialarbeit untersucht (Sack 1973, 129 ff.).

„Mir scheint die Notwendigkeit einer täterabgewandten Betrachtungsweise wegen der damit sichtbaren politischen und gesellschaftlichen Implikationen gerade für die Neuorientierung der Sozialarbeit in modernen Gesellschaften von besonderer Vordringlichkeit zu sein. Die weitgehend disziplinierende und sozial kontrollierende Funktion der bisherigen individuell-interventionistischen Sozialarbeit vermag ihren apologetischen Charakter nicht länger zu leugnen und ist damit zunehmender Ohnmacht und einer gesteigerten Identitätsunsicherheit ausgesetzt. Mag auch die Chance einer politischen Sozialarbeit, für die der Täter und der sozial Abweichende nicht mehr darstellt als ein Indikator für dahinterliegende soziale Prozesse und Strukturen [...] unterschiedlich beurteilt werden: der Konsens über eine theoretische Neubegründung der Sozialarbeit in dem angedeuteten Sinne dürfte sich auf eine große Zahl kompetenter Experten berufen können" (150).

4. In einer kurzen Bemerkung über den *Verbrecher aus Schuldgefühl* hat Sigmund Freud im Jahre 1915 den Grundstein zur **psychoanalytischen Kriminologie** gelegt (Freud, GS Bd. XV, 58 ff.). Freud geht in seinem Konzept vom Ödipuskomplex davon aus, dass ein unbewusstes Schuldgefühl entsteht, ein Schuldgefühl, das aus dem kindlichen Begehren

nach Mutter oder Vater (Elektra-Komplex) herrührt. Aus diesem Schuldgefühl erwächst ein Strafbedürfnis, es ist gleichsam der Versuch, dieses präexistente Schuldgefühl mit der Straftat zu rationalisieren.

Je ausgeprägter die Instanz des Über-Ich, desto stärker mag der Wunsch nach Strafe sich gerieren. Das Strafbedürfnis sucht an eine konkrete Straftat anzuknüpfen, um durch Bestrafung eine Erleichterung zu erfahren. Die Straftat wird begangen, weil sie verboten ist, durch die Bestrafung erlangt der Straffällige aber seelische Erleichterung. Die Theorie von der strafenden Gesellschaft, die im Grunde eine Kulturtheorie darstellt, basiert in zahlreichen Denkansätzen auf Deutungsmustern der Psychoanalyse, die gerade nicht nur versucht, individuelles Verhalten zu erklären, sondern gesellschaftliche Prozesse oder auch Ethnien mit dem Blick des Analytikers belegt.

Theodor Reik (1974, 48 ff.) hat die psychoanalytische Strafrechtstheorie weiterentwickelt, indem er die Hypothese aufstellte, dass sich Strafangst in Geständniszwang verwandeln könne. Der Geständniszwang bedeute zunächst einmal eine psychische Entlastung, da die Strafe auch das Strafbedürfnis der Gesellschaft durch deren unbewusste Identifizierung mit dem Verbrecher befriedige. „Die Gesellschaft erweist sich auch dankbar für das Geständnis, mit dem sie der Verbrecher vom eigenen, unbewussten Schuldgefühl entlastet, indem sie darauf mit einer Milderung des Urteils über seine Tat reagiert."

Interessanterweise decken sich sowohl Freuds kriminologische Thesen, als auch Reiks und Reiwalds Ausführungen mit kulturanthropologischen Betrachtungen von Friedrich Nietzsche. Nietzsche spricht von der Figur des „bleichen Verbrechers", der aus Schuldgefühlen heraus handelt und der dringend der strafenden Gesellschaft bedarf, wie ein Korrelat: „Die Strafe, wenn ich es einmal so sagen darf, hat vor allem den Zweck, den zu bessern, welcher straft" (Nietzsche 1972, 97).

5. Zu den jüngeren Theoretikern der psychoanalytischen Kriminologie gehört Tilman Moser (1973): Grob skizziert misslingt bei den Defektformen der Kriminellen die Gewissensbildung durch eine Schädigung in den möglichen Formen der Identifikation mit den Eltern, die zur Aufrichtung des Über-Ichs führt. Lieblosigkeit, Ambivalenz, Grausamkeit, Kälte, Inkonsistenz der Eltern sind Ausgangspunkt von Fehlentwicklung bzw. Unterentwicklung.

Mein Überblick kann nur fragmentarisch sein (ausführliche Darstellung: Meier 2003, § 3).

Ein großer Teil der Kriminologie hat sich letztlich in den Mehrfaktorenansatz geflüchtet, sie beschränken sich nicht auf Erklärungsansätze, sondern bedienen sich verschiedener multipler Erklärungen.

Ein anderer Teil hat sich aus der theoretischen Debatte zurückgezogen. Der Versuch von Hess/Scherer (1997, 83 ff.), als Vertreter der deutschen „Kritischen Kriminologie" allen möglichen „Erklärungsfaktoren einen festgelegten Platz zuzuweisen und sich dabei nicht nur auf die Erklärung individuellen Verhaltens zu beschränken, sondern auch die Entstehung von Makrophänomenen [...] und theoretischen Diskursen über die Kriminalität in die Erklärung einzubeziehen", wirkt sehr bemüht und nähert sich fast schon wieder den Mehrfaktorenansätzen an.

Kriminalität ist kein beobachtbares, quasi natürlich gegebenes Datum, sie lässt sich nicht mit unkritischer Empirie erfassen, sie ist das Ergebnis eines gesellschaftlichen und individuellen Prozesses, es ist, ob wir wollen oder nicht, eine gesellschaftliche Veranstaltung: Es geht also mehr um die Frage, was und wer unter welchen Bedingungen *kriminalisiert wird* – und mit welchen Folgen. Was also richten Richter an, wenn sie richten – und welche (besseren) Alternativen gibt es dazu?

Dem fleißigen Studenten und der nach Erklärung suchenden fleißigen Studentin bleiben daher nur der eigene Weg des Forschens, des sich Beschäftigens mit soziologischen und psychoanalytischen Erkenntnisansätzen. Dazu können wir nur ermutigen, denn es ist leichter, in der Welt zu bestehen, wenn man sie besser begreift.

# §4 Ziele des Jugendstrafrechts

Goerdeler, J. (2008): Das „Ziel der Anwendung des Jugendstrafrechts" und andere Änderungen des JGG. ZJJ, 137–147

Hassemer, W. (2004): Jugend im Strafrecht. ZJJ, 344–356

Kreuzer, A. (2002): Ist das deutsche Jugendstrafrecht noch zeitgemäß? NJW, 2345–2351

Ostendorf, H. (1998): Das deutsche Jugendstrafrecht – zwischen Erziehung und Repression. Strafverteidiger, 297–303

Weyel, F. H. (2008): Geschichte und Wandel des Erziehungsgedankens. ZJJ, 132–136

## I. Erziehungsstrafrecht

Wer Zeitungsberichte über Strafverhandlungen gegen Jugendliche bzw. Heranwachsende liest oder gar selbst an solchen Verhandlungen – soweit öffentlich – teilnimmt, stößt immer wieder auf einen Begriff: Erziehung. Aus Gründen der Erziehung werde von der „eigentlich" angezeigten Jugendstrafe noch einmal Abstand genommen, es wird eine Woche Jugendarrest verhängt, weil unter dem Gesichtspunkt der Erziehung ein „Schuss vor den Bug" vonnöten sei, aus erzieherischen Gründen wird die Verhängung von Jugendstrafe gefordert, deren Vollstreckung allerdings zur Bewährung ausgesetzt werden könne. Die Beispiele ließen sich fortsetzen. „Erziehung" erscheint danach als Füllhorn, aus dem sich nach Bedarf im Einzelfall ebenso Strafschärfendes wie Strafmilderndes ausschütten lässt.

Ob Jugendstrafrecht denn Erziehungsstrafrecht ist oder sein soll, gehört zu den Grundfragen dieses Rechtsgebiets. Sie ist umstritten (Albrecht 2000, 65 ff.: „Das fragwürdige Leitprinzip ‚Erziehung'"; für eine Abschaffung des Erziehungsziels als Grundlage des Jugendstrafrechts Albrecht 2002, 97 ff.) und wird es bleiben (vgl. dazu Ostendorf 2009a, Rn. 50 f.), auch nachdem der Gesetzgeber mit dem berühmten Federstrich zwar nicht ganze Bibliotheken zu diesem Thema hat überflüssig werden lassen, aber doch durch Einfügung eines neuen Absatzes 1 in § 2 JGG (durch das 2. JGG-Änderungsgesetz vom 13.12.2007, BGBl. I, 2894, in Kraft getreten am 1.1.2008) „zum ersten Mal in der Geschichte des Jugendgerichtsgesetzes" (BT-Drs. 16/6293, 9) ein Ziel des Jugendstrafrechts formuliert: „Die Anwendung des Jugendstrafrechts", heißt es dort, „soll vor allem erneuten Straftaten eines Jugendlichen oder Heranwachsenden entgegenwirken."

Damit ist zunächst einmal klar gestellt, dass die Legalbewährung, wenn auch nicht einziges („vor allem"), so doch zumindest vorrangiges Ziel der Anwendung von Jugendstrafrecht ist. Die Formulierung lässt es zu, daneben auch andere Sanktionszwecke, insbesondere Belange des Schuldausgleichs etwa bei der Verhängung von Jugendstrafe wegen der Schwere der Schuld, zu berücksichtigen. Um dieses Ziel zu erreichen, heißt es weiter in Satz 2, „sind die Rechtsfolgen und unter Beachtung des elterlichen Erziehungsrechts auch das Verfahren vorrangig am Erziehungsgedanken auszurichten".

Die Verknüpfung der Sätze 1 und 2 verdeutliche, so die Gesetzesbegründung, dass „nicht Erziehung selbst Ziel oder Anliegen des Jugendstrafrechts" sei, sondern die Bedeutung des Erziehungsgrundsatzes vielmehr darin liege, dass zur Erreichung des Ziels künftiger Legalbewährung primär erzieherische Mittel eingesetzt werden sollten. Zudem sei der neue Absatz 1 zugleich eine Orientierungshilfe bei der Auslegung all jener Bestimmungen des JGG, die sich der Begriffe „Erziehung" oder "erzieherisch" bedienten (BT-Drs. 16/6293, 9).

Die Formulierung, dass das Verfahren unter Beachtung des elterlichen Erziehungsrechts am Erziehungsgedanken auszurichten ist, geht auf die Entscheidung des Bundesverfassungsgerichts vom 16.1.2003 (BVerfGE 107, 104 ff.) zurück, nach der vor einer rechtskräftigen Verurteilung und damit Feststellung eines in der Delinquenz zum Ausdruck gekommenen erzieherischen Bedarfs eine mit erzieherischen Zielen begründete Zurückdrängung des Elternrechts für verfassungsrechtlich unzulässig erklärt wurde (zu dieser Entscheidung und zum Verhältnis von Jugendstrafrecht und Elternrecht die Ausführungen unter § 6 II.).

Wenn Erziehung selbst nicht Ziel des Jugendstrafrechts sein, sondern der Erreichung des Ziels künftiger Legalbewährung dienen soll, stellt sich die Frage, aus welchen Ressourcen diese Erziehungsleistung gespeist werden soll. Soweit man nicht bereits im Stattfinden

*Delinquenz: rechtl. Grenzen überschreiten*
*„sich vergehen"*

eines Jugendstrafverfahrens, insbesondere im Erleben einer Hauptverhandlung, ein erzieherisches Moment sieht, müssen weitere, andere Instanzen zur Verfügung stehen.

„Wenn Erziehung im Kontext von Jugendstrafrecht ernst gemeint ist, dann braucht es die Jugend(gerichts)hilfe im Strafverfahren, und zwar nicht nur als sozialpädagogische Fachberater und justizeigenen Vollstreckungsdienst", meint Goerdeler (2006, 4).

Die Abneigung der „Jugendhilfe" (was immer darunter zu rubrizieren ist), sich am Jugendstrafverfahren zu beteiligen, ist literarisch leicht zu belegen. Weniger leicht sind dagegen Hinweise zu finden, in welcher Weise dieser strafrechtlich induzierte Prozess verlaufen soll.

## II.    Jugendstrafrecht und Jugendhilfe

Bizer, J. (1992): Kostentragungspflicht für die jugendrichterliche Weisung, einen Sozialen Trainingskurs zu besuchen. ZfJ, 616–623

Franzen, R. (2008): Anregungen zum praktischen Umgang mit § 36a SGB VIII aus jugendrichterlicher Perspektive. ZJJ, 17–20

Goerdeler, J. (2006): The never ending story: das Verhältnis von Jugendhilfe und Justiz im Jugendstrafrecht. Einige Anmerkungen zur „Steuerungsverantwortung des öffentlichen Jugendhilfeträgers". ZJJ, 4–10

Höynck, T., Goerdeler, J. (2006): Kooperation auf Augenhöhe oder „Schwarzer Peter"? JAmt, 170–176

Meier, B.-D. (2006): Der Täter-Opfer-Ausgleich vor dem Aus? Zu den Auswirkungen des Gesetzes zur Weiterentwicklung der Kinder- und Jugendhilfe (KICK) im Bereich der ambulanten Maßnahmen nach dem JGG. ZJJ, 261–266

Möller, W., Nix, C. (Hrsg.) (2006): Kurzkommentar zum SGB VIII – Kinder- und Jugendhilfe. Ernst Reinhardt, München/Basel

Möller, W., Schütz, C. (2007): Jugendrichterliche Kompetenz versus Steuerungsverantwortung des öffentlichen Jugendhilfeträgers. ZKJ, 178–183

Ostendorf, H. (2006): Jugendhilfe und Justiz – Organisationsbedingungen einer Gesamtverantwortung. ZJJ, 155–163

– (2004): Eigentor für das Jugendstrafrecht durch Selbstverweigerung der Jugendhilfe? ZJJ, 294–296

Sonnen, B.-R. (2004): Spielgestaltung statt Eigentor. Anmerkungen zum Beitrag von Heribert Ostendorf. ZJJ, 296–297

– (2003): Die Mitwirkung der Jugendhilfe in Verfahren nach dem Jugendgerichtsgesetz – Vom Wort zur Tat. ZJJ, 377–381

Trenczek, T. (2010b): Verantwortungsgemeinschaft in der Jugendstraffälligenhilfe. ZKJ, 142–147
sowie die bei § 10 angegebene Literatur

## A.     Allgemeines

Ein Blick auf die einschlägigen Vorschriften in JGG und SGB VIII und
mehr noch ein Blick auf die zahllosen literarischen Äußerungen macht
deutlich, dass Jugendstrafrecht und Jugendhilfe geradezu schicksals-
haft miteinander verbunden sind. Sichtbarsten Ausdruck findet diese
Verbundenheit in der Institution der Jugendgerichtshilfe und den deren
Funktion und Aufgaben regelnden Vorschriften (§ 38 JGG, § 52 SGB
VIII). Daneben macht der erzieherische Anspruch zahlreicher Rechtsfolgen einer Jugendverfehlung (vor allem der Erziehungsmaßregeln)
und deren Handhabung eine grundsätzliche Erörterung des Verhältnisses dieser beiden Rechtsbereiche erforderlich.

Die Vorschrift, die das höchst kontrovers diskutierte Verhältnis der
beiden Rechtsgebiete gleichsam wie unter einem Brennglas hat hervor-
treten lassen, ist der durch das KICK eingefügte § 36a SGB VIII (zur
unterschiedlichen Beurteilung der Vorschrift Möller/Schütz 2007,
178 ff. einerseits sowie Meysen 2008, 562 ff. andererseits).

Es entspricht ganz herrschender Auffassung, dass das Jugendamt
keinerlei jugendgerichtlichen Weisungen unterliege (Trenczek 2007,
31, 33). Bereits deshalb habe die Einfügung von § 36a SGB VIII (und
insbesondere dessen Abs. 1 Satz 1 Hs. 2) die Rechtslage nicht verändert,
sondern lediglich verdeutlicht. Wenn es sich bei dieser Vorschrift lediglich um eine Klarstellung, nicht aber um eine Rechtsänderung handelt,
dann gilt dies, worauf Goerdeler (2006, 4, 5) hinweist, nicht nur eindi-
mensional in der Weise, dass die „Steuerungsverantwortung" (zum Ver-
schleierungscharakter dieses Begriffs Möller/Schütz 2007, 178, 180)
des Jugendamtes betont wird, sondern auch hinsichtlich der unabhängig
von dieser Vorschrift bestehenden und bereits deshalb nicht veränderten
gesetzlichen Verpflichtungen des Jugendamtes. Solche sind die nach
§ 52 SGB VIII i. V. m. § 38 JGG der JGH zugewiesenen Aufgaben.
Soweit § 38 JGG Aufgaben „der Jugendhilfe" normiert, ist das Jugendamt als Träger der öffentlichen Jugendhilfe verpflichtet, diese zu erfüllen. Dabei mögen ihm hinsichtlich des „Wie" der Erfüllung Entschei-
dungsspielräume eröffnet sein, hinsichtlich des „Ob" jedoch keinesfalls.
Soweit die Aufgabenzuweisung des § 38 JGG, der ja, wie sich aus § 52
Abs. 1 SGB VIII ergibt, kein Fremdkörper ist, reicht, ist sie dem Regime

des § 36a SGB VIII ebenso entzogen wie anderen „Erwägungen", „Prinzipien", „Grundsätzen" o. Ä. (vgl. dazu und zum Folgenden auch die Ausführungen in § 10 – Jugendgerichtshilfe).

## B.    Aufgaben des Jugendamtes im Kontext des Jugend-strafverfahrens

### 1.    Aufgaben der Jugend(gerichts)hilfe nach § 52 Abs. 1 SGB VIII i. V. m. § 38 JGG

Zu diesen Aufgaben gehört zunächst die gesamte Ermittlungs- und Entscheidungshilfe, wie sie in § 38 Abs. 2 Satz 1 bis 3 JGG umschrieben ist. Hierzu gehört weiter die Teilnahme an der Hauptverhandlung (§§ 38 Abs. 2 Satz 4 50 Abs. 3 JGG). Insoweit dürfte Konsens bestehen, auch wenn hinsichtlich der Art und Weise der Aufgabenerfüllung unterschiedliche Auffassungen vertreten werden. Auch hinsichtlich der von § 38 Abs. 2 Satz 9 JGG erfassten Unterstützung des sich im Vollzug befindlichen Jugendlichen sind Kontroversen nicht ersichtlich.

Umstritten ist indes die Rolle der JGH bei der Überwachung der Erfüllung richterlicher Weisungen (§ 38 Abs. 2 Satz 5 und 6 JGG; dabei geht es zunächst nur um die Überwachungstätigkeit, nicht um die Frage, ob das Jugendamt verpflichtet ist, vom Jugendrichter angeordnete Maßnahmen durchzuführen (dazu unten 2.). So verständlich die durch die mitunter noch aufgeladene (Trenczek, in: Münder et al. 2009, § 52 Rn. 48: „strafvollstreckungsähnliche Sanktionsüberwachung") Begrifflichkeit des JGG ausgelösten Abwehrreflexe auch sein mögen, so klar sind an dieser Stelle die gesetzliche Regelung und die daraus sich ergebende Verpflichtung der JGH. In welcher Weise sie die Überwachung durchführt und wie sie mit Zuwiderhandlungen des Jugendlichen umgeht, liegt indes auch an dieser Stelle in ihrer Entscheidung.

Nicht zu den Überwachungsaufgaben gehört entgegen anderer Auffassung die in § 38 Abs. 2 Satz 7 JGG nicht minder klar geregelte Tätigkeit. Soweit der Richter nicht eine andere Person damit betraut, üben die Jugendgerichtshelfer im Fall der Unterstellung nach § 10 Abs. 1 Satz 3 Nr. 5 JGG die Betreuung und Aufsicht aus. Ob es sich bei der Betreuungsweisung um eine „richtige", „angemessene", „fachlich gerechtfertigte" Reaktion auf die Delinquenz handelt, liegt an dieser Stelle allein in der Verantwortung und Entscheidungsbefugnis des Richters. Dies ergibt sich nicht nur aus dem eindeutigen Wortlaut der Vorschrift, sondern auch bei systematischer Auslegung: Die Vertreter der JGH sind gem. § 38 Abs. 3 Satz 3 JGG vor der Erteilung von Weisungen stets und bei in Betracht kommender Betreuungsweisung auch dazu zu hören, *wer* als Betreuungshelfer bestellt werden soll. In der darin liegenden Möglichkeit, die sozialpädagogischen Gesichtspunkte zur Geeignetheit und Sinnhaftigkeit in Aussicht genommener Weisungen dem Richter zu Gehör zu bringen, erschöpft sich aber auch die Befugnis der JGH hinsichtlich der Auferlegung der Weisung; hinsichtlich der Ausgestaltung von Betreuung und Aufsicht ist sie dagegen frei.

## 2.    Weitere Aufgaben der Jugendhilfe

Von vorstehender Problematik zu unterscheiden ist die Frage, ob das Jugendamt verpflichtet ist, vom Jugendrichter angeordnete Maßnahmen durchzuführen, was von der herrschenden Auffassung, erst recht nach Einfügung von § 36a SGB VIII, noch vehementer abgelehnt wird. Insoweit ist zu differenzieren.

Ordnet der Richter Hilfe zur Erziehung nach § 12 JGG an, ist das Jugendamt verpflichtet, diese Hilfe zu gewähren (Nix, in: Möller/Nix 2006, § 34 Rn. 8; Wiesner, in: ders. 2006, § 34 Rn. 58). Denn mit dieser Entscheidung stellt der Jugendrichter auch verbindlich fest, dass die Voraussetzungen der §§ 30 bzw. 34 SGB VIII vorliegen. Die Rolle des Jugendamtes erschöpft sich auch in diesem Fall darin, in der vorgeschriebenen Anhörung die jugendhilferechtlichen und sozialpädagogischen Belange geltend zu machen. Dieses Ergebnis wird bestätigt durch die Vorschrift des § 82 Abs. 2 JGG. Danach „richtet sich die weitere Zuständigkeit nach den Vorschriften des Achten Buches Sozialgesetzbuch", soweit „der Richter Hilfe zur Erziehung im Sinne des § 12 angeordnet hat". Die Zuständigkeit des Jugendamtes setzt also erst ein, *nachdem* der Richter die Hilfe angeordnet hat.

§ 36a SGB VIII steht weder der Anordnung der Hilfe durch den Richter noch der Ausführungspflicht des Jugendamtes entgegen, da es sich bei § 12 JGG zwar um die ältere, jedoch speziellere und damit vorgehende Vorschrift handelt (dazu im Einzelnen Möller/Schütz 2007, 178, 179 f.).

Nicht zuletzt wegen ihrer größeren Bedeutung in der Justizpraxis stehen die Weisungen nach § 10 Abs. 1 Satz 3 JGG im Zentrum des Interesses wie der Kontroverse über das Verhältnis von Jugendgericht und Jugendhilfe.

Ob sie aber überhaupt Hilfen im Sinne des SGB VIII darstellen, ist keinesfalls eindeutig. Nach § 10 Abs. 1 JGG handelt es sich bei den Weisungen um Gebote oder Verbote, welche die Lebensführung des Jugendlichen regeln und dadurch seine Erziehung fördern und sichern sollen.

Da sie „unmittelbar und stringenter" seien als die Hilfen nach § 12 JGG, soll nach Ostendorf § 36a SGB VIII auf sie nicht anwendbar sein, zumal sie anders als die Inanspruchnahme von Erziehungshilfen nach jener Vorschrift mit dem sogenannten Ungehorsamsarrest gem. § 11 Abs. 3 JGG durchgesetzt werden könnten (Ostendorf 2004, 294, 295; 2006, 155, 160; im Ergebnis ebenso Meier 2006, 261, 265, der hier allein sprachliche Gründe der Gesetzesformulierung vorbringt).

Andere Autoren (Wiesner, in: ders. 2006, § 36a Rn. 29, Häbel, in: Fieseler et al. 1998/2010, §27 Rn. 62) und Stellungnahmen (etwa die „Empfehlungen des Deutschen Vereins zur Weiterentwicklung der Hilfeplanung nach § 36 SGB VIII" vom 3. Mai 2006, 13 ff.) gehen demgegenüber selbstverständlich davon aus, dass es sich bei einzelnen Weisungen um die Verpflichtung zur Inanspruchnahme von Hilfe nach dem SGB VIII handelt, insbesondere die Weisung, bei einer Familie oder in einem Heim zu wohnen (§ 10 Abs. 1 Satz 3 Nr. 2 JGG) als Inanspruchnahme von Vollzeitpflege nach § 33 SGB VIII, von Erziehung in einer Einrichtung über Tag und Nacht oder einer sonstigen Wohnform nach § 34 SGB VIII oder von intensiver Einzelbetreuung nach § 35 SGB VIII, sich der Betreuung und Aufsicht eines Betreuungshelfers zu unterstellen (§ 10 Abs. 1 Satz 3 Nr. 5 JGG) als Inanspruchnahme von Hilfe nach § 30 oder an einem sozialen Trainingskurs teilzunehmen (§ 10 Abs. 1 Satz 3 Nr. 6 JGG) als Teilnahme an sozialer Gruppenarbeit nach § 29 SGB VIII.

Weisungen nach § 10 JGG können nicht nur – allein oder neben Zuchtmitteln oder Jugendstrafe (§ 8 JGG) – förmliche Sanktionen des Jugendstrafrechts sein, sie sind auch im Übrigen im JGG nahezu ubiquitär: Wohl bedeutsamster weiterer Anwendungsfall ist die Diversion nach §§ 45 Abs. 3, 47 Abs. 1 Nr. 3, Satz 2 JGG: Unter den dort genannten weiteren Voraussetzungen kann das Verfahren unter richterlicher Anordnung u. a. von Weisungen nach § 10 Abs. 1 Satz 3 Nr. 4, 7 und 9 JGG eingestellt werden.

Gem. § 23 Abs. 1 JGG soll der Richter im Fall der Aussetzung einer Jugendstrafe zur Bewährung für die Dauer der Bewährungszeit die Lebensführung des Jugendlichen durch Weisungen erzieherisch beeinflussen.

Dasselbe gilt gem. § 29 JGG entsprechend, wenn die Entscheidung über die Verhängung von Jugendstrafe mangels hinreichend sicherer Feststellbarkeit schädlicher Neigungen nach § 27 JGG zur Bewährung ausgesetzt wurde. In den Fällen der sog. Vorbewährung kommt nach §§ 57 Abs. 3, 58 JGG die Erteilung von Weisungen in Betracht. Schließlich kann nach § 88 Abs. 6 JGG der Jugendrichter als Vollstreckungsleiter unter entsprechender Anwendung von § 23 JGG Weisungen erteilen, wenn er die Vollstreckung eines Restes der Jugendstrafe zur Bewährung aussetzt.

Betrachtet man den Inhalt möglicher Weisungen, so zeigt sich etwa im Fall des sozialen Trainingskurses oder auch der Heimunterbringung, dass diese mit im Katalog der §§ 27 ff. SGB VIII enthaltenen Erziehungshilfen identisch sein können. Das mag für bestimmte Weisungen, etwa den Täter-Opfer-Ausgleich, nicht zutreffen (etwa Meier 2006, 265; Wiesner, in: ders.: SGB VIII, § 36a Rn. 29; Höynck/Goerdeler 2006, 170, 173; Häbel, in: Fieseler et al. 1998/2010, § 27 Rn. 62).

Dies ändert aber nichts an dem Charakter bestimmter Weisungen nach dem JGG als „Hilfen" für den Jugendlichen, zu deren Inanspruchnahme er verpflichtet werden kann. Somit stellen sich jedenfalls einzelne der nach dem JGG möglichen Weisungen auch als Hilfen i. S. d. § 36a Abs. 1 SGB VIII dar, sodass entsprechende Verpflichtungen durch den Jugendrichter von dieser Vorschrift erfasst werden.

Literarisch noch nicht erörtert wurden – soweit ersichtlich – bisher die Konsequenzen, die sich für mögliche Maßnahmen nach § 3 JGG ergeben. Gem. § 3 Satz 1 JGG ist in jedem gegen einen Jugendlichen geführten Verfahren dessen strafrechtliche Verantwortlichkeit positiv festzustellen. Fehlt die erforderliche Reife, ist das Verfahren einzustellen (§ 170 Abs. 2 StPO bzw. § 47 Abs. Nr. 4 JGG) oder der Angeklagte freizusprechen. Zugleich räumt § 3 Satz 2 JGG in diesem Fall dem Richter die Befugnis ein, „zur Erziehung eines Jugendlichen" dieselben Maßnahmen anzuordnen wie der Familien- oder Vormundschaftsrichter.

Welche Maßnahmen das sind, ist im Einzelnen umstritten, jedenfalls wird teilweise auch die Verpflichtung zur Inanspruchnahme von Hilfen nach dem SGB VIII für möglich und zulässig gehalten, sofern deren Voraussetzungen vorliegen, (Böhm/Feuerhelm 2004, 42 m. w. N.; Laubenthal/Baier 2006, Rn. 70 f.), was zu prüfen dem Jugend- oder dem Familien- bzw. Vormundschaftsrichter obliege.

Es zeigt sich, dass das Jugendstrafrecht eine Vielzahl von richterlichen Anordnungen bereithält, die potentiell auf die Inanspruchnahme von Hilfen nach dem SGB VIII gerichtet sind. Das überrascht nicht, versteht sich das Jugendstrafrecht doch als Erziehungsstrafrecht. Durch § 36a Abs. 1 Hs. 2 SGB VIII werden damit ebenso wesentliche wie in der Praxis häufige jugendrichterliche Anordnungen einer notwendigen Zustimmung des Jugendhilfeträgers unterworfen. Damit wird zwar nicht die richterliche Unabhängigkeit (Art. 97 Abs. 1 GG), wohl aber der Richtervorbehalt des Art. 92 GG verletzt, nach dem die rechtsprechende Gewalt den Richtern anvertraut ist. Jedenfalls die klassische Strafjustiz sowie die Entscheidung bürgerlich-rechtlicher Streitigkeiten unterfallen dem Rechtsprechungsmonopol des Art. 92 GG (grdl. BVerfGE 22, 49, 73 ff., 77 f.). Funktional wird den Richtern die Kompetenz zur „letztverbindlichen, der Rechtskraft fähigen Feststellung und des Ausspruchs dessen, was im konkreten Fall rechtens ist" (BVerfGE 103, 111, 137, m. w. N.) zugewiesen. Um Strafjustiz in diesem Sinne handelt es bei der Aburteilung von Verfehlungen Jugendlicher auch dann, wenn „nur" Erziehungsmaßregeln angeordnet werden. Denn zum einen handelt es sich dabei um *straf*rechtliche Sanktionen, zum anderen ist mit jeder positiven Anordnung einer Erziehungsmaßregel die negative Entscheidung verbunden, dass eine Ahndung mit Zuchtmitteln oder Jugendstrafe nicht erforderlich ist (zu den verfassungsrechtlichen Implikationen im Einzelnen Möller / Schütz 2007, 178, 181 ff.).

## C.    Jugendstrafrecht als Strafrecht

„Jugend**strafrecht ist Straf**recht. Es ist kein Sozialrecht, nicht auf ‚Hilfe' programmiert, sondern dient der sozialen Kontrolle. Dieser einfache Tatbestand gerät in der reformeuphorischen Debatte um das ‚Wohl der Jugend' zu oft aus dem Blick." (Hervorh. i. Orig.; W. M.)

So beginnt das Vorwort zur 1987 erschienenen ersten Auflage des Lehrbuchs „Jugendstrafrecht" von Albrecht (2000, VII). Und ähnlich heißt es in dem deutlich jüngeren Buch von Laubenthal / Baier (2006):

„Das Jugendstrafrecht ist jedoch **kein Erziehungsrecht**, es bedeutet **Strafrecht** [Hervorh. i. Orig.; W. M.]. Das Einstehenmüssen für einen Normbruch stellt keine Erziehung dar, sondern eine den Sozialisationsprozess möglicherweise befördernde Lebenserfahrung." (Laubenthal / Baier 2006, Rn. 4)

Eine (scheinbar diametrale) Gegenposition zu dieser recht apodiktisch formulierten Auffassung wird in erster Linie im Kontext der Aufgaben- und Funktionsbeschreibung der Jugendgerichtshilfe bezogen: Bei deren Mitwirkung handele es sich „um eine originär jugendhilferechtliche Verpflichtung, die nicht aus dem jugendstrafrechtlichen Prozessrecht abgeleitet" sei (Goerdeler 2006, 4, 5). Jugendstrafrecht und Jugendhilfe hätten „zwar eine sich überschneidende Zielgruppe, einen gemeinsamen Anlass, tätig zu werden, und beide wollten erzieherisch wirken. Ihr Erziehungsverständnis, ihre Arbeitsweisen, Verfahrensarten und Reaktionsmöglichkeiten" seien jedoch „höchst unterschiedlich. [...] Sie zu negieren und davon auszugehen, es sei doch alles eins", werde der Sache nicht gerecht (Goerdeler 2006, 4; 5).

Bei genauerem Hinsehen lässt sich allerdings eine wirkliche Gegenposition zu der von Albrecht (2000) kaum ausmachen. Auch bei Trenczek heißt es, „Jugendstrafrecht ist Strafrecht" (Trenczek, in: Münder et al. 2009, § 52 Rn. 6). Vielmehr handelt es sich um eine Auffassung, die das Jugendstrafrecht zweiteilt in Strafrecht und Sozialrecht, sich nur eines Teils bemächtigt und sich nur für diesen zuständig fühlt: den der Jugendhilfe. Normativ erfolgt dies durch Überhöhung von § 52 Abs. 2 SGB VIII bei gleichzeitiger Minimalisierung von § 52 Abs. 1 SGB VIII. Hält die Jugendhilfe die hilferechtliche für die (einzig) richtige, dann müsste sie in Konsequenz dessen die „Abschaffung des Jugendstrafrechts" fordern. Nicht im Sinne von Kusch (2006, 65 ff.), der jegliche Jugenddelinquenz dem Erwachsenenstrafrecht unterwerfen will, sondern in dem Sinne, dass Jugend*strafrecht* vollständig durch Jugend*hilfe* ersetzt wird. Das wird indes gegenwärtig von niemandem gefordert. Dazu muss man zu Peters (1966) zurückgehen (dazu unten § 13).

# §5 Anwendungsbereich des Jugendstrafrechts

Plate, J. (2002): Psyche, Unrecht und Schuld. Die Bedeutung der psychischen Verfassung des Täters für die allgemeinen Voraussetzungen der Strafbarkeit. Beck, München

## I. Sachlicher Anwendungsbereich

Das JGG findet nach dessen § 1 Abs. 1 Anwendung, wenn ein Jugendlicher oder Heranwachsender eine „Verfehlung begeht, die nach den allgemeinen Vorschriften mit Strafe bedroht ist". Das JGG vermeidet also den Begriff der Straftat; es ersetzt ihn durch den der Verfehlung, dem eine weniger stigmatisierende Bedeutung beigemessen wird (Meier et al. 2007, 87). Sachlich ist unter einer „Verfehlung" eine rechtswidrige Tat i. S. d. § 11 Abs. 1 Nr. 5 StGB zu verstehen.

Mit der Formulierung, dass die Verfehlung „nach den allgemeinen Vorschriften" mit Strafe bedroht sein muss, wird zunächst klargestellt, dass es keine besonderen, jugendspezifischen Straftatbestände gibt. Das JGG befasst sich vielmehr – von verfahrensrechtlichen Vorschriften abgesehen – grundsätzlich mit den Rechtsfolgen der Straftat (Albrecht 2000, 91).

Die gesetzliche Konstruktion eines für Jugendliche, Heranwachsende und Erwachsene identischen Katalogs von Straftatbeständen ist weder zwingend noch unumstritten. Es wäre ohne weiteres vorstellbar, ja vielleicht sogar naheliegend, bestimmte jugendtypische Verhaltensweisen, die einen Straftatbestand erfüllen (etwa (Laden-)Diebstahl, Leistungserschleichung („Schwarzfahren") oder einfache Körperverletzung), allgemein gesprochen, Bagatell- und Konfliktkriminalität von einer strafrechtlichen Sanktionierung auszunehmen oder solches Verhalten nicht erst in der Rechtsfolge, sondern bereits auf der Ebene der Straftatbestände abweichend vom Erwachsenenrecht zu umschreiben und zu qualifizieren. Dies wird vor allem unter Hinweis auf die Einheitlichkeit der Rechtsordnung (so Meier et al. 2007, 87) sowie mit dem Argument abgelehnt, dass es keine unterschiedliche Normierung von Unrecht geben könne (Dallinger/Lackner, JGG, § 2 Rn. 5; § 5 Rn. 1).

Da die Verfehlung nach dem Wortlaut des Gesetzes „mit Strafe bedroht" sein muss, genügt es, dass die Tat einen Straftatbestand erfüllt.

Andererseits ist aber die Anwendung des JGG auf andere Sanktionierungsformen durch § 2 Abs. 1 JGG nicht angeordnet. Dies gilt insbesondere für Ordnungswidrigkeiten nach dem OWiG, das aber seinerseits Sonderregelungen hinsichtlich der Verantwortlichkeit Jugendlicher (§ 12 Abs. 1 Satz 2 OWiG), die Zuständigkeit des Jugendrichters (§ 68 Abs. 2 OWiG) und die Vollstreckung von Geldbußen gegen Jugendliche und Heranwachsende (§ 98 OWiG) enthält und im Übrigen in § 46 Abs. 1, 6 OWiG hinsichtlich des Verfahrens pauschal auf das JGG verweist.

Den sachlichen Anwendungsbereich im weiteren Sinne betrifft auch § 2 Abs. 2 JGG, nach dem die allgemeinen Vorschriften nur gelten, soweit im JGG nichts anderes bestimmt ist. Die Norm korrespondiert mit § 10 StGB, wonach das Strafgesetzbuch für Jugendliche und Heranwachsende nur gilt, soweit das JGG nichts anderes bestimmt. Aus beiden Vorschriften ergibt sich, dass das JGG das Spezialgesetz für die Reaktion auf Jugendverfehlungen ist (Meier et al. 2007, 88), es allerdings keine abschließenden Regelungen enthält. Soweit seine Bestimmungen reichen, ist die Anwendung der allgemeinen Vorschriften gesperrt. Trifft das JGG keine Regelung, sind die allgemeinen Vorschriften subsidiär anwendbar.

Danach stellt sich zunächst die Frage, welche die „allgemeinen Vorschriften" sind, von denen hier gesprochen wird. Allgemeine Vorschriften sind jedenfalls das Strafgesetzbuch, das sogenannte Nebenstrafrecht (etwa Strafbestimmungen im BtMG oder im AufenthG) sowie die Strafprozessordnung. Allgemeine Vorschriften enthält ferner das Gerichtsverfassungsgesetz (GVG).

Fraglich ist weiter, wann denn im JGG „etwas anderes bestimmt ist", das die Anwendung der allgemeinen Vorschriften ausschließt. Etwas anderes ist sicher dann bestimmt, wenn das JGG die Anwendung von Vorschriften oder Instituten des Erwachsenenstrafrechts *ausdrücklich ausschließt*. Das ist etwa in § 79 JGG der Fall, nach dem kein Strafbefehl (§§ 407–412 StPO) gegen einen Jugendlichen erlassen werden darf und das beschleunigte Verfahren des allgemeinen Verfahrensrechts (§§ 417–429 StPO) unzulässig ist. Nach § 80 Abs. 1 JGG kann gegen einen Jugendlichen Privatklage (§§ 374–394 StPO) nicht erhoben werden. Nach § 81 JGG werden die Vorschriften der StPO über die Entschädigung des Verletzten (§§ 403–406c StPO), das sogenannte Adhäsionsverfahren, im Verfahren gegen einen Jugendlichen nicht angewendet.

Umgekehrt sind Vorschriften des allgemeinen Strafrechts dann anzuwenden, wenn das JGG auf sie *ausdrücklich verweist* oder sie für anwendbar erklärt. So richtet sich nach § 4 JGG die Einordnung der Verfehlung eines Jugendlichen als Verbrechen oder Vergehen (§ 12 StGB) und deren Verjährung (§§ 78 ff. StGB) nach den Vorschriften des allgemeinen Strafrechts. §§ 45 Abs. 1; 47 Abs. 1 Nr. 1 JGG nehmen Bezug auf § 153 StPO und inkorporieren dessen Voraussetzungen.

Unproblematisch sind auch die Fälle, in denen das JGG die Anordnung bestimmter Maßnahmen des allgemeinen Strafrechts erlaubt. Wenn § 7 JGG die Unterbringung in einem psychiatrischen Krankenhaus oder einer Entziehungsanstalt, die Führungsaufsicht oder die Entziehung der Fahrerlaubnis (§ 61 Nr. 1, 2, 4 und 5 StGB) als Maßregeln der Besserung und Sicherung erlaubt, so ergibt sich daraus zugleich, dass die in der Vorschrift nicht genannte Maßnahme des Berufsverbots (§ 61 Nr. 6 StGB) gegen Jugendliche nicht angeordnet werden darf.

Methodisch handelt es sich dabei um einen Umkehrschluss. Nicht zulässig wäre es, in diesem Fall dem Gesetzgeber zu unterstellen, er habe „vergessen", die übrigen Nummern des § 61 StGB aufzunehmen, also eine „Lücke" hinterlassen, die der Rechtsanwender ausfüllen dürfe oder gar müsse.

Dasselbe galt bis zur Gesetzesänderung vom 8. Juli 2008 (durch das Gesetz zur Einführung der nachträglichen Sicherungsverwahrung bei Verurteilungen nach Jugendstrafrecht vom 8. Juli 2008, BGBl. I, 1212) in dieser Allgemeinheit auch für die Unterbringung in der Sicherungsverwahrung. Mit der Änderung hat der Gesetzgeber nach Maßgabe der Abs. 2 bis 4 die Anordnung der nachträglichen Sicherungsverwahrung auch gegenüber Jugendlichen für zulässig erklärt; im Übrigen blieb es aber bei dem Umkehrschluss der Unzulässigkeit einer Anordnung der Sicherungsverwahrung im Strafurteil. Inzwischen hat die Rechtsprechung des EGMR zur Sicherungsverwahrung nach deutschem Strafrecht zu einer grundlegenden Diskussion über dieses Rechtsinstitut, seine Zulässigkeit und seine Grenzen geführt, die auch das Jugendstrafrecht nicht unberührt lassen kann. Auf die Problematik der Sicherungsverwahrung wird deshalb in § 7 gesondert eingegangen.

Vergleichbares lässt sich zu § 80 Abs. 3 JGG sagen: Während bis zum 31.12.2006 jegliche Nebenklage (§§ 395–402 StPO) unzulässig war, lässt die durch das 2. Justizmodernisierungsgesetz (vom 22.12.2006, BGBl. I, 3416; es handelt sich dabei um einen weiteren Stein im seit den neunziger Jahren des 20. Jahrhunderts sich ausbreitenden Mosaik der Opferrechte im Straf- und Strafprozessrecht) geänderte Fassung nunmehr die Nebenklage in den in Abs. 3 genannten Fällen zu. In allen anderen Fällen ist sie nach wie vor unzulässig.

Probleme ergeben sich jedoch, soweit das JGG zur Anwendung allgemeiner Vorschriften gänzlich schweigt. Ist etwa § 60 StGB auch im Bereich des Jugendstrafrechts anzuwenden? (Vgl. dazu den instruktiven Fall bei Nothacker 2001, 21 ff.)

Hier ist in jedem Fall durch Auslegung der jeweiligen Vorschrift zu ermitteln, ob die Anwendung der allgemeinen Vorschrift mit dem Wesen, mit den Grundprinzipien des Jugendstrafrechts vereinbar ist. Deshalb ist nach herrschender Auffassung die Anwendbarkeit von § 60 StGB zu bejahen, weil sie der spezialpräventiv ausgerichteten Zielsetzung des JGG entspricht (Laubenthal/Baier 2006, Rn. 440 ff. mit einem weiteren Beispielsfall).

## II.   Persönlicher Anwendungsbereich

Es ist nunmehr noch der persönliche Geltungsbereich des JGG abzuklären. Nach § 1 Abs. 1 JGG gilt dieses Gesetz, „wenn ein Jugendlicher oder ein Heranwachsender" eine Verfehlung begeht. Damit stellt sich zunächst die Frage, wer Jugendlicher und wer Heranwachsender ist.

### A.   Jugendliche

### 1.   Strafmündigkeit

„Jugendlicher" ist nach Absatz 2, wer zur Zeit der Tat vierzehn, aber noch nicht achtzehn Jahre alt ist. Auf das Verhalten von Kindern findet das JGG also keine Anwendung. Wer das vierzehnte Lebensjahr noch nicht vollendet hat, ist nach § 19 StGB schuldunfähig, und kann strafrechtlich überhaupt nicht belangt werden. Gebräuchlich ist insoweit der Begriff der *Strafunmündigkeit*. Es handelt sich hierbei um eine strikte gesetzliche Grenze, von der auch bei Vorliegen entsprechender Reife im Einzelfall unter keinen Umständen abgewichen werden darf.

Demgegenüber sind in anderen Gesetzen enthaltene Altersgrenzen für das Jugendstrafrecht ohne Bedeutung. Insbesondere das Zivilrecht zieht hinsichtlich der Deliktsfähigkeit andere Grenzen: Wer das siebente Lebensjahr nicht vollendet hat, ist nach § 828 Abs. 1 BGB nicht verantwortlich („nicht deliktsfähig"), wer das siebente, aber nicht das zehnte Lebensjahr vollendet hat, ist für den Schaden, den er bei einem Unfall mit einem Kraftfahrzeug, einer Schienenbahn oder einer Schwebebahn einem anderen zufügt, nicht verantwortlich, soweit er nicht vorsätzlich handelt (§ 828 Abs. 2 BGB). Darüber hinaus ist nach § 828 Abs. 3 BGB bis zur Vollendung des 18. Lebensjahres für einen Schaden nicht verantwortlich, wer bei der Begehung der schädigenden Handlung nicht die zur Erkenntnis der Verantwortlichkeit erforderliche Einsicht hat. Für das Jugendstrafrecht irrelevant sind auch die in § 7 SGB VIII definierten Begriffe des *jungen Volljährigen* und des *jungen Menschen*.

Entscheidender Zeitpunkt ist der der Tat. Auf den Zeitpunkt etwa der Entdeckung, der Anklageerhebung oder gar der gerichtlichen Ahndung kommt es nicht an. Stehen mehrere Taten in Rede, ist die Strafmündigkeit für jeden Fall gesondert zu prüfen. Sowohl § 1 Abs. 1 JGG als auch § 19 StGB stellen auf das Begehen der Tat ab. Nach § 8 StGB ist die Tat zu der Zeit begangen, zu welcher der Täter gehandelt hat oder im Fall des Unterlassens hätte handeln müssen. Wann der Erfolg, also etwa im Fall des § 223 StGB die Körperverletzung oder im Fall des § 212 StGB der Tod, im Fall des § 263 StGB der Vermögensschaden, eintritt, ist nicht maßgebend. Bei nicht behebbaren Zweifeln über den Tatzeitpunkt oder das Geburtsdatum gilt die jeweils günstigere Rechtsfolge (Laubenthal / Baier 2006, Rn. 58).

Steht fest, dass es sich bei dem Tatverdächtigen um ein strafunmündiges Kind handelt, ist das Strafverfahren sofort einzustellen, jegliche strafprozessuale Maßnahmen sind unzulässig. Problematisch sind die Fälle, in denen das Alter nicht feststeht, wie etwa bei folgendem Beispiel:

Die Polizei trifft bei einer Streifenfahrt einen Verdächtigen an, der dabei ist, einen Automaten aufzubrechen. Er gibt auf Befragen einen Namen, eine Adresse und sein Alter mit dreizehn Jahren an. Die Polizeibeamten glauben ihm kein Wort. Nach ihrem Eindruck ist er wesentlich älter als 13 Jahre. Dürfen sie ihn „mitnehmen"? Dürfen sie ihn festhalten? Wenn ja, wie lange darf er festgehalten werden? Muss die Polizei die Eltern benachrichtigen, muss oder darf sie das Jugendamt informieren? Was darf sie tun, um das Alter des Verdächtigen festzustellen?

## 2.   Strafrechtliche Verantwortlichkeit

### a)   Voraussetzungen

Mit der Feststellung der Strafmündigkeit ist indes eine abschließende Entscheidung über die Schuldfähigkeit des Jugendlichen noch nicht getroffen. Vielmehr geht der Gesetzgeber in § 3 JGG davon aus, dass mit Vollendung des 14. Lebensjahres nicht zwangsläufig ein Entwicklungsstand erreicht ist, der den Jugendlichen strafrechtlich verantwortlich macht (teilweise wird auch von einer „bedingten Strafmündigkeit" gesprochen; Albrecht 2000, 96; Laubenthal/Baier 2006, Rn. 62). Wird ein Jugendlicher (für Heranwachsende gilt die Vorschrift auch dann nicht, wenn nach § 105 Abs. 1 JGG materiell Jugendstrafrecht anzuwenden ist; Eisenberg 2010a, § 3 Rn. 2) einer Verfehlung beschuldigt, ist in jedem Fall und hinsichtlich jeder Tat *positiv festzustellen*, dass er zur Zeit der Tat nach seiner geistigen und sittlichen Entwicklung reif genug ist, das Unrecht der Tat einzusehen *und* nach dieser Einsicht zu handeln.

Zu prüfen ist also zum einen das kognitive Element der Unrechtseinsichtsfähigkeit. Der Jugendliche muss intellektuell in der Lage sein, das Unrecht seines Handelns zu erkennen und dies ethisch-gefühlsmäßig nachvollziehen zu können (vgl. nur Laubenthal/Baier 2006, Rn. 65). Nicht verlangt wird Kenntnis der jeweiligen Strafnorm (Laubenthal/Baier 2006, Rn. 65; Albrecht 2000, 98), andererseits genügt die Beurteilung einer Handlung als unmoralisch, unsittlich, gegen gesellschaftliche Regeln verstoßend nicht.

Die Bejahung solcher Einsichtsfähigkeit indiziert keineswegs das Vorliegen des zweiten notwendigen Elements, nämlich der Fähigkeit, entsprechend dieser Einsicht zu handeln. Diese kann aus mannigfachen Gründen fehlen: Übermächtiger Einfluss von Erwachsenen (Eltern oder sonstige Bezugspersonen) oder Druck von sogenannte Peergroups, denen der Jugendliche keinen Widerstand entgegenzusetzen vermag; starker Sexualtrieb.

### b)   Rechtsfolgen fehlender strafrechtlicher Verantwortlichkeit

Da Strafe Schuld voraussetzt, kommt eine Bestrafung bei fehlender strafrechtlicher Verantwortlichkeit (= fehlende Schuld) nicht infrage. Rechtsfolge muss daher im staatsanwaltschaftlichen Ermittlungsverfahren die Einstellung gem. § 170 Abs. 2 StPO sein. Wird die fehlende Verantwortlichkeit nach Anklageerhebung, aber vor Eröffnung des

Hauptverfahrens festgestellt, ist diese abzulehnen (§§ 203 f. StPO). Führt das Ergebnis der Hauptverhandlung zur Feststellung fehlender Verantwortlichkeit, ist der Angeklagte freizusprechen. Um einen solchen als erzieherisch ungünstig erachteten Freispruch zu vermeiden, sieht § 47 Abs. 1 Nr. 4 JGG die Möglichkeit der Einstellung des Verfahrens vor (siehe dazu unten § 8 II. B.).

Zudem kann der Richter zur Erziehung des strafrechtlich nicht verantwortlichen Jugendlichen nach § 3 Satz 2 JGG „dieselben Maßnahmen anordnen wie das Familiengericht". Auch diese Vorschrift soll einen als erzieherisch problematisch angesehenen „folgenlosen" Freispruch vermeiden (Laubenthal/Baier 2006, Rn. 70). Ob der Jugendrichter davon Gebrauch macht, steht in seinem Ermessen. Welche Maßnahmen in Betracht kommen, ergibt sich aus § 34 Abs. 3 JGG, der die familiengerichtlichen Erziehungsaufgaben umschreibt: Zum einen die Unterstützung der Eltern, des Vormundes oder des Pflegers etwa durch Gebote zur Inanspruchnahme von Hilfe zur Erziehung nach §§ 27 ff. SGB VIII (§ 34 Abs. 3 Nr. 1 JGG). Zum anderen kommen nach § 34 Abs. 3 Nr. 2 JGG alle nach §§ 1666, 1666a BGB zulässigen und gebotenen Maßnahmen in Betracht. Hierbei ergeben sich freilich die oben unter § 4 erörterten Probleme im Verhältnis zur Jugendhilfe.

### c)   Verhältnis zu anderen schuldrelevanten Vorschriften

Das Fehlen von Einsichtsfähigkeit und Handlungsfähigkeit ist auch dem allgemeinen Strafrecht nicht fremd (§§ 20, 21 StGB). Das Spezifikum des § 3 JGG besteht indes darin, dass die Vorschrift nur dann zum Ausschluss der strafrechtlichen Verantwortlichkeit führt, wenn es auf *mangelnder Reife* beruht.

**§§ 20, 21 StGB:** § 20 StGB unterscheidet sich in zweierlei Hinsicht von § 3 JGG:

Zum einen geht der Gesetzgeber von einer im Regelfall gegebenen Schuldfähigkeit im Sinne dieser Vorschrift aus, die nur in *Ausnahmefällen*, nämlich bei Vorliegen entsprechender Anhaltspunkte zu prüfen und festzustellen ist. Demgegenüber ist die strafrechtliche Verantwortlichkeit i. S. d. § 3 JGG *in jedem Verfahren positiv festzustellen*. Zum anderen ist die Schuldunfähigkeit i. S. d. § 20 StGB Folge eines der in der Vorschrift genannten pathologischen Zustände (Plate 2002; Fischer 2009, § 20 Rn. 8 ff.; Kindhäuser 2009, 179 ff.).

**Zusammentreffen von § 3 JGG und §§ 20, 21 StGB:** § 3 JGG schließt die Anwendung von §§ 20, 21 StGB nicht generell aus. Dass die beiden Vorschriften neben § 3 anwendbar bleiben, ergibt sich bereits daraus, dass nach § 7 Abs. 1 JGG die Unterbringung in einem psychiatrischen Krankenhaus angeordnet werden kann, die ihrerseits gem. § 63 StGB voraussetzt, dass eine Tat im Zustand der Schuldunfähigkeit oder der verminderten Schuldfähigkeit begangen wurde. Beim Zusammentreffen von § 3 JGG und §§ 20, 21 StGB sind folgende Konstellationen denkbar:

- Fehlende Schuld beruht allein auf fehlender strafrechtlicher Verantwortlichkeit i. S. d. § 3 JGG. Dann findet nur diese Vorschrift Anwendung.
- Die Schuldunfähigkeit beruht ausschließlich auf einem der in § 20 StGB genannten pathologischen Zustände. Dann ist nur § 20 StGB anwendbar.
- Es lässt sich nicht feststellen, ob die Schuldunfähigkeit ausschließlich auf fehlender Reife oder daneben auch auf einem der Störungen des § 20 StGB beruht. Dann ist mit der wohl überwiegenden Auffassung nach dem Grundsatz „in dubio pro reo" § 3 JGG zur Anwendung zu bringen, da dessen Reaktionsmöglichkeiten sich gegenüber einer möglichen Unterbringung nach § 63 als mildere Mittel darstellen (Laubenthal / Baier 2006, Rn. 76 m. w. N.)
- Es liegt sowohl eine Reifeverzögerung im Sinne des § 3 JGG als auch eine der pathologischen Zustände des § 20 StGB vor. In diesen Fällen sind die Folgen in Rechtsprechung und Literatur umstritten. Nach einer vertretenen Auffassung soll hier § 20 StGB mit der Folge einer möglichen Unterbringung nach § 63 StGB zur Anwendung kommen (Brunner / Dölling 2002, § 3 Rn. 10). Eine zweite Auffassung will dem Gericht hinsichtlich der Reaktion eine Wahlmöglichkeit zwischen der Anwendung von § 3 JGG einerseits sowie §§ 20, 63 StGB unter Zweckmäßigkeitsgesichtspunkten einräumen (BGHSt 26, 67 ff.; Meier et al. 2007, 94; Schaffstein / Beulke 2002, 68; Streng 2008, 33 f.). Beizutreten ist einer dritten Position, die den Rechtsfolgen des § 3 JGG den Vorrang einräumt (Albrecht 2002, 102; Eisenberg 2010a, § 3 Rn. 39; Ostendorf 2009a, Rn. 32; Laubenthal / Baier 2006, Rn. 77). Für diese Lösung sprechen nicht nur Verhältnismäßigkeitserwägungen, sondern auch das von Laubenthal / Baier vorgebrachte Argument aus dem Wortlaut des § 3 JGG. Der gestattet nach Satz 2 bei fehlender strafrechtlicher Verantwortlichkeit mangels Reife lediglich die Anordnung familiengerichtlicher Maßnahmen. Dass fehlende Reife der einzige Grund für den Strafausschluss

bilde, werde nicht vorausgesetzt. Mit der Anwendung von §§ 20, 63 StGB werde danach gegen das Analogieverbot (Art. 103 Abs. 2 GG) verstoßen (Laubenthal / Baier 2006, Rn. 77).

**Verhältnis von § 3 JGG und § 17 StGB:** Problematisch mag auch das Verhältnis von § 3 JGG zum sog. Verbotsirrtum nach § 17 StGB sein, der sich dadurch auszeichnet, dass dem Betroffenen die Einsicht, Unrecht zu tun, also die Einsicht, sich nicht normgemäß zu verhalten, fehlt. Fehlt diese Einsicht infolge reifebedingter Unfähigkeit zur Einsicht, findet ohne Weiteres und vorrangig § 3 JGG mit der Folge Anwendung, dass der Betroffene ohne Schuld handelt. Ist reifebedingt Einsichtsfähigkeit gegeben, kann gleichwohl die Unrechtseinsicht tatsächlich etwa deshalb fehlen, weil dem Jugendlichen eine unzutreffende Rechtsauskunft gegeben wurde. Dann kommt § 17 StGB neben § 3 JGG zur Anwendung. Es ist dann die Vermeidbarkeit des Irrtums zu prüfen, wobei die an einen sich noch in der Normausbildung befindlichen Jugendlichen zu stellenden Anforderungen geringer anzusetzen sind als bei einem Erwachsenen.

## B.    Heranwachsende

**Heranwachsender** ist nach § 1 Abs. 2 JGG, wer zur Zeit der Tat 18, aber noch nicht 21 Jahre alt ist. Auch hier ist also auf den Zeitpunkt der Tat abzustellen, in welchem Umfang das Gesetz auf die Verfehlung eines Heranwachsenden anzuwenden ist. Wie weit die Anordnung des § 1 Abs. 1 JGG reicht, richtet sich nach den Vorschriften der §§ 105 bis 112 JGG, die materiellrechtliche, verfahrens- und vollstreckungsrechtliche Regelungen enthalten.

## 1.    Materiellrechtliche Voraussetzungen – § 105 JGG

Ob, wie es in der Praxis üblicherweise heißt, **Jugend- oder Erwachsenen(straf)recht** anzuwenden ist, richtet sich nach § 105 JGG. § 105 Abs. 1 JGG enthält zwei gleichrangige Alternativen. Da nur *eine* der in den Nummern 1 und 2 genannten Voraussetzungen gegeben sein muss („oder"), ist bei der praktischen Anwendung der Vorschrift entgegen der gesetzlichen Reihenfolge mit der Prüfung von Nr. 2 zu beginnen. Ob eine Jugendverfehlung vorliegt, ist unter Einbeziehung der dazu ergangenen Rechtsprechung leichter zu prüfen und zu entscheiden als das Vorliegen der Voraussetzungen der Nr. 1, deren Feststellung regelmäßig eine umfassendere und eingriffsintensivere Prüfung erfordert (ebenso Ostendorf 2009a, Rn. 293).

a)       Die Gesamtwürdigung der Persönlichkeit – § 105 Abs. 1
         Nr. 1 JGG

Nach § 105 Abs. 1 Nr. 1 JGG sind die Rechtsfolgen des Jugendstrafrechts dann anzuwenden, wenn die Gesamtwürdigung der Persönlichkeit des Täters bei Berücksichtigung auch der Umweltbedingungen ergibt, dass er nach seiner sittlichen und geistigen Entwicklung noch einem Jugendlichen gleichstand. Zerlegt man die verschachtelte Formulierung, so ergibt sich

- dass eine Gesamtwürdigung der Persönlichkeit des Täters vorzunehmen ist,
- dabei auch die Umweltbedingungen zu berücksichtigen sind,
- die Würdigung ergeben muss, dass der Betroffene zum Zeitpunkt der Tat nach seiner geistigen und sittlichen Entwicklung noch einem Jugendlichen gleichstehen muss.

Nach dem eindeutigen Gesetzeswortlaut hat die vorzunehmende Prüfung auf den Zeitpunkt der Tat (§ 2 Abs. 2 JGG i. V. m. § 8 StGB) abzustellen. Dies ist auch dann zwingend, wenn zwischen Tat und Aburteilung ein längerer Zeitraum liegt, mag aber Probleme aufwerfen, da mit zunehmendem Abstand zur Tatzeit die ohnehin nicht einfache Beurteilung des Reifezustands mit größer werdenden Unsicherheiten belastet ist. In jedem Fall sind die der Würdigung zugrunde zu legenden Tatsachen sorgfältig zu ermitteln. Da es sich um täterpersönlichkeitsbezogene Tatsachen handelt, ist dies primär Aufgabe der Jugendgerichtshilfe (§ 107 i. V. m. § 38 Abs. 2 Satz 2 JGG). Soweit es zur Beurteilung der Täterpersönlichkeit erforderlich ist, hat sie gegenüber dem Gericht, das abschließend über die Frage des anzuwendenden Rechts zu entscheiden hat, die Einholung eines jugendpsychologischen Sachverständigengutachtens anzuregen. Zu Recht weist allerdings Ostendorf darauf hin, dass auch bei der Einschaltung eines Sachverständigen der Verhältnismäßigkeitsgrundsatz zu beachten ist: Angesichts der mit einer Begutachtung verbundenen belastenden und stigmatisierenden Wirkungen ist stets darauf zu achten, dass die Erforschung der Persönlichkeit nicht außer Verhältnis zum erhobenen Tatvorwurf steht, und deshalb bei Bagatell- und mittelschwerer Kriminalität auf eine Begutachtung zu verzichten (Ostendorf 2009a, Rn. 293). Bleiben nach Ausschöpfung aller unter Berücksichtigung des Vorstehenden gebotenen und zulässigen Ermittlungsmöglichkeiten Zweifel, findet nach überwiegender Auffassung Jugendstrafrecht Anwendung (BGHSt 12, 116, 118 f.; Böhm/Feuerhelm 2004, 65 f.; weitere Nachweise bei Eisenberg 2010a, § 105 Rn. 36). Das wird entweder auf den Grundsatz „in dubio pro reo" oder den Erziehungsgedanken gestützt. Gegen letztere Begründung wie gegen den Vorrang des Jugendstrafrechts ist Kritik erhoben worden (im Grundsatz kritisch Albrecht 2000, 110): Die Anwendung von Jugendrecht kann für den Heranwachsenden belastender sein als die des Erwachsenenrechts, die so verstandene Anwendung des In-dubio-Satzes sich also als Pyrrhus-Sieg erweisen. Deshalb ist mit Eisenberg (2010a) zu fordern, dass dieser Grundsatz mit der Maßgabe anzuwenden ist, die jeweils weniger einschneidende Rechtsfolge anzuordnen (Eisenberg 2010a, § 105 Rn. 36).

In der Sache wirft § 105 Abs. 1 Nr. 1 JGG ähnliche Interpretations- und Anwendungsprobleme auf wie § 3 JGG.

Die herrschende Auffassung, insbesondere die Rechtsprechung, bejahen die Voraussetzung des § 105 Abs. 1 Nr. 1 JGG dann, wenn in dem jungen Menschen „Entwicklungskräfte noch in größerem Umfang wirksam sind" (BGH, StV 2002, 418; ferner Ostendorf 2009a, Rn. 289 m. w. N.).

Als Kriterien einer reifen Täterpersönlichkeit werden unter Bezugnahme auf die sogenannten Marburger Richtlinien der Deutschen Vereinigung für Jugendpsychiatrie von 1954 folgende Kriterien genannt:

▦ realistische Lebensplanung (statt Leben im Augenblick),
▦ Eigenständigkeit gegenüber den Eltern (statt starkem Anlehnungsbedürfnis), häufig festgemacht an verselbstständigtem Wohnen,
▦ ernsthafte (statt spielerische) Einstellung zur Arbeit,
▦ Eigenständigkeit gegenüber Peers und Partner,
▦ gleichaltrige oder ältere (statt überwiegend jüngere) Freunde,
▦ Bindungsfähigkeit und Integration von Eros und Sexus (statt Labilität in zwischenmenschlichen Beziehungen),
▦ konsistente, berechenbare Stimmungslage (statt sprunghaften, anlasslosen Stimmungswechseln); (ergänzend Ostendorf 2009a, Rn. 290; Laubenthal/Baier 2006, Rn. 90 ff.).

Unterschiedlich beurteilt wird die Frage des anzuwenden Rechts dann, wenn zwar eine hinreichende Reife im Sinne der vorgenannten Kriterien nicht feststellbar, zugleich eine Veränderung dieses Zustands im Wege der sogenannten Nachreifung ausgeschlossen erscheint. Die Rechtsprechung und Teile der Literatur wenden in diesem Fall Erwachsenenstrafrecht an (BGH, NJW 2002, 73 ff; Laubenthal/Baier 2006, Rn. 88). Dies hält Ostendorf (2009a, Rn. 289) für unzulässig, da weder der Wortlaut noch die Intention der Vorschrift dies zuließen. Dem halten Laubenthal/Baier entgegen, dass der Wortlaut („*noch* einem Jugendlichen gleichstand") auf eine Entwicklungsmöglichkeit abstelle. Übereinstimmung besteht indes darüber, dass nur in absoluten Ausnahmefällen vom Ausschluss einer Nachreifung ausgegangen werden könne.

## b)    Die Jugendverfehlung – § 105 Abs. 1 Nr. 2 JGG

In der Literatur werden delinquente Handlungen dann als jugendtypisch bezeichnet, wenn sie in den Modalitäten und Motivationen relativ häufig zu verzeichnen sind, so z. B. Kraftfahrzeugkriminalität, Körperverletzungen bei Raufereien, Gebrauch leichter Drogen. Der BGH stellt in seiner Rechtsprechung auf die äußeren Tatumstände und die Beweggründe des Täters ab. Sie müssen die „Jugendverfehlung als oberflächlich" und den „Antriebskräften der Entwicklung entspringende Entgleisungen" erkennen lassen (BGHSt 8, 91; StV 1987, 307); auch wird vom „Mangel an Ausgeglichenheit, Besonnenheit und Hemmungsvermögen" gesprochen (OLG Zweibrücken, StV 1989, 314). Jede Straftat kann damit – unabhängig von der Schwere – unter den Begriff der Jugendverfehlung fallen, sie muss (lediglich) jugendtypischen Charakter aufweisen (BGH StV 1983, 377).

## 2.    Rechtsfolgen

Liegt eine der vorgenannten Voraussetzungen vor, so wendet der Richter die für Jugendliche geltenden, im Wesentlichen die Rechtsfolgen der Verfehlungen Jugendlicher regelnden Vorschriften der §§ 4 bis 8, 9 Nr. 1; §§ 10, 11 und 13 bis 32 entsprechend an. Es finden also keineswegs alle Vorschriften des JGG entsprechende Anwendung. § 3 JGG etwa ist auf Heranwachsende in keinem Fall anwendbar. Andererseits enthalten § 105 Abs. 2 und 3 sowie die §§ 106 bis 112 JGG eine Reihe von weiteren Vorschriften über die Anwendung materiellrechtlicher oder verfahrensrechtlicher Bestimmungen auf Heranwachsende. Die §§ 106 bis 109 JGG enthalten Milderungen des Erwachsenenstrafrechts für den Fall der Anwendung auf Heranwachsende sowie Verfahrensvorschriften.

# § 6 Rechtsfolgen der Jugendstraftat

Bareis, F. (2006): Nebenstrafen und Nebenfolgen jugendstrafrechtlicher Verurteilungen. ZJJ, 272-281

Lenz, T. (2007): Die Rechtsfolgensystematik im Jugendgerichtsgesetz (JGG). Duncker & Humblot, Berlin

Petersen, A. (2008): Sanktionsmaßstäbe im Jugendstrafrecht. Nomos, Baden-Baden

Walter, M., Wilms, Y. (2004): Kriminalrechtlicher Erziehungsgedanke und elterliches Erziehungsrecht – Zur Zulässigkeit und den Voraussetzungen jugendrechtlicher Weisungen gemäß § 10 I JGG. NStZ, 600–607

## I. Überblick

Während das JGG hinsichtlich der Sanktionen im engeren Sinne ein vom Erwachsenenrecht (nahezu) losgelöstes Rechtsfolgensystem enthält, nimmt es hinsichtlich der Maßnahmen und Nebenfolgen mannigfache Anleihen aus dem allgemeinen Strafrecht.

**§ 5 JGG** gibt einen Überblick über die Sanktionen des Jugendstrafrechts. Die Vorschrift nimmt eine Dreiteilung vor. Erziehungsmaßregel (§ 9), Zuchtmittel (§ 13) und Jugendstrafe (§§ 17, 27) treten in Verfahren gegen Jugendliche und Heranwachsende an die Stelle der Straftatenfolgen des Erwachsenenrechts (Einzelheiten sogleich unter III.). Dies geschieht unabhängig davon, ob ein Jugendgericht oder ein für allgemeine Strafsachen zuständiges Gericht mit der Angelegenheit befasst ist (§§ 104 Abs. 1 Nr. 1, 112 Satz 1 und 2, 105 Abs. 1 i. V. m. § 104 Abs. 1 Nr. 1 JGG).

**§ 7 JGG** regelt, welche Maßregeln der Besserung und Sicherung gegenüber Jugendlichen und Heranwachsenden angeordnet werden können (Einzelheiten unter IV.).

**§ 6 JGG** normiert, welche Nebenfolgen nach dem Jugendstrafrecht angeordnet werden dürfen (Einzelheiten unter V.).

Schließlich enthält **§ 8 JGG** umfängliche Regelungen über die mögliche Verbindung der vielfältigen Rechtsfolgen nach dem JGG (Einzelheiten unter VI.).

Schauen wir uns zunächst einmal den Katalog der möglichen Rechtsfolgen der Jugendverfehlung an. Welche Rechtsfolgen das JGG bereithält, ist in den §§ 5 bis 8 geregelt.

*Sanktionen:*

- Erziehungsmaßregeln, § 9 JGG
  - Weisungen nach § 10 JGG
  - „unbenannte" Weisungen
  - Erziehungsbeistandschaft § 12 JGG
  - Heimerziehung § 12 JGG
- Zuchtmittel § 13 JGG
  - Verwarnung § 14 JGG
  - Auflagen § 15 JGG
    - Wiedergutmachung
    - Entschuldigung
    - Arbeitsleistung
    - Geldbetrag
  - Jugendarrest § 16 JGG
    - Freizeitarrest
    - Kurzarrest
    - Dauerarrest
- Jugendstrafe § 17 JGG
  - (unbedingte) Verhängung der Jugendstrafe § 17 JGG wegen
    - Schädlicher Neigungen
    - Schwere der Schuld
  - Aussetzung der Vollstreckung zur Bewährung
    - „Vorbewährung" § 57 JGG
    - „Urteils"bewährung § 21 JGG
- Aussetzung der Verhängung § 27 JGG bei Jugendstrafe wegen schädlicher Neigungen

*Maßnahmen (§ 11 I Nr. 8 StGB):*

- Maßregeln der Besserung und Sicherung §§ 7 JGG, 61 ff. StGB
  - Freiheitsentziehende Maßregeln
    - Unterbringung in einem psychiatrischen Krankenhaus § 63 StGB

- Unterbringung in einer Entziehungsanstalt § 64
- Nachträgliche Unterbringung in der Sicherungsverwahrung gem. § 7 Abs. 2 JGG
  ▪ Maßregeln ohne Freiheitsentzug
  - Führungsaufsicht §§ 68–68g
  - Entziehung der Fahrerlaubnis §§ 69–69b
▦ Andere Maßnahmen
  ▪ Verfall §§ 6 JGG, 73–73e StGB
  ▪ Einziehung §§ 6 JGG, 74, 75 StGB
  ▪ Unbrauchbarmachung §§ 6 JGG, 74d StGB

*Nebenfolgen:*

▦ Fahrverbot § 44 StGB

## II.    Jugendstrafrechtliche Sanktionen und Elternrecht

Die nach dem JGG möglichen Sanktionen greifen nicht unwesentlich in die Freiheit des Betroffenen ein. Insbesondere die Freizügigkeit (Art. 11 GG) wird durch eine Anordnung nach § 10 Abs. 1 Satz 3 Nr. 1 JGG eingeschränkt (Der Eingriff wird zwar konstatiert, ohne freilich eine Lösung auf der Grundlage von Art. 11 Abs. 2 GG anzubieten; vgl. Laubenthal / Baier 2006, Rn. 534; Ostendorf 2009a, Rn. 170). Gleichwohl wird etwa dieser Umstand interessanterweise weniger unter diesem, denn unter dem eines relevanten Eingriffs in das Elternrecht aus Art. 6 Abs. 2 Satz 1 GG problematisiert, da durch eine entsprechende Weisung das dem elterlichen Sorgerecht entspringende Aufenthaltbestimmungsrecht nicht nur eingeschränkt, sondern gänzlich beiseite geschoben werde (vgl. Eisenberg 2010a, Rn. 12).

Damit ist die grundsätzliche Frage nach dem Verhältnis des ja in großem Umfang unter elterlicher Sorge stehende Minderjährige betreffenden **Jugendstrafrechts** zum grundrechtlich garantierten **Elternrecht** aufgeworfen. Insoweit sind zunächst zwei Positionen vorstellbar: Entweder das Strafrecht geht dem Elternrecht vor – oder umgekehrt.

Erstere Position bedeutet, dass im Fall von Straffälligkeit eines Jugendlichen das Elternrecht ohne jegliche Bedeutung ist.

Letztere Position würde das Ende des Jugendstrafrechts zur Folge haben, weil jegliche Sanktionierung am entgegenstehenden elterlichen Willen abprallen müsste: Widersprechen die Eltern einer entsprechenden

Weisung oder gar – warum sollte insoweit anderes gelten – der Verhängung einer zwangsläufig mit Aufenthalt außerhalb des elterlichen Haushalts verbundenen Jugendstrafe, ist der Strafausspruch hinfällig, weil er das Elternrecht verletzt. Deshalb wird sie von niemandem, nicht einmal von den Apologeten eines extensiv verstandenen Elternrechts vertreten (zur Problematik Laubenthal/Baier 2006, Rn. 529 ff., einerseits und Albrecht 2000, 162, andererseits). Aber auch die erstgenannte Auffassung wird so nicht postuliert, jedenfalls nicht in dieser Klarheit ausgesprochen.

Das Bundesverfassungsgericht hat sich zuletzt in seiner Entscheidung vom 16. Januar 2003 (BVerfGE 107, 104 ff.; dazu auch Walter/Wilms 2004, 600 ff.) grundsätzlich mit dem Verhältnis von Jugendstrafrecht und verfassungsrechtlich garantiertem Elternrecht befasst. Es wird zu zeigen sein, dass auch die von ihm bezogene „vermittelnde" Position nicht zu überzeugen vermag. Das Gericht hat dazu ausgeführt:

> „Art. 6 Abs. 2 Satz 1 GG garantiert den Eltern das Recht auf Pflege und Erziehung ihrer Kinder. Sie können grundsätzlich frei von staatlichem Einfluss nach eigenen Vorstellungen darüber entscheiden, wie sie ihrer Elternverantwortung gerecht werden wollen (vgl. BVerfGE 24, 119 [143 f.]; 59, 360 [376]; 60, 79 [88]; st. Rspr.). Ziel, Inhalt und Methoden der elterlichen Erziehung liegen im Verantwortungsbereich der Eltern. Konkrete Erziehungsziele sind ihnen von Verfassungs wegen nicht vorgegeben. Art. 6 Abs. 2 GG schützt die Eltern damit vor staatlichen Eingriffen bei der Ausübung ihres Erziehungsrechts und verbindet dies mit der Verpflichtung, das Wohl des Kindes zur obersten Richtschnur der Erziehung zu machen (vgl. BVerfGE 56, 363 [381 f.]; vgl. auch BVerfGE 59, 360 [376]).
> Werden Eltern dieser Verantwortung nicht gerecht, weil sie nicht bereit oder in der Lage sind, ihre Erziehungsaufgabe wahrzunehmen, oder weil ihre eigenen Verfehlungen das Kindeswohl auf Dauer erheblich gefährden, kommt das ‚Wächteramt des Staates' nach Art. 6 Abs. 2 Satz 2 GG zum Tragen. Der Staat ist dann nicht nur berechtigt, sondern auch verpflichtet, die Pflege und Erziehung des Kindes sicherzustellen; das Kind, das der Hilfe bedarf, um sich zu einer eigenverantwortlichen Person innerhalb der sozialen Gemeinschaft zu entwickeln, wie sie dem Menschenbild des Grundgesetzes entspricht, hat insoweit Anspruch auf den Schutz des Staates (vgl. BVerfGE 24, 119 [144]; 60, 79 [88])." (BVerfGE 107, 104, 117).

Bis hierhin wähnt man sich eher auf dem Gebiet des Jugend*hilfe*rechts denn auf dem des Jugend*straf*rechts. Den Ausführungen ist kaum zu widersprechen. Das Gericht fährt fort:

„Erziehungsmaßregeln nach dem Jugendgerichtsgesetz sind danach im Rahmen des ‚staatlichen Wächteramts' zulässige Erziehungshilfen; sie begegnen einer Fehlhaltung des Jugendlichen, die sich gegebenenfalls trotz der elterlichen Erziehung eingestellt hat, und wollen ihn zu einem Leben ohne Straftaten hinführen (vgl. BVerfGE 74, 102 [124 f.])." (BVerfGE 107, 104, 117)

Die Wendung zum Jugendstrafrecht erfolgt umstandslos: Erziehungsmaßregeln i. S. d. § 10 JGG seien „danach" zulässige Erziehungshilfen. „Danach" können sie aber nur dann zulässig sein, wenn die Delinquenz des Jugendlichen Beleg dafür ist, dass die Eltern ihrer „Verantwortung nicht gerecht (werden), weil sie nicht bereit oder in der Lage sind, ihre Erziehungsaufgabe wahrzunehmen, oder weil ihre eigenen Verfehlungen das Kindeswohl auf Dauer erheblich gefährden". Darauf wird unten zurückzukommen sein. Unterstellt man nicht, dass solch elterliches Versagen ein massenhaft festzustellendes Phänomen ist, lässt sich die zu konstatierende und von niemandem ernsthaft infrage gestellte Ubiquität und Periodizität von Jugenddelinquenz (dazu oben § 3) allerdings nicht mehr erklären. Einen kleinen Zweifel hegt insoweit auch das Gericht: Die Fehlhaltung könne sich „gegebenenfalls trotz der elterlichen Erziehung eingestellt" haben. Liegt aber der gegebene Fall vor, haben die Eltern mithin erzieherisch alles richtig gemacht, müsste konsequenterweise die Legitimation für staatliches Strafen im Wege der Erziehungsmaßregel entfallen, deren Verhängung also verfassungswidrig sein. Diese Konsequenz wird wiederum weder vom Bundesverfassungsgericht noch von sonstigen Stimmen in der Rechtsprechung oder der rechtswissenschaftlichen Literatur gezogen.

Bleibt bereits dieser Widerspruch unaufgelöst, geht das Gericht weiter daran, die zuvor geforderte Bindung von Elternrecht und Jugendstrafrecht mithilfe des Verhältnismäßigkeitsgrundsatzes zu verschärfen, indem es Maßnahmen, die zu einer Trennung eines Kindes (in Betracht kommen wegen § 19 StGB nur Jugendliche) von seiner Familie führen, vom Grad des elterlichen Erziehungsversagens abhängig macht.

„Nicht jedes Versagen und nicht jede Nachlässigkeit berechtigen den Staat, die Erziehungsbefugnis der Eltern einzuschränken oder gar auszuschalten; es gehört auch nicht zum Wächteramt, gegen den Willen der Eltern für eine bestmögliche Entwicklung des Kindes zu sorgen (vgl. BVerfGE 60, 79 [91]). Der Staat muss vielmehr stets den Vorrang der elterlichen Erziehung achten. Zudem gilt auch hier der Grundsatz der Verhältnismäßigkeit. Art und Ausmaß des Eingriffs bestimmen sich nach dem Grad des Versagens der Eltern und danach, was im Interesse des Kindes geboten ist (vgl. BVerfGE 24, 119 [145]). Die Trennung eines Kindes von seiner Familie kommt nur in besonders schwerwiegenden Fällen in Betracht; sie ist der stärkste Eingriff in die Rechte von Erziehungsberechtigten nach Art. 6 Abs. 3 GG, der sich gegen die Wegnahme von Kindern aus ihrer Familie zum Zweck der Zwangserziehung richtet (BVerfGE 24, 119 [139 ff.]; 31, 194 [210]). Sie ist nur zu rechtfertigen bei Versagen von Erziehungsberechtigten in Form von schwerwiegendem Fehlverhalten und bei einer erheblichen Gefährdung des Kindeswohls oder bei einer drohenden Verwahrlosung des Kindes, die auch Ausdruck in schwerwiegenden Straftaten finden kann (Coester-Waltjen in: von Münch / Kunig 2000, Art. 6, Rn. 103)." (BVerfGE 107, 104, 117 f.).

Tatsächlich „können" elterliches Erziehungsversagen, Gefährdung des Kindeswohls oder (drohende) Verwahrlosung ihren Ausdruck auch in schwerwiegenden Straftaten von Jugendlichen finden. Was aber, so ist erneut zu fragen, wenn das nicht der Fall ist, wenn sich Jugenddelinquenz dezidiert nicht als Folge von Erziehungsmängeln darstellt? Sind dann stationäre Maßnahmen, die zwangsläufig mit einer Trennung von der Familie verbunden sind, unzulässig? Auch dies wird selbstredend so nicht vertreten. Vielmehr aktiviert das Gericht „weitere Grenzen" des Elternrechts:

„b) Die Ausübung des Elternrechts ist nicht nur nach Art. 6 Abs. 2 und 3 GG beschränkt; sie unterliegt jedenfalls was die Wahrnehmung von Rechten in einem gegen einen Jugendlichen gerichteten Strafverfahren anbelangt – weiteren Grenzen (vgl. allgemein zur Begrenzung des Elternrechts BVerfGE 34, 165 [181 f.]; 41, 29 [44]; 47, 46 [71 f.]; 96, 288 [304]; 98, 218 [244 f.]). Sowohl kollidierende Grundrechte Dritter als auch andere mit Verfassungsrang ausgestattete Rechtswerte sind mit Rücksicht auf die Einheit der Verfassung und die von ihr geschützte gesamte Wertordnung ausnahmsweise im Stande, auch uneinschränkbare Grundrechte in einzelnen Beziehungen zu begrenzen (vgl. BVerfGE 28, 243 [261]; stRspr).
Die Sicherung des Rechtsfriedens durch Strafrecht ist seit jeher eine wichtige Aufgabe staatlicher Gewalt. Die Aufklärung von Straftaten, die Ermittlung des Täters, die Feststellung seiner Schuld und seine Bestrafung wie auch der Freispruch des Unschuldigen sind die wesentlichen Aufgaben der Strafrechtspflege (vgl. BVerfGE 39, 1 [45 ff.]; 88, 203 [257 f.]; s. auch BVerfGE 51, 324 [343]), die zum Schutz der Bürger den staatlichen Strafanspruch in einem justizförmigen und auf die Ermittlung der Wahrheit

ausgerichteten Verfahren in gleichförmiger Weise durchsetzen soll (vgl. BVerfGE 57, 250 [275]; 80, 367 [378]; 100, 313 [389]). Strafnormen und deren Anwendung in einem rechtsstaatlichen Verfahren sind Verfassungsaufgaben." (BVerfGE 107, 104, 118 f.).

Erst die Qualifikation von „Strafnormen und deren Anwendung in einem rechtsstaatlichen Verfahren" zu „Verfassungsaufgaben" (die Formulierung böte Anlass zu mehrfachen Nachfragen: Wie kann eine Strafnorm Verfassungsaufgabe sein? Und was ist überhaupt eine „Verfassungsaufgabe"?) ermöglicht es, dem Elternrecht unabhängig von der Fest- oder Unterstellung von Erziehungsmängeln Grenzen zu setzen.

Das „Verfassungsgebot des strafrechtlichen Rechtsgüterschutzes" kann allerdings bereits im Zuge des Straf*verfahrens* mit dem Elternrecht in dem vom Bundesverfassungsgericht entwickelten Verständnis kollidieren.

„So wie die staatliche Strafrechtspflege auf dem Weg zu einer Entscheidung unter bestimmten Voraussetzungen in Grundrechte erwachsener Verdächtiger und bei Nachweis einer schuldhaft begangenen Straftat in Rechte des Täters eingreifen darf, ist sie in Strafverfahren gegen Minderjährige nicht gehindert, auch in das elterliche Erziehungsrecht einzugreifen. Das bedeutet freilich nicht, dass das Elternrecht grundsätzlich zurückzutreten habe. Konflikte zwischen dem Elternrecht und dem Verfassungsgebot des strafrechtlichen Rechtsgüterschutzes und seiner Durchsetzung im Verfahren sind durch Abwägung aufzulösen. Dabei müssen das betroffene Elternrecht und der strafrechtliche Rechtsgüterschutz zum Ausgleich gebracht werden. Lässt sich dieser Ausgleich nicht herstellen, so ist unter Berücksichtigung der falltypischen Gestaltung und der besonderen Umstände des Einzelfalls zu entscheiden, welches Interesse zurückzutreten hat (zu Art. 5 GG: BVerfGE 35, 202 [225]; 59, 231 [261 ff.]; 67, 213 [228]; s. auch BVerfGE 81, 278 [292]; 93, 1 [21]). Allerdings kann dem das Jugendstrafrecht prägenden Erziehungsgedanken, der kein staatliches Erziehungsprivileg etabliert und das vorrangige elterliche Erziehungsrecht nicht suspendiert (Albrecht 2000, 162; 351 f.; Bessler 2000, 28), jedenfalls vor Abschluss des Verfahrens keine besondere Bedeutung zukommen. Die erzieherische Einwirkung auf den Jugendlichen mit dem Ziel künftigen straffreien Lebens (BVerfGE 74, 102 [123] zum Ziel einer jugendstrafrechtlichen Reaktion) setzt grundsätzlich den justizförmigen Nachweis der durch eine konkrete Straftat erkennbar gewordenen Erziehungsbedürftigkeit eines Jugendlichen sowie die Festsetzung einer an dieser Bedürftigkeit ausgerichteten Rechtsfolge voraus. Während eines laufenden Strafverfahrens wird es regelmäßig an der Möglichkeit einer solchen Feststellung fehlen, sodass für eine allein mit erzieherischen Zielen begründete Zurückdrängung des Elternrechts verfassungsrechtlich noch kein Raum ist (BVerfGE 107, 104 [119 f.]). "

Auf den ersten Blick erheischt die Argumentation Plausibilität: Eine mit dem Elternrecht kollidierende erzieherische Einwirkung auf den Jugendlichen ist erst dann zulässig, wenn die den erzieherischen Bedarf erkennbar machende Straftat rechtskräftig festgestellt ist, nicht aber bereits während des laufenden Verfahrens. Indes offenbart sich hier nicht nur ein weiteres Dilemma des Erziehungsstrafrechts, die Begründung beruht bereits auf einem verfehlten Ausgangspunkt. Dazu sogleich im Einzelnen.

Im entschiedenen Fall ging es um die Frage, ob § 51 Abs. 2 JGG, nach dem der Vorsitzende „Angehörige, den Erziehungsberechtigten und den gesetzlichen Vertreter des Angeklagten von der Verhandlung ausschließen (soll), soweit gegen ihre Anwesenheit Bedenken bestehen", mit dem Grundgesetz vereinbar ist. Das Bundesverfassungsgericht hat die Vorschrift für mit Art 6 Abs. 2 GG unvereinbar und nichtig erklärt. Hier sind aber lediglich die allgemeinen Ausführungen zum Verhältnis von Jugendstrafrecht und grundgesetzlichem Elternrecht von Interesse.

Der betriebene Begründungsaufwand des Bundesverfassungsgerichts ist erheblich, der Ertrag ebenso gering wie unklar. „Konflikte zwischen dem Elternrecht und dem Verfassungsgebot des strafrechtlichen Rechtsgüterschutzes und seiner Durchsetzung im Verfahren sind durch Abwägung aufzulösen." Das ist die Essenz der Ausführungen, die damit die Entscheidung ausschließlich der *Wertung* des Rechtsanwenders überanwortet, ob denn das Elternrecht oder der strafrechtliche Rechtsgüterschutz im Einzelfall höher zu bewerten ist.

Der zutreffende juristische Befund erscheint demgegenüber bereits prima facie weitaus schlichter und klarer: Ein *staatliches* Strafrecht, das Delinquenten – unabhängig von deren Minder- oder Volljährigkeit und damit losgelöst vom Bestehen oder Nichtbestehen eines Personensorgerechts – der Sanktionierung unterwirft, würde sich ad absurdum führen, wenn es dem *Elternwillen* dabei eine – gar grundrechtlich geschützte – entscheidungsrelevante Bedeutung beimäße.

Nicht von ungefähr entwickelt das Bundesverfassungsgericht seine Auffassung anhand der Erziehungsmaßregeln, da hier der erzieherische Impetus des Jugendstrafrechts bereits begrifflich naheliegt. Gleichwohl werden die grundsätzlichen Ausführungen stillschweigend auf das gesamte Jugendstrafrecht erstreckt, also auch auf die Zuchtmittel, denen sowohl ein erzieherischer als auch ein ahndender Charakter zukommt, sowie die Jugendstrafe, bei der es sich um eine echte Kriminalstrafe handelt.

Mit der Qualifizierung von strafrechtlichen Sanktionen zu Erziehungsmaßnahmen oder gar „Erziehungshilfen" wird nicht nur der repressive Charakter des Jugendstrafrechts geleugnet, es ergeben sich daraus auch weitreichende Konsequenzen: Jugendstrafrecht greift in den Schutzbereich des Elternrechts aus Art. 6 Abs. 2 Satz 1 GG ein und muss sich vor diesem legitimieren. Das gelingt nur, wenn es sich auf das staatliche Wächteramt nach Art. 6 Abs. 2 Satz 2 GG stützen kann, dessen Aktivierung seinerseits ein elterliches Erziehungsversagen voraussetzt. Dieser Aspekt der Adelung des Jugendstrafrechts zum Erziehungsstrafrecht wird in der Literatur kaum gesehen.

Aber bereits die Grundannahme, Jugenddelinquenz offenbare stets Erziehungsdefizite ist so nicht haltbar. Die Kriminologie, insbesondere die Dunkelfeldforschung haben längst zutage gefördert, dass Jugenddelinquenz ein ubiquitäres und episodenhaftes Phänomen ist. Straftaten Jugendlicher sind vielfach nicht auf Erziehungsdefizite, sondern auf Entwicklungssituationen zurückzuführen und Bestandteil des Normenlernprozesses (Ostendorf 2009a, Rn. 49). Sie belegen damit keinesfalls die Notwendigkeit von Erziehung. Wenn dies aber so ist, entfällt das staatliche Wächteramt als Grundlage für den in der Sanktionierung liegenden Eingriff in das Elternrecht. Das Jugendstrafrecht wäre als verfassungswidrig zu qualifizieren.

Diese Konsequenz vermeidet das Bundesverfassungsgericht, indem es dem scheinbar uferlosen Elterngrundrecht neben denen des Art. 6 Abs. 2 und 3 GG weitere Grenzen setzt und die „Aufklärung von Straftaten, die Ermittlung des Täters, die Feststellung seiner Schuld und seine Bestrafung wie auch der Freispruch des Unschuldigen" als wesentliche Aufgaben der Strafrechtspflege und Verfassungsaufgabe ansieht, die geeignet ist, das Elterngrundrecht einzuschränken. Damit wird zugleich der Weg zu einer Abwägung im Einzelfall eröffnet. Ob, wie es in der Entscheidung heißt, Elternrecht und strafrechtlicher Rechtsgüterschutz im Kollisionsfall jemals zu einem Ausgleich gebracht werden können, erscheint zweifelhaft, sodass *stets* im Einzelfall zu entscheiden ist, welchem Interesse der Vorrang gebührt.

Richtiger Weise ist allerdings bereits im Grundsatz danach zu fragen, ob das Jugendstrafrecht überhaupt in den Schutzbereich des Elterngrundrechts nach Art. 6 Abs. 2 Satz 1 GG eingreift. Anders formuliert: Ist es Inhalt des Elternrechts zur Pflege und Erziehung ihrer Kinder, eine staatliche strafrechtliche Reaktion auf eine Straftat eines Jugendlichen abzuwehren? Die Frage stellen, heisst, sie verneinen: Es ist nicht Inhalt des Elternrechts, eine staatliche Strafe zu verhindern, zu beschränken oder zu modifizieren. Greifen aber das Jugendstrafrecht im Allgemeinen und die im Einzelfall verhängte Sanktion im Besonderen nicht in das Elternrecht ein, bedarf es weder im Allgemeinen noch im Einzelfall einer verfassungsrechtlichen Rechtfertigung durch tatsächlich oder angeblich mit Verfassungsrang ausgestattete Rechtsgüter oder Aufgaben.

Es sind die Irrungen und Wirrungen des Erziehungsstrafrechts, die eine Kollision von Jugendstrafrecht und Elternrecht und deren Auflösung überhaupt erst zum (Schein-)Problem haben werden lassen. Ein Gegenbeispiel mag dies verdeutlichen. Es gehört zum unbestrittenen Inhalt des grundrechtlichen Schutzes der Ehe nach Art. 6 Abs. 1 GG, dass der Staat nicht eine Trennung der Eheleute von erheblicher Zeitdauer herbeiführen oder erzwingen darf (BVerfGE 76, 1 ff.). Gleichwohl wurde soweit ersichtlich noch nie die Auffassung vertreten, die Verhängung einer langjährigen Freiheitsstrafe gegen einen verheirateten Straftäter verletze den grundrechtlichen Schutz der Ehe. Dies völlig zu Recht, weil strafrechtliche Ahndung außerhalb des Schutzbereichs des Ehegrundrechts liegt.

Es bleibt als Ergebnis festzuhalten, dass sich jugendstrafrechtliche Maßnahmen nicht vor dem Elternrecht aus Art. 6 Abs. 2 Satz 1 GG rechtfertigen müssen. Verfassungsrechtliche Grenzen können sich ungeachtet dessen aus anderen, insbesondere den sog. justiziellen Grundrechten nach Art. 102 ff. GG ergeben.

## III.   Die einzelnen Sanktionen

### A.   Erziehungsmaßregeln

#### 1.   Allgemeines

Erziehungsmaßregeln sind nach § 9 JGG die Erteilung von Weisungen sowie die Anordnung von Erziehungsbeistandschaft oder Heimerziehung bzw. Erziehung in einer sonstigen betreuten Wohnform.

Erziehungsmaßregeln können nach § 5 Abs. 1 JGG „aus Anlaß der Straftat eines Jugendlichen" angeordnet werden. Daraus schließen die meisten Autoren des Jugendstrafrechts, dass in der Straftat Erziehungsmängel zum Ausdruck gekommen sein müssen, die zu beseitigen die Erziehungsmaßregel geeignet und erforderlich ist, und diese weder der Vergeltung noch der Sühne oder dem Schutz der Allgemeinheit dient, sondern rein erzieherischen Charakter haben soll (Meier et al. 2007, 162 m. w. N.). Demgegenüber hat Rzepka schon früh darauf hingewiesen, dass diese Sanktionen gleichwohl sühnende Wirkung entfalten und repressiven Charakter entwickeln (in: Nix 1994, § 5 Rn. 4).

Andererseits muss die Erziehungsmaßregel *„ausreichen"*, um das vorstehende Ziel zu erreichen, andernfalls kommt nach § 5 Abs. 2 JGG die Ahndung mit Zuchtmitteln oder Jugendstrafe (siehe unten „B. Zuchtmittel") in Betracht.

In der Praxis spielen innerhalb der Erziehungsmaßregeln die Weisungen mit Abstand die größte Rolle (2007: 99,2%), während die Erziehungsbeistandschaft (0,6%) und die Heimerziehung (0,2%) als jugendstrafrechtliche Sanktion so gut wie kaum vorkommen (Statistisches Bundesamt, zit. n. Ostendorf 2009a, Rn. 182).

## 2.    Weisungen nach § 10 Abs. 1 JGG

### a)    Allgemeine Anforderungen

§ 10 Abs. 1 JGG definiert nicht nur die „Weisung", er formuliert zugleich eine Reihe von Anforderungen, die an die Erteilung einer Weisung im Einzelfall zu stellen sind.

Satz 1 charakterisiert die Weisungen als Gebote und Verbote, die die Lebensführung des Jugendlichen regeln und dadurch seine Erziehung fördern und sichern sollen. Daraus folgt über die allgemeinen Voraussetzungen für Erziehungsmaßregeln hinaus, dass Weisungen geeignet sein müssen, die Lebensführung des Jugendlichen zu regeln. Sollen sie dadurch die Erziehung fördern, müssen sie an den Entwicklungsstand des Jugendlichen anknüpfen und für diesen einleuchtend, klar und bestimmt und in ihrer Einhaltung überprüfbar sein.

Schließlich müssen sie frei von vergeltenden und repressiven Elementen sein. Insoweit kann indes die Perspektive von entscheidender Bedeutung sein. Manches, was von den Sanktionierungsinstanzen als erziehungsfördernd beurteilt werden mag, wird von den Betroffenen als repressiv empfunden. Das versucht Satz 2, nach dem an die Lebensführung des Jugendlichen keine unzumutbaren Anforderungen gestellt werden dürfen, einzufangen. Die Unzumutbarkeit kann sich dabei sowohl aus der Dauer als auch aus deren Intensität ergeben.

Unzulässig ist die Umgehung besonderer Vorschriften durch die Erteilung einer rechtsfolgengleichen Weisung (ebenso und weitergehend Eisenberg 2010a, § 10 Rn. 8). So knüpft etwa § 44 StGB die Verhängung eines Fahrverbots (nicht zu verwechseln mit der Entziehung der Fahrerlaubnis nach § 69 StGB) an das Vorliegen bestimmter Voraussetzungen. Liegen diese nicht vor, wäre es eine Umgehung dieser Vorschrift, würde einem Jugendlichen im Wege der Weisung verboten, für die Dauer von einem Monat bis zu drei Monaten (und erst recht für einen längern Zeitraum) ein Kraftfahrzeug zu führen.

Unzulässig sind ferner Weisungen, den Anordnungen einer bestimmten Person oder Einrichtung (z. B. JGH) nachzukommen; Weisungen liegen ausschließlich in der Verantwortung des Richters.

Unzulässig sind schließlich Weisungen, die Grundrechte verletzen. Insoweit ist allerdings zu ermitteln, ob eine Maßnahme überhaupt in den Schutzbereich eines Grundrechts eingreift (zum Elterngrundrecht aus Art. 6 Abs. 2 GG oben unter II.). Hierauf ist jeweils bei den einzelnen Erziehungsmaßregeln einzugehen.

Eine weitere Grenze für Weisungen markiert § 10 Abs. 1 Satz 2 JGG, nach dem an die Lebensführung des Jugendlichen **keine unzumutbaren Anforderungen** gestellt werden dürfen. Die Vorschrift wird als besondere Ausprägung der Angemessenheit im Rahmen der Prüfung der Verhältnismäßigkeit angesehen (Ostendorf 2009a, Rn. 169; Eisenberg 2010a, § 10 Rn. 13 f.). Eine Weisung ist nur dann als verhältnismäßig anzusehen, wenn sie in einem angemessenen Verhältnis zur Anlassstat steht. Sie ist zudem unzumutbar und deshalb nach Satz 2 unzulässig, wenn sie den Jugendlichen physisch oder psychisch überfordert und deshalb eher zermürbenden denn zur Legalbewährung führenden Charakter hat (z. B. 300 Arbeitsstunden).

## b)    Die einzelnen Weisungen (§ 10 Abs. 1 Satz 3 Nr. 1–8 JGG)

**Weisungen zum Aufenthaltsort (§ 10 Abs. 1 Satz 3 Nr. 1 JGG):** Die Weisung kann positiven – sich an einem bestimmten Ort, einer bestimmten Gemeinde aufzuhalten – oder negativen Inhalts – sich an bestimmten Orten nicht aufzuhalten – sein. Mit der Weisung wird in die Bewegungsfreiheit des einzelnen Jugendlichen eingegriffen. Die meisten Autoren sehen darin einen Eingriff in den Schutzbereich des Art. 11 Abs. 1 GG, der die Freizügigkeit aller Deutschen im ganzen Bundesgebiet garantiert (Ostendorf 2009a, Rn. 170; Laubenthal / Baier 2006, Rn. 534), ohne sich mit der sich daraus zwangsläufig ergebenden Pro-

blematik auseinanderzusetzen, dass Art. 11 Abs. 2 GG nicht jedes, sondern nur bestimmte Gesetze genügen lässt, um einen Eingriff zu rechtfertigen. Sofern man einen solchen nicht bereits deshalb verneint, weil
strafrechtliche Sanktionen außerhalb des Schutzbereichs des Grundrechts liegen, ist der Eingriff nur dann zulässig, wenn man die Weisung
nach Nr. 1 als zum Schutz der Jugend vor Verwahrlosung oder um strafbaren Handlungen vorzubeugen erforderlich (Art. 11 Abs. 2 letzte Alt.
GG) ansieht.

Beispiele für Weisungen zum Aufenthaltsort sind etwa Stadionver-
bote oder das Verbot des Aufenthalts an Treffpunkten der Drogen-
szene.

**Weisung, bei einer Familie oder im Heim zu wohnen (§ 10 Abs. 1 Satz 3
Nr. 2 JGG):** Die Weisung ist der nach Nr. 1 vergleichbar. Zwar ist nach
allen vertretenen Auffassungen eine Zustimmung der Eltern nicht erforderlich, aber sinnvoll und geboten, soll die Weisung Erfolg verspre-
chend sein. Sieht man in ihr einen Eingriff in das Elternrecht nach Art. 6
Abs. 2 Satz 1 GG, ist die Weisung nur unter den Voraussetzungen des
Art. 6 Abs. 3 GG zulässig. Danach dürfen Kinder gegen den Willen der
Erziehungsberechtigten nur dann von der Familie getrennt werden,
wenn diese versagen oder die Kinder aus anderen Gründen zu verwahr-
losen drohen. Eine Weisung nach Nr. 2 kommt nur in Betracht, wenn
der weitere Aufenthalt in der Familie delinquenzermöglichend oder
-fördernd ist. Hinsichtlich eines Eingriffs in die Freizügigkeit gilt das
zu Nr. 1 Gesagte entsprechend.

**Weisung, eine Ausbildungs- oder Arbeitsstelle anzunehmen (§ 10 Abs. 1
Satz 3 Nr. 3 JGG):** Die Weisung wirft eine Vielzahl von Problemen
tatsächlicher und rechtlicher Art auf. Sie kann a priori nur erteilt werden, wenn dem betroffenen Jugendlichen die Chance eröffnet ist, überhaupt eine Ausbildungs- oder Arbeitsstelle zu finden. Andernfalls geht
sie letztlich ins Leere. In rechtlicher Hinsicht stellt sich die Weisung
als unzulässiger Eingriff in die Freiheit der Berufswahl nach Art. 12
Abs. 1 GG dar, wenn dem Angeklagten der Antritt einer bestimmten
Stelle aufgegeben wird. Zulässig ist also nur die allgemeine Weisung,
irgendeine Arbeits- oder Ausbildungsstelle anzunehmen. Die Annahme
einer solchen Stelle erfordert bei Jugendlichen die Einwilligung oder
Genehmigung der gesetzlichen Vertreter (§§ 107 f., 113 BGB), ist also
ausgeschlossen, wenn diese verweigert wird. Eine Lösung über eine
vorab einzuholende Einwilligung der Erziehungsberechtigten ist kaum

möglich, da zum Zeitpunkt der Erteilung der Weisung noch gar nicht feststeht, um welche Stelle es sich handelt.

**Weisung, Arbeitsleistung zu erbringen (§ 10 Abs. 1 Satz 3 Nr. 4 JGG):**
Die Weisung erfreut sich in der Praxis großer Beliebtheit. Sie wirft das Problem der grundrechtswidrigen Zwangsarbeit (Art. 12 Abs. 2 und 3 GG) auf (dazu Möller/Semler in: Nix 1994, § 10 Rn. 5; Ostendorf 2009a, Rn. 173). Das BVerfG hält die Vorschrift für grundgesetzkonform, weil die historisch begründete Gefahr, Menschen durch zwangsweise Heranziehung zur Arbeit zu erniedrigen und in ihrer Menschenwürde systematisch zu verletzen, vor der die Norm Schutz gewähren solle, in diesem Fall nicht bestehe, da die Weisung der Erziehung diene (BVerfGE 74, 102 ff.; kritisch dazu Ostendorf 2009a, Rn. 173; zur Arbeitsweisung im Ganzen Laubenthal/Baier 2006, Rn. 537 ff.).

Bei der Weisung zu Arbeitsleistungen und der Auswahl der Stelle, an der sie zu erbringen sind, ist im besonderen Maße auf den Bezug zur Anlasstat zu achten. Fehlt jeglicher Bezug, gerät sie in der Wahrnehmung des Jugendlichen leicht zum Arbeitsdienst, der ausschließlich als Belastung empfunden wird und nicht in der Lage ist, Reflexions- oder Veränderungsprozesse zu initiieren. Aber auch ein vorhandener Bezug garantiert solche Prozesse nicht. So ist fraglich, ob die Weisung an einen Jugendlichen, dem rassistische Übergriffe vorgeworfen werden, in einem Asylbewerberheim zu arbeiten, ohne jegliche sozialpädagogische Begleitung bewusstseinsverändernd wirkt.

Ihre praktische Beliebtheit dürfte auch daraus resultieren, dass sie anders als etwa Weisungen nach Nr. 5 bis 7 kaum oder keine weiteren Ressourcen etwa der JGH in Anspruch nimmt.

**Weisung, sich einem Betreuungshelfer zu unterstellen (§ 10 Abs. 1 Satz 3 Nr. 5 JGG):** Die Weisung ist eine der durch das 1. JGGÄndG eingeführten „neuen ambulanten Maßnahmen". Zwar schweigt das JGG auch hier hinsichtlich der Erteilungsvoraussetzungen, jedoch findet sich der Betreuungshelfer auch in § 30 des zeitgleich in Kraft getretenen SGB VIII, der Aufschluss über Rolle und Aufgabe des Betreuungshelfers gibt: Er soll

„den Jugendlichen bei der Bewältigung von Entwicklungsproblemen möglichst unter Einbeziehung des sozialen Umfelds unterstützen und unter Einbeziehung des Lebensbezugs zur Familie seine Verselbständigung fördern".

Die Weisung kommt danach in Betracht, wenn sich Delinquenz als Teil oder Folge von Problemlagen im Sozialverhalten, im nicht altersgemäßen Verhalten oder von Schwierigkeiten in Schule, Ausbildung oder Beruf darstellt. Die Unterstützung kann sowohl im Aufspüren von Ressourcen des Jugendlichen wie in einer lebensbegleitenden Schaffung von Strukturen bestehen (vgl. im Einzelnen Hartleben-Baildon in: Möller/Nix 2006, § 30 Rn. 2 ff.).

Mit Erteilung der Weisung hat der Richter auch über die Person des Betreuungshelfers zu entscheiden (ebenso Laubenthal/Baier 2006, Rn. 541; Albrecht 2000, 177; Eisenberg 2010a, § 10 Rn. 24a). Das ist freilich nicht unumstritten. Nach anderer Ansicht soll es auch zulässig sein, der JGH die Auswahl der Betreuungsperson zu überlassen (Ostendorf 2009a, Rn. 174). Dies ist allerdings kaum mit dem Wortlaut des § 38 Abs. 2 Satz 7 JGG vereinbar, nach dem die Vertreter der JGH die Betreuung und Aufsicht ausüben, „wenn der Richter nicht eine andere Person damit betraut". Die Vorschrift stellt auch klar, dass die Jugendgerichtshilfe bei Nichtbetrauung einer anderen Person diese Aufgabe wahrzunehmen und zu finanzieren hat. Eine eigene Prüfungs- und Entscheidungsbefugnis steht ihr bzw. dem Jugendamt insoweit nicht zu (a. A., freilich contra legem, Struck/Trenczek in Münder et al. 2009, § 30 Rn. 12).

**Weisung, an einem sozialen Trainingskurs teilzunehmen (§ 10 Abs. 1 Satz 3 Nr. 6 JGG):** Die Weisung zur Teilnahme an einem sozialen Trainingskurs ist ebenfalls eine der das 1. JGGÄndG von 1990 in das JGG aufgenommenen neuen ambulanten Maßnahmen. Sie erfasst alle Formen sozialer Gruppenarbeit. Ungeachtet der umstrittenen Frage, ob das Jugendamt verpflichtet ist, eine solche Weisung durchzuführen und/oder sie zu finanzieren, kann auf die Umschreibung des § 29 SGB VIII zurückgegriffen werden, um die Fälle herauszuarbeiten, für die sich eine solche Weisung anbietet. Danach soll die Teilnahme Jugendlichen bei der Überwindung von Entwicklungsschwierigkeiten und Verhaltensproblemen helfen. Die Weisung ist also insbesondere dann geeignet, wenn jene Probleme und Schwierigkeiten zur Delinquenz geführt haben. Als solche kommen in Betracht: geringe Konfliktfähigkeit (z. B. durch Unfähigkeit zur Verbalisierung), geringe Frustrationstoleranz, fehlendes oder geringes Selbstvertrauen.

Die soziale Gruppenarbeit soll auf der Grundlage eines gruppenpädagogischen Konzepts die Entwicklung durch soziales Lernen in der Gruppe fördern (§ 29 Satz 2 SGB VIII). Die Vorschrift fordert mithin zwar ein Konzept, ist aber methodisch völlig offen. Dementsprechend hat sich eine Vielfalt von Formen der Gruppenarbeit herausgebildet, die von erlebnispädagogischen Angeboten über Anti-Aggressions-Trainings bis zu themenzentrierten Kursen reichen (dazu Hartleben-Baildon in: Möller/Nix 2006; § 29, 9 f.; Wiesner in: ders. 2006, § 36a Rn. 29. 5 ff.). Ziel muss in jedem Fall die Verbesserung der sozialen Handlungsfähigkeit als Grundlage der Legalbewährung sein.

Zu der bereits angesprochenen Problematik der Durchführung sozialer Trainingskurse und der Kostentragung durch das Jugendamt vgl. oben § 4.

**Weisung zum Täter-Opfer-Ausgleich (§ 10 Abs. 1 Satz 3 Nr. 7 JGG):** Auch die Weisung nach Nr. 7 ist durch das 1. JGGÄndG aufgenommen worden, nachdem sie zuvor bereits als ungeschriebene Weisung praktiziert worden war. Ihr kam auch für die zwischenzeitlich erfolgte Kodifikation des TOA im Erwachsenenstrafrecht (§ 46a StGB, §§ 155a f. StPO) „Schrittmacherfunktion" (Laubenthal/Baier 2006, Rn. 545) zu.

Vor Erteilung einer dahingehenden Weisung als förmliche Sanktion ist vorrangig eine solche im Rahmen der Diversion (§§ 45 Abs. 3, 47 Abs. 1 Nr. 3 JGG) in Betracht zu ziehen.

Nach der Gesetzesformulierung hat der Jugendliche sich „zu bemühen", einen Ausgleich mit dem Verletzten zu erreichen. Ein Erfolg im Sinne einer endgültigen Konfliktlösung oder eines vollständigen Ausgleichs kann insbesondere im immateriellen Bereich nicht verlangt werden (Ostendorf 2009a, Rn. 176). Das Bemühen des Täters kann also auch dann ausreichen, wenn sich das Opfer einem Ausgleich gänzlich verweigert. Freilich stellt sich in diesen Fällen die Frage ob der TOA eine geeignete Diversionsmaßnahme oder Weisung ist. Umgekehrt darf auch der Täter, insbesondere der nicht geständige Täter nicht zu Ausgleichsbemühungen gezwungen werden. Zu Recht weisen Laubenthal/Baier (2006) darauf hin, dass der TOA weder der Arbeitserleichterung für die Justiz dienen darf noch durch ihn die Garantien eines rechtsstaatlichen Verfahrens ausgehebelt werden dürfen (Rn. 548).

Der TOA bedarf in der Regel der Vermittlung und Mitwirkung einer geeigneten dritten Person. Als solche kommen vor allem Sozialarbeiterinnen und Sozialarbeiter des Jugendamtes oder der JGH in Betracht. Inhaltlich macht das Gesetz keine weiteren Vorgaben, ein gelungener TOA erfordert jedenfalls einen kommunikativen Prozess zwischen Täter und Opfer, in dem der Täter Verantwortung übernimmt und das Opfer dies als Ausgleich akzeptiert.

Die Anordnung dieser Weisung ist zum einen nicht auf Vergehen oder gar Bagatellkriminalität beschränkt, sondern kann auch bei Vorliegen eines Verbrechens (§ 12 StGB) geeignete Sanktion sein (Laubenthal/Baier 2006, Rn. 548). Andererseits kommt sie nur in Fällen der straftatbedingten Verletzung der Rechtsgüter einer natürlichen Person (körperliche Unversehrtheit, sexuelle Selbstbestimmung, Eigentum) in Betracht, nicht aber juristischer Personen oder der Allgemeinheit.

Der Täter-Opfer-Ausgleich stößt auch angesichts einer hohen Erfolgsquote (Ostendorf 2009a, Rn. 177) fast ausnahmslos auf eine positive Resonanz, jedoch gibt es auch kritische Anmerkungen. Insoweit ist auf die nachlesens- und bedenkenswerten „zehn kritische[n] kriminalpolitischen Thesen zum Täter-Opfer-Ausgleich" bei Albrecht (2000, 184 ff.) zu verweisen.

**Weisung zum Umgang (§ 10 Abs. 1 Satz 3 Nr. 8 JGG):** Die Weisung, den Verkehr mit bestimmten Personen oder den Besuch (bestimmter) Gast- oder Vergnügungsstätten zu unterlassen, begegnet zu Recht großer Skepsis, die vor allem in ihrer Unkontrollierbarkeit wurzelt. Sie ist überhaupt nur dann sinnvoll und zulässig, wenn sie nicht die Beeinflussung vor allem des Freizeitverhaltens des Jugendlichen oder Heranwachsenden bezweckt, sondern der Prävention weiterer Straftaten dient. Mag ein Kontaktverbot mit bestimmten Einzelpersonen oder Gruppen auch geeignet sein, etwa der Begehung von Drogendelikten vorzubeugen, so wird dies durch die fehlende Kontrolle konterkariert. Eine Kollision mit dem Elternrecht ist nach hier vertretener Meinung (siehe oben unter II.) ausgeschlossen, führt nach anderer Auffassung aber dazu, dass eine Weisung, die auf eine Trennung des Täters von der Familie hinausläuft, unzulässig ist (Laubenthal/Baier 2006, Rn. 552; wie hier, wenn auch mit anderer Begründung Ostendorf 2009a, Rn. 178).

**Weisung, an einem Verkehrsunterricht teilzunehmen (§ 10 Abs. 1 Satz 3 Nr. 9 JGG):** Die praktisch bedeutsame Weisung kommt zwar nicht nach ihrem Wortlaut, aber nach dem für eine Weisung zu fordernden inneren Bezug zur Anlasstat vor allem als Reaktion auf Verkehrsstraftaten in Betracht (allgemeine Meinung; zum Meinungsstand Laubenthal/Baier 2006, Rn. 553 m. w. N.), schließt aber umgekehrt andere Sanktionen für straßenverkehrsrechtliche Verfehlungen nicht aus. Verkehrsunterricht kann zum einen die Vorschriften des Straßenverkehrsrechts zum Gegenstand haben, er kann aber auch psychologische Schulungen etwa alkohol- oder sonst drogenauffälliger Kraftfahrer beinhalten.

c)      Unbenannte Weisungen

Der Katalog der Weisungen nach § 10 Abs. 1 Satz 3 Nr. 1 bis 8 JGG ist nicht abschließend; er enthält vielmehr vom Gesetzgeber als besonders bedeutsam erachtete Regelbeispiele. Dies ist der Formulierung zu entnehmen, dass der Richter dem Jugendlichen „*insbesondere* auferlegen" kann. Er kann also weitere Weisungen, die im Gesetz nicht genannt sind, gleichsam „erfinden". Auch dabei ist er allerdings an die Vorgaben des § 10 Abs. 1 Satz 1 JGG gebunden und hat die Grenzen einzuhalten, die Satz 2 der Anordnung von Weisungen setzt. Schließlich gelten die allgemeinen zu stellenden Anforderungen (oben unter 2. a)) auch für die unbenannten Weisungen (Eisenberg 2010a, § 10 Rn. 30; Laubenthal/Baier 2006, Rn. 560 f.). Unbenannte Weisungen können selbstverständlich auch von der JGH im Rahmen des Maßnahmevorschlags angeregt werden, wenn sie aus sozialpädagogischer Sicht sinnvoll oder notwendig erscheinen. Als solche Weisungen kommen in Betracht:

- ▨ Weisungen zur Erfüllung bestehender Pflichten (z. B. Schulbesuch, Erfüllung arbeitsvertraglicher Pflichten, Unterhaltsgewährung),
- ▨ Weisungen zur Regelung der finanziellen Verhältnisse (z. B. Verbot, bestimmte Verträge oder Abzahlungsgeschäfte abzuschließen oder Kredite aufzunehmen; Anordnung, die Verwendung der Einkünfte nachzuweisen),
- ▨ Weisungen betreffend den Gebrauch von Kraftfahrzeugen (z. B. Weisung, ein Kraftfahrzeug für eine bestimmte Zeit nicht zu benutzen; Weisung, den Führerschein für eine bestimmte Zeit abzugeben). All diesen Weisungen ist eigen, dass sie mit speziellen, das Führen von Kraftfahrzeugen regelnden Vorschriften (§§ 44, 69, 69 StGB) in Konflikt treten. Ihre Zulässigkeit ist deshalb umstritten (Eisenberg 2010a, § 10 Rn. 23 m. w. N.). Richtiger Weise sind sie als **unzulässig** anzusehen. Denn entweder liegen die Voraussetzungen für ein Fahrverbot oder die Entziehung der Fahrerlaubnis vor, dann können diese Maßnahmen verhängt werden. Liegen sie indes nicht vor, dann entfalten sie eine Sanktionierungssperre mit der Folge, dass auch bei „erzieherischer Verbrämung" eine verbotene Umgehung der genannten Vorschriften vorliegt (ebenso Laubenthal/Baier 2006, Rn. 564). Problematisch (u. a. wegen der damit verbundenen Kosten) ist auch die Weisung, eine Fahrerlaubnis zu erwerben (dazu Laubenthal/Baier 2006, Rn. 563).

■ Weisungen betreffend die intellektuelle oder emotionale Aufarbeitung der Straftat (z. B. das Anfertigen eines Besinnungsaufsatzes oder Erfahrungsberichtes).

### 3. Weisungen nach § 10 Abs. 2 JGG

Den Weisungen nach Absatz 2 ist gemeinsam, dass sie nur mit Zustimmung des Erziehungsberechtigten und des nicht notwendig mit diesem identischen gesetzlichen Vertreters auferlegt werden dürfen. Hat der Jugendliche das sechzehnte Lebensjahr vollendet, *soll* nach Satz 2 sein Einverständnis eingeholt werden, die Notwendigkeit des Einverständnisses ist also die Regel. Im Hinblick auf die regelmäßig fehlende ausreichende Sachkunde des Richters werden die Anhörung eines Sachverständigen zur Erforderlichkeit und die Erfolgsaussichten einer solchen Weisung für erforderlich gehalten (Laubenthal / Baier 2006, Rn. 556 m. w. N.). Andererseits gibt Eisenberg (2010a, Rn. 38) zu bedenken, dass damit die Anordnung in erheblichem Maße zur Disposition des jeweiligen Sachverständigen gestellt werde.

### a) Heilerzieherische Behandlung (§ 10 Abs. 2 1. Alt.)

Der Begriff der heilerzieherischen Behandlung umfasst methodisch offen jegliche heilpädagogische, einzel- oder gruppentherapeutische Maßnahmen und Prozesse zur Behandlung und Bewältigung psychischer oder seelischer Störungen, die in der Delinquenz hervorgetreten sind.

### b) Entziehungskur (§ 10 Abs. 2 2. Alt.)

Die Entziehungskur ist stets vor Anordnung der Maßregel der „Unterbringung in einer Entziehungsanstalt" nach § 61 Nr. 2 StGB in Betracht zu ziehen. Letztgenannte ist weitaus eingriffsintensiver, setzt andererseits gem. § 64 Satz 1 StGB aber den „Hang, alkoholische Getränke oder andere berauschende Mittel im Übermaß zu sich zu nehmen", voraus. Demgegenüber genügt für eine Weisung nach § 10 Abs. 2 2. Alt. JGG, wiederholte Delinquenz unter Drogengebrauch. Die Entziehungskur kann stationär oder ambulant durchgeführt werden. Stets ist zu prüfen, ob eine *Entziehung*skur erforderlich ist oder etwa ein oder mehrere (Wochenend)Seminare zur Aufklärung über Ursachen und Folgen von Drogengebrauch als sozialer Trainingskurs nach Absatz 1 Nr. 6 ausreichend ist.

### 4.    Dauer und Durchsetzung von Weisungen

### a)    Dauer

Um ihrer Aufgabe, „die Lebensführung des Jugendlichen" zu regeln, gerecht werden zu können, müssen Weisungen ihre Wirkung für eine gewisse Dauer entfalten. Andererseits kann gerade auch die lange Dauer der Weisung zu unzumutbaren Anforderungen und damit zu deren Unzulässigkeit führen. Eine zeitliche Begrenzung der Weisungen fordern auch das Bestimmtheitsgebot des Art. 103 Abs. 2 GG sowie der Grundsatz der Verhältnismäßigkeit. Diese Anforderungen sucht § 11 Abs. 1 JGG auszutarieren, nach dessen Satz 1 der Jugendrichter die **Laufzeit der Weisungen** bestimmt. Die Bestimmung hat im Urteil zu erfolgen. Bereits danach sind Weisungen von unbestimmter Dauer unzulässig. Die Laufzeit darf zwei Jahre in keinem Fall überschreiten (§ 11 Abs. 1 Satz 2 Hs. 1 JGG). Im Fall einer Betreuungsweisung nach § 10 Abs. 1 Satz 3 Nr. 5 JGG soll sie nicht mehr als ein Jahr, bei der Weisung zur Teilnahme an einen sozialen Trainingskurs (§ 10 Abs. 1 Satz 3 Nr. 6 JGG) nicht mehr als sechs Monate betragen. Die „Soll"-Regelung bedeutet, dass nur bei Vorliegen außergewöhnlicher Umstände von der gesetzlichen Dauer bis zur Höchstgrenze von zwei Jahren abgewichen werden darf.

### b)    Änderung, Befreiung, Verlängerung

§ 11 Abs. 2 JGG gibt dem Jugendrichter ein flexibles Instrumentarium zur nachträglichen Veränderung auferlegter Weisungen in die Hand. Er kann Weisungen ändern, von ihnen befreien oder ihre Laufzeit bis auf drei Jahre verlängern, „wenn dies aus Gründen der Erziehung geboten ist".

Die **Änderung** einer Weisung ist dann (erzieherisch) geboten, wenn sich die Lebensverhältnisse des Jugendlichen so verändert haben, dass ihm die Erfüllung der Weisung unmöglich geworden oder in unzumutbarer Weise erschwert wird. Das ist beispielsweise der Fall, wenn der Jugendliche wegen Aufnahme einer Erwerbstätigkeit oder Ausbildung auferlegte Arbeitsleistungen nicht oder nur unter Verlust verbliebener Freizeit erbringen kann. Da das Gesetz Befreiung und Verlängerung gesondert nennt, kommt nur eine Änderung durch Verhängung einer anderen Weisung infrage. Insoweit fordern Laubenthal/Baier 2006, dass sich die Änderung als Ergänzung der bisher verhängten darstellen müsse (Rn. 576). Da eine neue Weisung qualitative Veränderungen mit sich bringt, dürfte dies schwer zu handhaben sein.

Die **Befreiung** von einer Weisung ist dann angezeigt, wenn der Jugendliche durch eine veränderte Lebensführung deutlich macht, dass eine (weitere) strafrechtliche Intervention sich erübrigt. Als Beispiel kommt die Übernahme von materieller oder immaterieller Verantwortung für eine Lebensgefährtin oder ein Kind in Betracht.

Eine **Verlängerung** der Laufzeit ist nur vor deren Ablauf möglich; die Höchstdauer beträgt in diesem Fall drei Jahre. Sie kommt nur in Betracht, wenn sich die Dauer der im Urteil angeordneten Weisung (etwa ein Aufenthalt außerhalb der Herkunftsfamilie) als zu kurz erweist, um eine durch sie ausgelöste positive Entwicklung zu einem erfolgreichen Abschluss zu bringen. Im Fall einer beabsichtigten Verlängerung ist besonders sorgfältig zu prüfen, ob die Weisung nicht allein aufgrund der Zeitdauer unzumutbar wird oder einen repressiven Charakter annimmt.

Das Verfahren über nachträgliche Entscheidungen nach § 11 Abs. 2 JGG ist in § 65 JGG geregelt. Die Staatsanwaltschaft und der Jugendliche sind anzuhören.

## c)    „Ungehorsamsarrest"

Kommt der Jugendliche Weisungen nicht nach, kann deren Erfüllung nur durch Verhängung von Jugendarrest durchgesetzt werden. Eine zwangsweise „Vollstreckung" von Weisungen kennt das JGG nicht. **Voraussetzungen** und Dauer dieses sogenannten „Ungehorsamsarrests" regelt § 11 Abs. 3 JGG.

In **formeller Hinsicht** muss es sich um eine *durch* rechtskräftiges *Urteil verhängte*, nicht zwischenzeitlich geänderte oder aufgehobene Weisung handeln. Im Zuge der Diversion erteilte Weisungen genügen nicht; § 45 Abs. 3 Satz 3, § 47 Abs. 1 Satz 6 JGG schließen die Anwendung von § 11 Abs. 3 JGG ausdrücklich aus.

Ferner setzt die Verhängung von Ungehorsamsarrest voraus, dass der Jugendliche über die **Folgen** schuldhafter Zuwiderhandlung **belehrt** worden war. Die Belehrung hat im Urteil zu erfolgen; ob sie erfolgt ist, kann durch das Protokoll der Hauptverhandlung, das auch insoweit Beweiskraft genießt (§ 274 StPO), festgestellt werden.

In **materieller Hinsicht** setzt der Ungehorsamsarrest voraus, dass die Nichtbefolgung „schuldhaft" erfolgt ist. Es muss also dem Jugendlichen vorwerfbar sein, dass er der Weisung nicht nachgekommen ist. Nicht vorwerfbar ist dem Jugendlichen etwa, wenn ihm infolge von Veränderungen in seinen Lebensverhältnissen (z. B. Aufnahme einer Ausbildung oder Arbeit) die Ableistung von Arbeitsstunden unmöglich oder unzumutbar geworden ist. Hier ist die Jugendgerichtshilfe, die nach § 38 Abs. 2 Satz 5 zur Überwachung berufen ist, bei der Unterstützung des Jugendlichen gefragt. Zum anderen – dies ergibt sich aus § 38 Abs. 2 Satz 6 JGG, nach dem die JGH dem Richter nur *erhebliche* Zuwiderhandlungen mitzuteilen hat – muss diese von erheblicher Bedeutung sein. Insoweit hat sie sensibel mit Versäumnissen des Jugendlichen umzugehen und ggf. gegenüber dem Richter auf eine Änderung oder Befreiung von der Weisung zu dringen (dazu auch unten § 10 II.B.5).

Der Ungehorsamsarrest darf bei einer Verurteilung insgesamt die Dauer von vier Wochen nicht überschreiten. Der Arrest wird nicht vollstreckt, wenn der Jugendliche nach seiner Verhängung der Weisung nachkommt, allein die Verhängung also genügt hat, den Jugendlichen zur Befolgung der Weisung zu bewegen. Daran zeigt sich, dass es sich beim Ungehorsamsarrest nicht um eine Strafe, sondern um ein Zwangsmittel zur Durchsetzung der erteilten Weisung handelt.

## d)   Beteiligung der JGH

Soweit nicht Weisungen für die Dauer einer Bewährungszeit erteilt werden (§§ 23 Abs. 1, 29, 88 Abs. 6 JGG) und deshalb der Bewährungshelfer dazu berufen ist, obliegt die Überwachung der Erfüllung der Weisungen gem. § 38 Abs. 2 Satz 5 JGG der Jugendgerichtshilfe. Auch deshalb ist sie nach § 38 Abs. 3 Satz 3 JGG vor der Erteilung von Weisungen stets anzuhören. Im Fall einer in Betracht kommenden Betreuungsweisung erstreckt sich die Anhörung auch auf die Person des zu bestellenden Betreuungshelfers.

## 5.   Hilfen zur Erziehung (§ 12 JGG)

Die Anordnung, Hilfe zur Erziehung in Anspruch zu nehmen, ist gem. § 9 Nr. 2 JGG neben der Erteilung von Weisungen die zweite Form der Erziehungsmaßregel. Welche Hilfe zur Erziehung in Betracht kommt, regelt § 12 JGG, der nur auf Jugendliche Anwendung findet (§ 105

Abs. 1 JGG). Die Bedeutung dieser Erziehungsmaßregel in der jugendgerichtlichen Praxis ist eher gering. Im Jahre 2007 wurden lediglich
161 Erziehungsbeistandschaften (das waren 0,6% aller Erziehungsmaßregeln) und 65mal die Inanspruchnahme von Heimerziehung (das
waren 0,2% aller Erziehungsmaßregeln) angeordnet. Der Anteil der
Erziehungsbeistandschaft an den verhängten Sanktionen betrug 0,09%,
der der Heimerziehung 0,04% (Statistisches Bundesamt, zit. n. Ostendorf 2009a, Rn. 182).

Wenn insoweit auch die Weisungen im Vordergrund stehen, ist das
Verhältnis von § 12 JGG zu den Vorschriften des SGB VIII, der Kom-
petenzen des Jugendrichters zu denen des Jugendamtes umstritten,
worin ein Grund für die zurückhaltende Anwendung der Vorschrift liegen mag. Insbesondere die Einfügung von § 36a SGB VIII durch das
KICK hat dem Streit neue Nahrung gegeben. Letztlich verbirgt sich
dahinter der grundsätzliche Streit über das Verhältnis von Jugendstrafrecht und Jugendhilfe, der in § 4 behandelt wird. Hinsichtlich des § 12
JGG kann ungeachtet dessen Folgendes gesagt werden:

Die Vorschrift ermächtigt den Richter, dem Jugendlichen die Inanspruchnahme von Hilfe zur Erziehung in Anspruch zu nehmen. Er darf
eine solche Anordnung allerdings – was durch den Halbsatz „unter den
im Achten Buch Sozialgesetzbuch genannten Voraussetzungen" klargestellt wird – nur dann treffen, wenn die von ihm zu prüfenden Voraussetzungen für die genannten Hilfen nach dem SGB VIII vorliegen. Vor einer
Entscheidung hat er das Jugendamt anzuhören, das somit gleichsam gut-
achterlich tätig und sich etwa zur Sinnhaftigkeit und Geeignetheit der
Hilfen als Reaktion auf die vorliegende Delinquenz äußern wird. Ordnet
der Richter eine der genannten Hilfen an, stellt er damit zugleich verbindlich fest, dass deren Voraussetzungen vorliegen und vom Jugendamt
zu gewähren sind. Eine Entscheidung des Jugendamtes über die Gewährung der Hilfe ist weder erforderlich noch (insbesondere eine Ablehnung
der Hilfegewährung) zulässig. Das ergibt sich auch aus § 82 Abs. 2 JGG,
nach dem sich die weitere Zuständigkeit nach dem SGB VIII richtet,
soweit der Richter Hilfe zur Erziehung im Sinne des § 12 angeordnet hat.
Die systematisch im Hauptstück „Vollstreckung und Vollzug" angesie-
delte Vorschrift stellt damit klar, dass das Jugendamt als nach § 85 Abs. 1
sachlich zuständige Behörde die vom Jugendrichter getroffene Anordnung auszuführen hat. Auch § 36a SGB VIII gibt dem Jugendamt keine
Entscheidungs- und Ablehnungsbefugnis, da diese Vorschrift gegenüber
der zwar älteren, aber spezielleren Regelung des § 12 JGG zurücktritt
(dazu im Einzelnen Möller/Schütz 2007, 178, 179 f.).

a)     Erziehungsbeistandschaft (§ 12 Nr. 1 JGG)

Die Erziehungsbeistandschaft unterscheidet sich von der Hilfeform nach Nr. 2 vor allem dadurch, dass der Jugendliche nicht aus seinem sozialen Umfeld und seinen sozialen Bezügen herausgenommen wird. Damit wird nicht nur der Lebensbezug zur Familie erhalten, die Familie, Peergroup, Freunde, Vereine, Schule etc. können auch in die Arbeit mit dem Jugendlichen einbezogen werden. Der Erziehungsbeistand soll den Jugendlichen bei der Bewältigung von Entwicklungsproblemen unterstützen und dadurch dessen Legalverhalten fördern (zu Einzelheiten Hartleben-Baildon, in: Möller / Nix 2006, § 30 Rn. 2 ff.).

Erstaunlich ist der Umstand, dass nicht nur § 12 Nr. 1, sondern auch § 10 Abs. 1 Satz 3 Nr. 5 JGG auf § 30 SGB VIII hinweist, der nicht zwischen Erziehungsbeistand und Betreuungshelfer differenziert. Im JGG sind zwei Unterschiede zu konstatieren. Zum einen bestimmt gem. § 11 Abs. 1 JGG der *Richter* über die Laufzeit einer Weisung, während über die Dauer der Erziehungsbeistandschaft das *Jugendamt* entscheidet. Zum anderen ist die Kooperation des Jugendlichen im Rahmen der Erziehungsbeistandschaft anders als bei der Weisung nicht mit dem Ungehorsamsarrest nach § 11 Abs. 3 JGG durchsetzbar. Hinter diesen eher formalen Abgrenzungsmerkmalen steht aber zugleich ein konzeptioneller Unterschied, ob nämlich einer mit dem Ungehorsamsarrest zwangsbewehrten oder einer auf Freiwilligkeit beruhenden Aktivierung positiver Entwicklungspotentiale setzenden Maßnahme zur Legalbewährung der Vorzug gegeben wird (Laubenthal / Baier 2006, Rn. 598 m. w. N. über die in der Literatur vertretenen unterschiedlichen Auffassungen).

b)     Heimerziehung und sonstige betreute Wohnformen
       (§ 12 Nr. 2 JGG)

Die Anordnung, Hilfe zur Erziehung in einem Heim oder einer sonstigen betreuten Wohnform in Anspruch zu nehmen, ist gegenüber der nach Nr. 1 bereits deshalb eingriffsintensiver, weil sie mit Fremdunterbringung und einem Herausreißen aus dem vertrauten sozialen Umfeld verbunden ist. Indiz für eine höhere Eingriffsintensität ist auch die Tatsache, dass nach § 55 Abs. 1 Satz 2 JGG die nach dessen Satz 1 bestehenden Rechtsmitteleinschränkungen für die Anordnung nach § 12 Nr. 2 JGG nicht gelten.

Gleichwohl ist im Hinblick auf § 17 Abs. 2 Satz 1 1. Alt. JGG genau zu prüfen, ob nicht die Anordnung von Hilfe nach § 12 Nr. 2 JGG ausreichend und ihr deshalb Vorrang gegenüber ansonsten drohender Jugendstrafe einzuräumen ist. Da die Anordnung nur unter den Voraussetzungen des § 34 SGB VIII ergehen darf, erscheint es auch unangemessen, das Menetekel der Fürsorgeerziehung heraufzubeschwören.

Die Anordnung ist insbesondere in Betracht zu ziehen, wenn angesichts der Verhältnisse in der Herkunftsfamilie eine positive Entwicklung des Jugendlichen gefährdet oder gar ausgeschlossen erscheint. Ferner ist eine Anordnung nach Nr. 2 bei vorliegender Arbeits- und / oder Wohnungslosigkeit, die weitere Delinquenz geradezu herausfordert, angezeigt.

Die konkrete Ausgestaltung, insbesondere die an den Bedürfnissen des konkreten Jugendlichen orientierte Auswahl der in Betracht kommenden institutionellen Formen obliegt gemäß § 82 Abs. 2 JGG dem Jugendamt, das den Kriterien des § 34 SGB VIII, aber auch der Zielsetzung des § 2 Abs. 1 Satz 1 JGG verpflichtet ist. Infrage kommen Heimunterbringung, Unterbringung in einer Pflegefamilie, einer betreuten Wohngemeinschaft oder einer Einzelwohnung.

Befugnisse zu freiheitsentziehenden Maßnahmen sind mit der Anordnung nicht verbunden. Ebenso wenig besteht die Möglichkeit, die Anordnung zwangsweise durchzusetzen. § 12 Nr. 2 JGG bietet keine Rechtsgrundlage für eine geschlossenen Unterbringung.

## B.    Zuchtmittel

### 1.    Allgemeines

#### a)    Rechtsgrundlagen

Grundlage für die Verhängung von Zuchtmitteln ist **§ 5 Abs. 2 JGG**, nach dem die Straftat eines Jugendlichen mit **Zuchtmitteln** oder mit Jugendstrafe **geahndet** wird, wenn Erziehungsmaßregeln nicht ausreichen. Hier deutet sich zum einen hierarchisches Verhältnis zu den Erziehungsmaßregeln an. Zuchtmittel werden erst dann verhängt, wenn Erziehungsmaßregeln nicht ausreichen. Zum anderen spricht das Gesetz nicht mehr von einer Anordnung o. Ä., sondern von **„ahnden"**.

**§ 13 Abs. 1 JGG** präzisiert die Voraussetzungen für die Ahndung der Straftat mit Zuchtmitteln positiv wie negativ: Zuchtmittel werden verhängt, wenn einerseits Jugendstrafe nicht geboten ist (negativ), andererseits dem Jugendlichen aber eindringlich zum Bewusstsein gebracht werden muss, dass er für das von ihm begangenen Unrecht einzustehen hat (positiv).

**§ 13 Abs. 2 JGG** zählt die Zuchtmittel abschließend auf (sogenannte enumerative Aufzählung). Anders als bei den Erziehungsmaßregeln darf der Jugendrichter nicht weitere von ihm als angemessen erachtete Zuchtmittel „erfinden". Hier ist er strikt an den Katalog des Gesetzes gebunden.

**§ 13 Abs. 3 JGG** beschreibt die Wirkung der Zuchtmittel: Sie haben nicht die Rechtswirkung einer Strafe. Das ist überall dort von Bedeutung, wo das Recht an das Vorliegen einer Strafe bestimmte (meist negative) Folgen knüpft (z. B. im Registerrecht oder im Ausländerrecht).

## b)    Strukturmerkmale und Charakter der Zuchtmittel

Mittels der Zuchtmittel wird die Straftat **geahndet**, sie haben also sühnenden bzw. repressiven Charakter (was allerdings nicht für alle gleichermaßen gilt). Dies ergibt sich auch aus der Entstehungsgeschichte. Es sollte eine jugendstrafrechtliche Ersatzmaßnahme für die rechtspolitisch abgelehnte kurzzeitige Freiheitsstrafe geschaffen werden.

Andererseits ergibt sich aus § 17 Abs. 2 1. Alt., dass auch Zuchtmittel zur Erziehung verhängt werden. In die gleiche Richtung weisen § 15 Abs. 3 Satz 1 („wenn dies aus Gründen der Erziehung geboten ist") und § 16 Abs. 3 Satz 1 („… aus Gründen der Erziehung zweckmäßig erscheint …").

Kennzeichnend für die Zuchtmittel ist deshalb ihre **Ambivalenz**. Die herrschende juristische Meinung ordnet denn auch die Zuchtmittel dem Erziehungsziel des JGG unter: „Auch Zuchtmittel müssen danach ausgewählt und bestimmt werden, dass sie sich erzieherisch positiv auswirken" (Eisenberg 2010a, § 13 Rn. 7). Darüber hinaus ist für die Zuchtmittel kennzeichnend, dass sie nicht die gesamte Lebensführung des Jugendlichen beeinflussen wollen, ihnen soll keine Dauerwirkung zukommen (Eisenberg 2010a, § 13 Rn. 9).

## c)    Allgemeine Voraussetzungen für die Verhängung von Zuchtmitteln

Zuchtmittel sind nur zulässig, „… wenn Jugendstrafe nicht geboten ist, dem Jugendlichen aber eindringlich zum Bewußtsein gebracht werden muß, daß er für das begangene Unrecht einzustehen hat".

Sie seien nur geeignet für „im Grunde gut geartete Täter" bei denen ein Appell an das „Ehrgefühl" und ein „Zwang zur Selbstbesinnung" noch erfolgversprechend sei.

Dies sei nicht der Fall bei „verwahrlosten", „gefährdeten" oder "frühkriminellen" Jugendlichen. Nicht geeignet sollen Zuchtmittel bei „geistig erheblich zurückgebliebenen" Jugendlichen sein, soweit sie den Sinn des Zuchtmittels nicht verstehen würden, so die bei Eisenberg (2010a, § 13 Rn. 12) referierten Zuschreibungen. Sowohl die Bezeichnung der Sanktionsform wie auch ihre Operationalisierung lassen ihre Genese deutlich erkennen (dazu oben § 2 II.).

## 2.    Die einzelnen Zuchtmittel

### a)    Die Verwarnung

Die Verwarnung ist „eine förmliche Zurechtweisung des Täters, durch die er auf die Schwere des Schuldvorwurfs und auf die Folgen für den Verletzten und die Allgemeinheit hingewiesen und zugleich vor weiteren Verfehlungen auch im eigenen Interesse gewarnt und unter Anrufung seiner Ehre und seines Gewissens zur Rücksichtnahme gegenüber anderen ermahnt wird" (so etwa Eisenberg 2010a, § 14 Rn. 2). Zu unterscheiden ist die **Verwarnung** von der **Ermahnung** i. S. d. §§ 45 Abs. 3 Satz 1, 47 Abs. 1 Nr. 3, die ohne Trennung zwischen Anordnung und Vollziehung formlos ausgesprochen wird.

So einfach und leicht handhabbar die Verwarnung auf den ersten Blick erscheint, so schwierig erweist sie sich in der Vollstreckung, die von der Anordnung zu unterscheiden ist. Vollstreckung einer Sanktion setzt nämlich Rechtskraft des Urteils voraus. Rechtskräftig ist ein Urteil dann, wenn kein Beteiligter mehr ein Rechtsmittel dagegen einlegen kann. Dies ist nach Ablauf der Rechtsmittelfrist der Fall, die im Strafprozess eine Woche beträgt (§ 314 StPO).

Unproblematisch ist das, wenn alle Beteiligten, die ein Rechtsmittel einlegen dürfen, nach Verkündung des Urteils einen sogenannten **Rechtsmittelverzicht** (§ 302 StPO) erklären. Aber wie ist die Verwarnung zu „vollstrecken", wenn kein beiderseitiger Rechtsmittelverzicht erklärt wird?

Insoweit werden verschiedene Lösungen angeboten, die von der Anberaumung eines besonderen Termins nach Eintritt der Rechtskraft über die schriftliche Vollziehung der Verwarnung bis zu einem Ausspruch der Verwarnung unter dem Vorbehalt der Rechtskraft des Urteils reichen. Alle Varianten bieten Vor- und Nachteile. So ist ein besonderer Termin zeitaufwendig, in gewisser Weise eine Verdopplung des Hauptverhandlungstermins. Gleichwohl besteht, da es sich eben nicht um eine Hauptverhandlung handelt, keine Möglichkeit zur zwangsweisen Vorführung. Dem steht der Vorzug eines persönlichen Gesprächs zwischen Jugendlichem und Richter gegenüber. Die schriftliche Vollziehung der Verwarnung ist unpersönlich, führt aber zu keinen Schul- oder Arbeitsversäumnissen. Der Ausspruch unter dem Vorbehalt der Rechtskraft schließlich ist nicht nur dem Straf(prozess)recht gänzlich fremd, er widerspricht auch einer (zivilprozessualen) vorläufigen Vollstreckbarkeit, weil eine ausgesprochene Verwarnung nicht mehr „rückabzuwickeln", ungeschehen zu machen ist. Dadurch diskreditiert er schließlich das Institut der Verwarnung, weil es – aus der Perspektive des Jugendlichen – letztlich ganz unabhängig von der Feststellung eines strafbaren Verhaltens gleichsam vorsorglich in die Welt gesetzt wird.

## b)   Auflagen

**Abgrenzung zu den Weisungen:** Die phänomenologische Ähnlichkeit der Auflagen nach § 15 Abs. 1 JGG mit einzelnen Weisungen macht eine Abgrenzung der beiden Sanktionsformen notwendig. Sie kann zum einen formal vorgenommen werden:

- Die Aufzählung des § 15 Abs. 1 Satz 1 JGG ist abschließend, es handelt sich nicht um Regelbeispiele.
- Weisungen intendieren eine Regelung der Lebensführung, sind also auf eine gewisse Dauer angelegt; demgegenüber sind Auflagen tatbezogen und sollen geeignet sein, die Einsicht in das Unrecht der Tat zu fördern.
- Auflagen verfolgen auch den Zweck der Ahndung, sodass sie durch die Tatschuld limitiert werden.
- Gemeinsam ist ihnen, dass auch im Rahmen des § 15 Abs. 1 Satz 2 JGG keine unzumutbaren Anforderungen an den Jugendlichen gestellt werden dürfen.

Eine materielle Unterscheidung fällt schwerer: Wie lässt sich eine Arbeitsleistung von 50 Stunden als Auflage nach § 15 Abs. 1 Nr. 3 JGG von einer solchen als Weisung nach § 10 Abs. 1 Satz 3 Nr. 4 JGG unterscheiden? Aus der Perspektive des betroffenen Jugendlichen gar nicht. Eine Lösung ist nicht ersichtlich, Abhilfe könnte nur der Gesetzgeber schaffen.

**Die einzelnen Auflagen: Schadenswiedergutmachung:** Die Schadens-wiedergutmachung ist dem TOA ähnlich und setzt regelmäßig die Verletzung eines individuellen Rechtsgutes (z. B. Körperverletzung, Sachbeschädigung; nicht z. B. Verletzung des Rechtsguts der integren Rechtspflege durch Falschaussage) voraus. Erforderlich ist weiterhin die Bereitschaft des Opfers wie des Täters zur Wiedergutmachung. Eine aufgedrängte Schadenswiedergutmachung wirkt nicht ausgleichend und kann sogar konfliktverschärfend sein.

In Betracht kommen vor allem Geldzahlungen als Wiederherstellungskosten oder Schmerzensgeld. In Frage kommen aber auch Arbeitsleistungen (z. B. bei Nichtverdienenden) zur Naturalrestitution.

Keine Schadenswiedergutmachung stellt die Auferlegung der Verfahrenskosten dar. Sie kompensiert keinen „durch die Tat verursachte[n]" Schaden und entfaltet eher prohibitive Wirkung hinsichtlich der Wahrnehmung von kostenauslösenden Verfahrensrechten. Sie bedient letztlich lediglich fiskalische Interessen und wird deshalb von der vorherrschenden Auffassung abgelehnt. Ähnliches gilt hinsichtlich der Zahlung eines Betrages an eine gemeinnützige Organisation. Auch hier wird kein unmittelbar beim Opfer entstandener Schaden wiedergutgemacht.

**Umstritten** ist das **Verhältnis** der Schadenswiedergutmachung **zum zivilrechtlichen Schadenersatz.** Nach herrschender Ansicht ist eine solche Auflage nur und nur in dem Umfang zulässig, wie ein zivilrechtlicher Anspruch nach Grund und Höhe besteht. Die Höhe des zivilrechtlichen Anspruchs markiert auch die Grenze der Auflage; in zivilrechtlich unklaren oder strittigen Fällen ist von der Auflage Abstand zu nehmen. Ferner ist die Schadenswiedergutmachung bei klageabweisendem zivilgerichtlichen Urteil unzulässig oder im Fall des Schadensausgleichs durch einen Dritten (Versicherung) oder Verzicht des Geschädigten (Albrecht 2000, 213; Laubenthal/Baier 2006, Rn. 631 f.; Eisenberg 2010a, § 15 Rn. 6 ff.). Dem ist zuzustimmen, da es andernfalls zu erheblichen Diskrepanzen zwischen Zivil- und Strafrecht kommen kann.

Ob ein zwar unbestrittener, aber verjährter Anspruch die Verhängung der Auflage hindert, ist ebenso umstritten (Laubenthal/Baier 2006, Rn. 632). Die Verjährung steht einer Auflage allerdings nicht entgegen, weil es sich bei ihr um eine **anspruchshemmende Einrede** handelt, die das Bestehen des Anspruchs unberührt lässt.

Demgegenüber sieht Ostendorf (2009a, Rn. 189) im Zivilrecht nur den Maßstab, aber nicht die Obergrenze einer Auflage, da die Strafe immer etwas Zusätzliches gegenüber an Interesseneinbuße gegenüber dem zivilrechtlichen Schadenausgleich sei. Ebenso wenig sei der

Richter an ein zivilgerichtliches Urteil gebunden, der strafrechtliche Sanktionsausspruch bleibe zulässig und bestehen, eine Abhilfe nur durch Befreiung von der Auflage nach § 15 Abs. 3 Satz 1 JGG möglich.

Da der/die Verurteilte wissen muss, was von ihm verlangt wird, muss die Auflage nach Art und Höhe durch das Gericht bestimmt und darf nicht der JGH überlassen werden, die allerdings die Erfüllung der Auflage zu überwachen hat (§ 38 Abs. 2 Satz 5 u. 6 JGG).

Leistungen des Täters lassen den zivilrechtlichen Anspruch des Geschädigten durch Erfüllung erlöschen (§ 362 BGB). Kommt der Täter der Auflage nicht nach, ist eine Vollstreckung nicht möglich. Die Folgen richten sich vielmehr nach § 15 Abs. 3 JGG.

Die Auflage wird als Sanktion durchweg positiv beurteilt (Ostendorf 2009a, Rn. 189):

> „Für die Betroffenen und die Umwelt ist die Schadenswiedergutmachung ein Lehrstück für Sozialisation: Täter und Opfer werden nicht aus dem Konflikt ausgegrenzt, sondern der Konflikt wird mit ihnen, wenn auch nicht von ihnen gelöst."

*Entschuldigung:* Die Entschuldigung soll in Gegenwart des Richters erfolgen und setzt bereits deshalb die Bereitschaft des Opfers zum Erscheinen in der Hauptverhandlung und zur Entgegennahme der Entschuldigung sowie die des Täters zur Entschuldigung voraus. Die Fälle, in denen sie als geeignete Sanktion erscheint, dürften bereits im Wege der Diversion erledigt werden. Entsprechend gering ist ihre praktische Bedeutung.

*Arbeitsleistungen:* Für die Arbeitsleistungen als Zuchtmittel gilt grundsätzlich das zur Weisung nach § 10 Abs. 1 Nr. 4 JGG Gesagte.

*Geldzahlung:* Die Auflage, einen Geldbetrag zu zahlen, nähert die Sanktion der Geldstrafe des Erwachsenenrechts an. Höhe des Geldbetrages, Empfänger sowie ggf. sinnvolle oder notwendige Ratenzahlungen sind im Urteil festzulegen.

Gegen sie werden dahingehend Bedenken erhoben, dass „die Problembewältigung nicht über die Ebene des Finanziellen hinausgelangt … zumal der Eindruck entstehen oder verfestigt werden kann, mit Geld sei jedes Fehlverhalten auszugleichen" (Eisenberg 2010a, § 15 Rn. 15). Dem steht die Auffassung gegenüber, dass in einer Gesellschaft, in der materielle Werte wesentlich den Status des Einzelnen prägen, die Geldauflage ein besonderes Opfer darstelle (Albrecht 2000, 216). Der Verschiebung auf die rein monetäre Ebene wirkt tendenziell der Umstand entgegen, dass die Zahlung nicht an die Staatskasse, sondern eine gemeinnützige Einrichtung zu zahlen ist, bei deren Auswahl Bedacht darauf zu nehmen ist, dass deren Arbeit und Ziele dem verurteilten Jugendlichen bekannt sind. Für die Höhe der Geldbuße soll es nach allgemeiner Auffassung auf das Maß der Schuld sowie die finanziellen Verhältnisse des Verurteilten (dazu sogleich) ankommen (Laubenthal/Baier 2006, Rn. 644; Ostendorf 2009a, Rn. 193).

Über die allgemeine Zumutbarkeitsklausel des Abs. 1 Satz 2 hinaus, stellt Absatz 2 an die Anordnung einer Geldzahlung besondere weitergehende Anforderungen. Sie soll nach dessen Nr. 1 nur erfolgen, wenn eine „leichte Verfehlung" begangen wurde und davon auszugehen ist, dass der Jugendliche den Geldbetrag aus für ihn selbstständig verfügbaren Mitteln bezahlt. Damit soll der Abwälzung der Zahlung auf Dritte (Eltern, Geschwister) vorgebeugt werden. Des Weiteren ist zu verhindern, dass durch übermäßig hohe Zahlungen die finanziellen Ressourcen des Jugendlichen völlig erschöpft werden und dadurch neuen Straftaten Vorschub geleistet wird.

Alternativ dazu kommt die Anordnung einer Geldzahlung auch dann in Betracht, wenn der aus der Tat erlangte Gewinn oder ein erhaltenes Entgelt abgeschöpft werden soll. In diesem Fall erlangt die Auflage die Funktion des Verfalls und der Einziehung des Wertersatzes nach §§ 73 ff., 74 c StGB.

**Änderung, Befreiung, Nichterfüllung:** Nach § 15 Abs. 3 Satz 1 JGG kann der Richter nachträglich ändern oder von ihrer Erfüllung ganz oder zum Teil befreien. Insoweit gilt das oben unter III. A. 4. b) zu den Weisungen Gesagte entsprechend. Hinsichtlich der Folgen schuldhafter Nichterfüllung von Auflagen kann auf das oben unter III. A. 4. c) Ausgeführte verwiesen werden.

Eine von den Vorschriften über die Weisungen abweichende Regelung enthält § 15 Abs. 3 Satz 3 JGG, nach dem der Richter Auflagen ganz oder teilweise für erledigt erklären kann, wenn Jugendarrest vollstreckt worden ist. In diesem Fall tritt der Arrest als Sanktion an die Stelle der Auflage. Ist dadurch eine hinreichende Ahndung erfolgt, kann der Richter für erledigt erklären. Diese Befugnis verdichtet sich nach Ostendorf zu einer generellen Verpflichtung. Dem ist beizupflichten, weil angesichts des Charakters sowohl der Auflage als auch des Arrests andernfalls eine übermäßige Ahndung erfolgen würde.

## c)   Jugendarrest

**Voraussetzungen:** Jugendarrest ist kurzzeitiger Freiheitsentzug ohne Möglichkeit der Aussetzung der Vollstreckung zur Bewährung (§ 87 Abs. 1 JGG). Durch seine Einführung sollten die nachteiligen Wirkungen der länger dauernden Jugendstrafe vermieden werden. Vielmehr sollte der Jugendliche durch einen ebenso kurzen wie harten Zugriff ("short sharp shock") zur Ordnung gerufen werden. So formuliert der BGH in einer frühen Entscheidung, der Jugendarrest sei nach seiner Zwecksetzung von der Jugendstrafe verschieden und vor allem weniger weitreichend.

"Soweit es sich um das Ziel der Erziehung handelt, soll dieses durch einen kurzen und harten Zugriff, der das Ehrgefühl anspricht und für die Zukunft eine eindringliche Warnung ist, erreicht werden."

Der Arrest solle

"durch seine Einmaligkeit und seine Kürze wirken und durch diesen eindringlichen und fühlbaren Ordnungsruf den Jugendlichen davor schützen, auf dem erstmalig eingeschlagenen Weg fortzufahren." (BGHSt 18, 207, 209; diese Funktion erklärt auch, warum eine Bewährungsaussetzung nicht vorgesehen ist)

Damit ist zugleich der Kreis derjenigen Jugendlichen angesprochen, die als "arrestgeeignet" angesehen werden:

"Mithin kommt die gesamte Gelegenheits- und Konfliktskriminalität als Anwendungsgebiet für die Verhängung der Jugendstrafe wegen schädlicher Neigungen nicht in Betracht. Diese kann vielmehr regelmäßig nur bei Tätern mit schweren Anlage- oder Entwicklungsschäden verhängt werden, deren Beseitigung in einem länger dauernden Strafvollzug versucht werden soll. Im Gegensatz hierzu kommt der Jugendarrest vor allem in Betracht für Verfehlungen aus Unachtsamkeit, jugendlichem Kraftgefühl oder Übermut, aus typisch jugendlichen Neigungen und jugendlichem Vorwärtsstreben, jugendlicher Trotzhaltung, jugendlicher Abenteuerlust, mangelnder Selbständigkeit sowie bei Gelegenheits- und Augenblicksverfehlungen, die sich aus einer plötzlich auftretenden Situation ergeben, ohne daß der Täter sonst zu kriminellem Verhalten neigt." (BGHSt 18, 207, [210])

Selbst wenn die vorstehenden Kriterien erfüllt sein sollten, ist ungeachtet der generellen Einschätzung des Jugendarrestes dessen Verhängung dann bereits aus Gründen der Verhältnismäßigkeit ausgeschlossen, wenn es sich bei der Verfehlung um eine leichte handelt, die, wenn nicht im Wege der Diversion, so doch mit ambulanten Maßnahmen hinreichend bewältigt werden kann.

**Arrestarten:** § 16 Abs. 1 JGG unterscheidet zwischen Freizeit-, Kurz- und Dauerarrest. **Freizeitarrest** (§ 16 Abs. 2 JGG) umfasst die wöchentliche Freizeit und kann für eine oder zwei Freizeiten verhängt werden. Dabei wird unter der wöchentlichen Freizeit die „Zeit von der Beendigung der Arbeit am Ende der Woche bis zum Beginn der Arbeit in der nächsten Woche" verstanden (Richtlinie Nr. 1 zu § 16 JGG), wobei Ausbildung oder Schulbesuch der Arbeit in diesem Sinne gleichstehen. Zwar ist eine andere Lage in Abhängigkeit von den Arbeitserfordernissen des Jugendlichen nicht ausgeschlossen, doch ist der Freizeitarrest im Wesentlichen Wochenendarrest. Die maximale Dauer beträgt 48 Stunden (argumentum § 16 Abs. 3 Satz 2 JGG). Der Freizeitarrest soll einerseits den Jugendlichen durch Entzug der Freizeit treffen, andererseits nachteilige Folgen in Schule, Ausbildung oder Beruf vermeiden (Laubenthal / Baier 2006, Rn. 661).

Der **Kurzarrest** tritt unter den in § 16 Abs. 3 JGG genannten Voraussetzungen an die Stelle des Freizeitarrests. Er beträgt maximal vier Tage bzw. 96 Stunden, da er nur die maximale Anzahl, also zwei Freizeitarreste ersetzen darf. Weil er zugleich aber nur verhängt werden darf, wenn Ausbildung oder Freizeit des Jugendlichen nicht beeinträchtigt werden, kommt nur eine Anwendung auf Arbeitslose in Betracht. Weitere Voraussetzung ist, dass der zusammenhängende Vollzug aus Gründen der Erziehung zweckmäßig erscheint. Aussagen dazu, wann solches der Fall ist, sind spärlich. Ostendorf plädiert bei Aufrechterhaltung grundsätzlicher Bedenken gegen diese Sanktionierungsform dafür, dem Kurz- gegenüber dem Freizeitarrest grundsätzlich den Vorzug zu geben, da er größere Beeinflussungsmöglichkeiten eröffne (Ostendorf 2009a, Rn. 197). Das setzt allerdings entsprechende räumliche und personelle Ressourcen voraus. Nach § 86 JGG ist eine Umwandlung von Freizeitarrest in Kurzarrest möglich, wenn die Voraussetzungen des § 16 Abs. 3 JGG nachträglich eingetreten sind.

Der **Dauerarrest** beträgt nach § 16 Abs. 4 JGG mindestens eine Woche und höchstens vier Wochen. Er wird nach Satz 2 nach vollen Tagen oder Wochen bemessen, üblich ist die Bemessung nach Wochen.

Ein Dauerarrest von vier Wochen wird allenthalben als überzogen angesehen, da eine (einmal unterstellte heilsame) Schockwirkung spätestens nach zwei Wochen der Gewöhnung und Abstumpfung weiche (Nachweise bei Laubenthal/Baier 2006, Rn. 664).

**Bewertung des Jugendarrests:** Es existiert wohl kaum ein Rechtsinstitut, bei dem wissenschaftliche Bewertung und empirisch feststellbare Untauglichkeit einerseits und Justizpraxis und politisch-ideologische Hypostasierung andererseits so auseinanderfallen.

Auch der Jugendarrest muss sich am primären Anwendungsziel des Jugendstrafrechts, erneuten Straftaten des Jugendlichen oder Heranwachsenden entgegenzuwirken (§ 2 Abs. 1 JGG) messen lassen. Eben dieses steht, wie Ostendorf noch zurückhaltend formuliert „angesichts der Rückfallquoten nach Verbüßung des Arrestes in Frage" (2009a, Rn. 195). Die von ihm referierten Rückfalluntersuchungen aus den 1980er-Jahren des letzten Jahrhunderts haben Rückfälligkeitsquoten zwischen 60 % und 90 % zutage gefördert. Nach der letzten Untersuchung aus dem Jahre 2003 wurden 70 % der Arrestanten innerhalb von vier Jahren erneut auffällig (Ostendorf 2009a, Rn. 195).

Eine Reihe von Stimmen aus der Wissenschaft fordern inzwischen die gänzliche Abschaffung des Jugendarrestes (umfangreiche Nachweise bei Laubenthal/Baier 2006, Rn. 650 Fn. 81; zur Alternativen-Diskussion Albrecht 2000, 224 ff.). Die Befunde legen nahe, dass die dem Arrest zugeschriebene schock-therapeutische Funktion, so sie denn überhaupt eintritt, jedenfalls recht schnell verpufft.

Im Gegensatz zur wissenschaftlichen Bewertung steht die Justizpraxis, in der der Jugendarrest nach wie vor eine nicht unbedeutende Rolle spielt (zur Justizpraxis die Daten bei Ostendorf 2009a, Rn. 199). Dahinter steht zum einen die – auch in der JGH nicht unverbreitete Meinung – irgendwann müsse es nun einmal deinen „Schuss vor den Bug" geben, zum anderen aber auch das Bemühen, eine im Mindestmaß sechs Monate (§ 18 Abs. 1 Satz 1 JGG) betragende Jugendstrafe zu vermeiden.

Von keinerlei Zweifel ist dagegen die Politik angekränkelt. Rechtspolitisch bleibt nicht nur eine Abschaffung des Jugendarrests außerhalb jeglicher Erwägungen, vielmehr gehört der „Warnschussarrest", also der neben der Aussetzung der Verhängung oder Vollstreckung der Jugendstrafe zur Bewährung verhängte Jugendarrest, zum Arsenal einer jeden Jugendstrafrechtsverschärfungsdiskussion. Seine Einführung haben die gegenwärtigen Regierungsparteien im Koalitionsvertrag für die 17. Legislaturperiode (Kapitel III, 2) vereinbart.

## IV.    Maßnahmen

Die Maßnahme bildet gem. § 11 Abs. 1 Nr. 8 StGB den Oberbegriff für jede Maßregel der Besserung und Sicherung, den Verfall, die Einziehung und die Unbrauchbarmachung. Unter diesen sind jugendstrafrechtlich die Maßregeln der Besserung und Sicherung relevant. Welche überhaupt gegen einen Jugendlichen angeordnet werden können, regelt § 7 JGG: Danach können als Maßregeln die Unterbringung in einem psychiatrischen Krankenhaus oder einer Entziehungsanstalt, die Führungsaufsicht oder die Entziehung der Fahrerlaubnis angeordnet werden (§ 61 Nr. 1, 2, 4 und 5 StGB). Nicht angeordnet werden darf ein Berufsverbot (§ 61 Nr. 6 StGB). Dies alles gilt auch für Heranwachsende, soweit Jugendrecht zur Anwendung kommt (§ 105 Abs. 1 JGG).

Differenziert zu betrachten ist die **Sicherungsverwahrung**. Durch Gesetz vom 8.7.2008 (BGBl. I, 1212) wurden die Absätze 2 bis 4 in § 7 JGG eingefügt. Sie normieren die Voraussetzungen, unter denen gegen einen Jugendlichen die nachträgliche Sicherungsverwahrung angeordnet werden kann. Sie kann nach wie vor nicht bereits im Urteil angeordnet werden. Auch gegen Heranwachsende ist selbst dann nur nachträgliche Sicherungsverwahrung zulässig, wenn Erwachsenenrecht zur Anwendung kommt (§ 106 Abs. 3 bis 7 JGG). Wegen Einzelheiten wird auf § 7 III. verwiesen.

Von geringerer Bedeutung sind die Maßnahmen des Verfalls, der Einziehung und der Unbrauchbarmachung. Deren Voraussetzungen und Wirkungen sind in den §§ 73–76a StGB geregelt. Die Zulässigkeit dieser Maßnahmen wird zwar in § 7 JGG oder einer anderen Vorschrift nicht ausdrücklich normiert, sie ergibt sich mittelbar aber aus § 76 JGG, der die Zulässigkeit des vereinfachten Jugendverfahrens regelt und dabei auch die Möglichkeit, den Verfall oder die Einziehung auszusprechen, erwähnt. Zu weiteren zulässigen Nebenfolgen vgl. Eisenberg 2010a, § 6 Rn. 5 ff.

## V.    Nebenfolgen und Nebenstrafe

Nach § 6 Abs. 1 JGG darf auf Unfähigkeit, öffentliche Ämter zu bekleiden, Rechte aus öffentlichen Wahlen zu erlangen oder in öffentlichen Angelegenheiten zu wählen oder zu stimmen nicht erkannt werden. Ebenso wenig darf die Bekanntgabe der Verurteilung angeordnet werden. Gem. Absatz 2 tritt der in § 45 Abs. 1 StGB vorgesehene Verlust der

Fähigkeit, öffentliche Ämter zu bekleiden und Rechte aus öffentlichen Wahlen zu erlangen, nicht ein.

Als einzige Nebenstrafe kennt das StGB das Fahrverbot (§ 44 StGB), das nicht mit der Entziehung der Fahrerlaubnis, bei der es sich um eine Maßregel der Besserung und Sicherung handelt, verwechselt werden darf. Auch hinsichtlich der Zulässigkeit dieser Nebenstrafe trifft das JGG keine ausdrückliche Regelung, jedoch lässt sich auch insoweit aus § 76 JGG systematisch erschließen, dass ein Fahrverbot auch im Jugend- strafverfahren angeordnet werden darf.

## VI.    Verbindung mehrerer Rechtsfolgen

Wie im Vorstehenden gesehen, hält das Jugendstrafrecht, insoweit über das Erwachsenenstrafrecht hinausgehend, eine Vielzahl von Rechtsfol- gen bereit. Damit ist zugleich die Frage aufgeworfen, in welchem Ver- hältnis diese Rechtsfolgen zueinander stehen, ob und ggf. in welchem Umfang sie kumuliert werden können oder sich gegenseitig ausschlie- ßen. Diese Problematik behandelt § 8 JGG.

Nach dessen Absatz 1 können sowohl Erziehungsmaßregeln und Zuchtmittel als auch mehrere Erziehungsmaßregeln oder mehrere Zuchtmittel jeweils für sich nebeneinander angeordnet werden. Auch wenn damit in weitem Umfang Kombinationen verschiedener Sank- tionen zulässig sind, ist jeweils zu prüfen, ob eine Kombination zu einer richtigen und angemessenen Sanktionierung führt. Soweit Sank- tionen derselben Kategorie (Erziehungsmaßregel oder Zuchtmittel) kumuliert werden, besteht die Gefahr der unverhältnismäßigen Bestra- fung. Die Unzumutbarkeit, von der § 10 Abs. 1 Satz 2 und § 15 Abs. 1 Satz 2 JGG sprechen, kann nämlich nicht nur aus einer überzogenen Einzelsanktion, sondern auch aus der Anhäufung mehrerer Sanktionen resultieren.

Soweit die Kombination von Sanktionen unterschiedlicher Kategorie (Erziehungsmaßregeln und Zuchtmittel) in Rede steht, liegt neben der der Unzumutbarkeit die Gefahr sich widersprechender Sanktionsziele auf der Hand: Soll nun erzogen oder geahndet werden? Hierauf ist im Einzelfall Bedacht zu nehmen. Diese Gefahr ist letztlich bereits im Gesetz angelegt, das die genannten Kombinationsmöglichkeiten eröff- net.

Ein Verbindungsverbot besteht gemäß § 8 Abs. 1 Satz 2 JGG zwi- schen der Anordnung von Hilfe zur Erziehung nach § 12 Nr. 2 JGG und

Jugendarrest. Hierdurch soll vermieden werden, dass der Jugendliche sich aufgrund seiner Arresterfahrungen dem Erziehungsangebot des § 12 Nr. 2 JGG verweigert (Laubenthal/Baier 2006, Rn. 447 m. w. N.)

§ 8 Abs. 2 Satz 1 JGG regelt, welche Erziehungsmaßregeln und Auflagen neben der Jugendstrafe zulässig sind. Verboten sind danach die Kombination von Jugendstrafe und Verwarnung oder Jugendarrest (Umkehrschluss aus der Zulässigkeit [nur] von Auflagen) sowie Jugendstrafe und Heimerziehung nach § 12 Nr. 2 JGG. Soweit der Jugendliche unter Bewährungsaufsicht steht, ruht nach Abs. 2 Satz 2 eine gleichzeitig bestehende Erziehungsbeistandschaft bis zum Ablauf der Bewährungszeit. Hierdurch sollen konkurrierende oder gar widersprüchliche Signale und Anforderungen von Bewährungshelfer einerseits und Erziehungsbeistand andererseits vermieden werden.

Unzulässig ist die Anordnung von Jugendarrest neben der Aussetzung der Verhängung oder Vollstreckung einer Jugendstrafe (sogenannter Warnschussarrest; vgl. BVerfG, NJW 2005, 2140 f.; zu weiteren unzulässigen oder untunlichen Sanktionskombinationen vgl. Laubenthal/Baier 2006, Rn. 447 ff.).

Schließlich erklärt § 8 Abs. 3 JGG die Kombination von Erziehungsmaßregeln, Zuchtmitteln oder Jugendstrafe mit den nach dem JGG möglichen Nebenfolgen und Nebenstrafen (dazu oben unter V.).

Keine Regelung enthält das JGG hinsichtlich der Zulässigkeit der Kombination von Erziehungsmaßregeln, Zuchtmitteln oder Jugendstrafe mit Maßregeln der Besserung und Sicherung. Insoweit wird jede Verbindung von Sanktion und zulässiger Maßregel für zulässig erachtet (vgl. Eisenberg 2010a, § 8 Rn. 5). Eine Teilregelung enthält lediglich § 5 Abs. 3 JGG.

## VII.    Mehrheit von Straftaten

§ 31 JGG regelt die Sanktionierung mehrerer von einem Jugendlichen begangenen Straftaten, sei es, dass mehrere Taten gleichzeitig abgeurteilt werden (Absatz 1), sei es, dass ein Teil der Straftaten zwar bereits rechtskräftig abgeurteilt, die festgesetzte Sanktion aber noch nicht vollständig ausgeführt, verbüßt oder sonst erledigt wurde (Absatz 2).

Dabei enthält § 31 Abs. 1 JGG den Grundsatz der einheitlichen Sanktionierung: Auch wenn mehrere Straftaten verübt wurden, setzt der Richter nur einheitlich Erziehungsmaßregeln, Zuchtmittel oder Jugendstrafe fest. Dabei sind die Kombinationsverbote des §8 JGG zu beachten. Die gesetzlichen Höchstgrenzen von Jugendarrest und Jugendstrafe dürfen nicht überschritten werden.

Diesem Grundsatz wird nach Absatz 2 selbst dann Rechnung getragen, wenn hinsichtlich eines Teils der Straftaten bereits ein rechtskräftiges Urteil vorliegt, die Sanktion aber noch nicht ausgeführt oder vollstreckt wurde. In beiden Fällen hat also eine einheitliche Sanktionierung zu erfolgen.

Dieses Prinzip wird durch §31 Abs.3 JGG durchbrochen, der den Richter ermächtigt, von der Einbeziehung einer früheren Verurteilung abzusehen, wenn es aus erzieherischen Gründen zweckmäßig ist (dazu und zu den Einzelproblemen der §§31, 32 JGG vgl. Laubenthal/Baier 2006, Rn.454 ff.).

# § 7 Jugendstrafe – U-Haft – Sicherungsverwahrung

## I. Die Jugendstrafe

### A. Allgemeines

Die Jugendstrafe ist die einzige echte Kriminalstrafe des Jugendstrafrechts. Dieser „Freiheitsentzug in einer Jugendstrafanstalt" (§ 17 Abs. 1 JGG) kann zum einen verhängt werden, „wenn wegen der schädlichen Neigungen des Jugendlichen, die in der Tat hervorgetreten sind, Erziehungsmaßregeln oder Zuchtmittel zur Erziehung nicht ausreichen", zum anderen, „wenn wegen der Schwere der Schuld Strafe erforderlich ist" (§ 17 Abs. 2 JGG). Obwohl es sich um eine Kriminalstrafe handelt, soll der Erziehungsgedanke bei der Verhängung eine wesentliche (§ 18 Abs. 2 JGG) und beim Vollzug gar eine dominierende Rolle spielen (§ 91 JGG).

Die Dauer der Jugendstrafe beträgt mindestens sechs Monate und (bei Jugendlichen) höchstens fünf Jahre; das Höchstmaß beträgt jedoch zehn Jahre, wenn nach allgemeinem Strafrecht eine Höchststrafe von mehr als zehn Jahren Freiheitsstrafe angedroht ist (§ 18 Abs. 1 JGG). Bei Heranwachsenden beträgt das Höchstmass in jedem Fall zehn Jahre (§ 105 Abs. 3 JGG).

### B. Voraussetzungen der Jugendstrafe

#### 1. Schädliche Neigungen

Die gängige Definition, die uns die Rechtsprechung anbietet, lautet:

„Schädliche Neigungen zeigt ein Jugendlicher oder Heranwachsender, bei dem erhebliche Anlage- oder Erziehungsmängel die Gefahr begründen, dass er ohne längere Gesamterziehung (§§ 91, 92 JGG) durch weitere Straftaten die Gemeinschaftsordnung stören wird." (BGHSt 11, 170; 16, 261; BGH, StV 1992, 431; NStZ-RR 2002, 20; ZJJ 2009, 261 [262])

Wie verstehen wir aber, wenn wir uns an den Wortlaut der Norm halten wollen, den Begriff der Neigungen? Schöch (in: Meier et al. 2007, 216 ff.) scheint relativ unkritisch damit umzugehen. Einerseits weist er darauf hin, dass hier nicht nur Konflikt- oder Gelegenheitstaten gemeint sein dürften, andererseits will er auch dem verfassungsrechtlichen Grundsatz der Verhältnismäßigkeit Genüge tun und verlangt wie das LG Gera, dass beim Täter eine Rückfallgefahr für erhebliche Straftaten vorliegen muss (LG Gera, DVJJ-Journal 1998, 282).

Aufhellung bringt uns aber ein Blick in den Kommentar von Eisenberg, der auf die Historie des Begriffes der schädlichen Neigung eingeht.

Bei der Frage der Bemessung der Jugendstrafe von unbestimmter Dauer war bereits in § 12 Abs. 1 Satz 1 des österreichischen Gesetzes über die Behandlung junger Rechtsbrecher v. 18.7.1927 die schädliche Neigung ein wesentliches Tatbestandmerkmal. Durch VO des Reichsjustizministers über die unbestimmt Verurteilten vom 10.9.1941 (RGBl. I 567) wurden die „schädlichen Neigungen" in das deutsche Jugendstrafrecht eingeführt und im RJGG 1943 beibehalten, als selbstständige Voraussetzung zur Verhängung von Jugendstrafe in das JGG (§ 4) eingefügt (Eisenberg 2010a, § 17 Rn. 19).

Das Tatbestandsmerkmal begegnet daher unserer Skepsis („der Schädling"), es ist disponibel und mit den Kategorien einer modernen Sozialwissenschaft nicht in Einklang zu bringen. Im Jugendstrafprozess werden Sie vielleicht auf die Geschichte hinweisen können, aber Sie müssen mit der Norm arbeiten, wenn der Jugendrichter und das Jugendamt Sie nicht auf Dauer ausschließen soll.

Nach h. M. kommt es beim Vorliegen von schädlichen Neigungen nicht auf die Entstehungszusammenhänge an (BHGSt 11, 169, 170). Dies ist aber rechtsstaatlich höchst zweifelhaft, denn die Jugendstrafe ist auch immanent betrachtet eine repressive Maßnahme, für deren Begründung es auf die Entstehungszusammenhänge ankommen muss und § 46 StGB nicht suspendiert werden kann. Interessant ist es, bei Eisenberg (2010a) nachzulesen, der ausführlich darstellt, dass die Jugendstrafe wegen schädlicher Neigungen eigentlich, sachlich einer Maßregel der Besserung und Sicherung gleichkommt. Tatsächlich wird Jugendstrafe derzeit aber überwiegend wegen „schädlicher Neigungen" verhängt (Meier 2003, 73 f.).

Die Rechtsprechung verlangt die Feststellung von Persönlichkeitsmängeln, die schon vor der Tat bestanden haben müssen (BGHSt 16, 26 f., BGH, NStZ 1984, 413). Bei der Entscheidung müssen sie noch vorliegen, können sich aber aufgelöst haben, wenn – wie Schöch (in: Meier et al. 2007) hervorhebt – z. B. sich der Täter von der Gruppe gelöst hat, in der die Straftaten begangen worden sind, oder der Täter „geläutert erscheint" (BGH, NStZ 1997, 481), sich z. B. mithilfe der Jugendgerichtshilfe einer systemischen oder psychoanalytischen Therapie unterzieht und aufdeckt, woher seine Wut und seine Aggressionen in der Kindheit kommen. In der Regel sollen sich schädliche Neigungen nur bejahen lassen, wenn bereits frühere Straftaten gegen den Jugendlichen eingeleitet worden sind.

Eisenberg (2010a) führt uns in der Sozialen Arbeit auf das Problem der Definition, der Abgrenzung, der inhaltlichen Findung von anderen Kategorien bzw. Tatbestandsmerkmalen oder „Einweisungsindikationen". Schädliche Neigung soll enger sein, als Verwahrlosung oder die Erziehungsindikation für Maßnahmen nach §§ 12 JGG, 34 SGB VIII.

In der Tat müssen die schädlichen Neigungen hervorgetreten sein, die Tat muss Ausfluss der schädlichen Neigung sein, dies soll nach BGH für jede einzelne Tat geprüft werden. Die Feststellung z. B. „kriminelle Abenteuerlust" für einen Tatkomplex reicht nicht (Eisenberg 2010a, § 17 Rn. 6 ff.).

## 2.    Schwere der Schuld

Die Voraussetzungen der „Schwere der Schuld" sollen sich unter Einbeziehung der Tatmotivation, in erster Line nach der jeweiligen Form der (Einzeltat-)Schuld und dem Grad der Schuldfähigkeit bestimmen.

Rechtsprechung und Literatur akzeptieren hier, dass der sonst vorherrschende Grundgedanke der Erziehung in den Hintergrund tritt. Andererseits will der BGH dies dadurch einschränken, dass er die Verhängung von Jugendstrafe allein wegen „Schwere der Schuld" in der Regel nur dann zulassen will, wenn dies aus erzieherischen Gründen erforderlich ist (BGHSt 15, 224; 16, 261; BGH bei Holtz, MDR 1982, 625). Die Begründung für die Schwere der Schuld divergiert erheblich.

Entgegen Schaffstein/Beulke (2002, § 23, 3) ist sich die Literatur weitgehend einig, dass generalpräventive Gründe, der Gesichtspunkt der Abschreckung anderer oder die Stärkung des Rechtsbewusstseins der Bevölkerung weder bei der Verhängung noch bei der Bemessung der Jugendstrafe eine Rolle spielen.

Der 18-jährige Sven, seit Jahren in einer Skinheadgruppe, wird wegen gefährlicher Körperverletzung nach einer Demo zu einer Jugendstrafe von zwei Jahren verurteilt. Zwar sei Sven seither strafrechtlich nicht in Erscheinung getreten, aber die Stärkung des Rechtsbewusstseins, die besondere Verantwortung Deutschlands in Bezug auf rechtsradikale Strömungen und die Abschreckung potenzieller Täter geböten diese Strafe.

Eine so begründete Entscheidung wäre unter dem Gesichtspunkt der §§ 17 Abs. 2, 18 Abs. 2, 21 Abs. 1 JGG in der Revision aufzuheben.

Die jüngere Rechtsprechung des BGH (BGH, StV 2009, 93 ff.) stellt wieder verstärkt auf den Erziehungsgedanken ab und will dem äußeren Unrechtsgehalt der Tat keine selbstständige Bedeutung zumessen (dazu aber BGH, NStZ 2009, 450; zum Einfluss des Erziehungsgedankens auf die Verhängung und Bemessung der Jugendstrafe vgl. BGH, NStZ-RR 2010, 88; NStZ-RR 2010, 290 f.).

Dennoch finden in die Begründungen immer wieder und auch durchaus von der Literatur verteidigte Aspekte einer positiven Generalprävention Eingang in die Entscheidungen, sei es, dass vom „allgemeinen Gerechtigkeitsgefühl" (Schaffstein) oder vom „Vergeltungsbedürfnis der Allgemeinheit" (Böhm) die Rede ist. Letztlich ist das Tatbestandsmerkmal oder der Strafgrund generalpräventiv besetzt (auch KG, StV 2009, 91)

## C.    Dauer und Bemessung der Jugendstrafe

Während im Erwachsenenstrafrecht der Strafrahmen deliktspezifisch bestimmt ist, wird im Jugendstrafrecht ein allgemeiner Strafrahmen normiert.

- In der Regel beträgt er bei Jugendlichen sechs Monate bis fünf Jahre (§ 18 Abs. 1 Satz 1 JGG).
- Bei schweren Verbrechen zehn Jahre (§ 18 Abs. 1 Satz 2 JGG), z. B. Mord, Totschlag, Raub, Vergewaltigung.
- Bei Heranwachsenden beträgt das Höchstmaß generell zehn Jahre (§ 105 Abs. 3 JGG).

Auffällig ist, dass zum allgemeinen Strafrecht (ein Monat), die Mindeststrafe im Jugendstrafrecht sechs Monate beträgt. Die Auffälligkeit findet ihren Grund im erzieherischen Anspruch der Strafe, dem historischen Kampf gegen die kurze Freiheitsstrafe. Nun besteht so etwas wie eine Straflücke zwischen dem vierwöchigen Jugendarrest und der sechsmonatigen Freiheitsstrafe. Die Hoffnung der Strafpolitiker besteht darin, dass die Hürde zur Verhängung von Jugendstrafe beim Richter höher sei. Ob dies bei allen der Fall ist, kann man bezweifeln und ruft nach empirischer Überprüfung.

Im allgemeinen Strafrecht soll die Schuld des Täters die Grundlage der Strafzumessung sein (§ 46 StGB). Im Jugendstrafrecht soll Erziehung, erzieherische Einwirkung das Kriterium für die Dauer sein (§ 18 Abs. 2 JGG). Das setzt voraus, dass in der Strafhaft Erziehung stattfindet, stattfinden kann, dass jugendliche Straftäter erziehungsfähig oder erziehungswillig sind und dass es erziehungsbefähigtes Personal gibt. Zunächst einmal zu viele Voraussetzungen für eine aussichtslose Position. Der BGH hat darüber hinaus (s. o.) hervorgehoben, dass auch bei der Verhängung wegen „Schwere der Schuld" der Erziehungsgedanke berücksichtigt werden müsse. Hier befindet sich das Jugendstrafrecht in einem besonderen Dilemma. Es gibt trotz zahlreicher Versuche m. E. keinen eigenen kriminalpolitischen Erziehungsbegriff.

## D.    Die Aussetzung zur Bewährung

Das JGG kennt mehrere Bewährungsstrafen: Die Aussetzung der Verhängung der Jugendstrafe, die Aussetzung der Vollstreckung der Jugendstrafe zur Bewährung sowie die Strafrestaussetzung zur Bewährung. Auf richterlicher Rechtsfortbildung beruht die sogenannte Vorbewährung. In den gesetzlich geregelten Fällen ist die Unterstellung unter die Aufsicht und die Leitung eines Bewährungshelfers (§ 24 JGG) während einer vom Richter zu bestimmenden Bewährungszeit von maximal drei (§ 22 JGG) bzw. zwei Jahren (§ 28 JGG) obligatorisch. Weisungen sollen und Auflagen können erteilt werden (§ 23 JGG).

1. Die Aussetzung der Verhängung der Jugendstrafe kommt in Betracht, wenn

„nach Erschöpfung der Ermittlungsmöglichkeiten nicht mit Sicherheit beurteilt werden [kann], ob in der Straftat eines Jugendlichen schädliche Neigungen von einem Umfang hervorgetreten sind, dass eine Jugendstrafe erforderlich ist" (§ 27 JGG);

der Richter kann dann die Schuld des Jugendlichen feststellen, die Entscheidung über die Verhängung der Jugendstrafe aber für eine von ihm zu bestimmende Zeit zur Bewährung aussetzen (Eisenberg 2010a, § 27 Rn. 9).

2.  Die Vollstreckung einer Jugendstrafe von nicht mehr als zwei Jahren kann bei günstiger Sozialprognose ("wenn zu erwarten ist, dass der Jugendliche sich schon die Verurteilung zur Warnung dienen lassen und auch ohne die Einwirkung des Strafvollzugs unter der erzieherischen Einwirkung in der Bewährungszeit künftig einen rechtschaffenen Lebenswandel führend wird") zur Bewährung ausgesetzt werden (§ 21 JGG; im Einzelnen Eisenberg 2010a, § 21).

3.  Ferner kann die Vollstreckung des Restes der Jugendstrafe zur Bewährung ausgesetzt werden (§ 88 JGG).

4.  Die durch richterliche Rechtsfortbildung entwickelte sogenannte Vorbewährung im Sinne von § 57 JGG ist schließlich eine weitere Form einer Bewährungssanktion. Danach zögert das Gericht die endgültige Aussetzungsentscheidung für einige Monate hinaus und unterstellt den Jugendlichen vorläufig der Bewährungshilfe, um im Falle der Bewährung die endgültige Aussetzung nach § 21 JGG zu beschließen.

Das klingt kompliziert und im Ergebnis ist es das auch, dem Jugendgericht werden zahlreiche Alternativen an die Hand gegeben, die allesamt aber deutlich machen, dass die Verhängung der Jugendstrafe ultima ratio sein soll. Selbst wenn eine Verurteilung zu Jugendstrafe erfolgt, bietet das Gesetz noch zahlreiche Möglichkeiten, den Jugendlichen und Heranwachsenden vor dem Jugendstrafvollzug zu bewahren. Dabei kommt der Bewährungshilfe eine besondere Bedeutung zu.

Die Unterstellung eines zu Jugendstrafe verurteilten Jugendlichen und Heranwachsenden unter die Aufsicht und die Leitung eines Bewährungshelfers während der Bewährungszeit (zugleich Definition der Bewährungshilfe) kommt in drei Fällen in Betracht:

- ▨ bei der Strafaussetzung zur Bewährung (§§ 21, 24 JGG)
- ▨ bei der Aussetzung der Verhängung der Jugendstrafe (§§ 27, 27 JGG)
- ▨ im Anschluss an die Entlassung nach Teilverbüßung der Strafe (§ 88 Abs. 1 und 3).

Im JGG finden wir nur eine institutionelle Regelung in § 113 JGG, wonach für den Bezirk eines Jugendgerichtes mindestens ein hauptamtlicher Bewährungshelfer anzustellen sei.

## II. Die U-Haft

### A. Voraussetzungen

Gehen wir davon aus, dass ein Verfahren nicht durch Diversion erledigt wird, dass darüber hinaus ein allgemeiner Haftgrund vorliegt, das Jugendstrafverfahren aber gesichert werden soll, so prüft der Haftrichter zunächst die Voraussetzungen des § 112 Abs. 1 StPO. Er muss zunächst bejahen, dass ein dringender Tatverdacht vorliegt (1.), ob Haftgründe vorliegen, wie z. B. Flucht-, Verdunkelungs- oder Wiederholungsgefahr (jüngere Rechtsprechung KG, StV 2009, 83 f. OLG Braunschweig, StV 2009, 84), insbesondere aber Fragen der Verhältnismäßigkeit, deren Definition bereits umstritten ist, im Haftrecht darüber hinaus die Frage diskutiert wird, ob es sich um eine materiell-inhaltliche Voraussetzung handelt oder aber um einen Haftausschließungsgrund (Ostendorf 2009a Rn. 118).

In 90 % aller Haftsachen wird der Haftgrund der Fluchtgefahr angenommen, bei Jugendlichen und Heranwachsenden muss berücksichtigt werden, dass ihre Fluchtmöglichkeiten, weil ihre sozialen Beziehungen noch weniger entwickelt sind, geringer sind und wegen § 72 Abs. 2 JGG erhöhte Voraussetzungen für die Annahme von Fluchtgefahr verlangt werden müssen.

Insbesondere der Haftgrund der Verdunkelungsgefahr ist in der Praxis häufig zu einer Beugehaft verkommen. Zu schnell und zu häufig wird in der Bundesrepublik U- Haft verhängt (Ostendorf 2009a, Rn. 119; Nix 1992, 445, Dünkel 1990, 363), auch Heisig (2010, 177 f.) hat in Ihrer Denkschrift sich für Alternativen zur U-Haft ausgesprochen, die

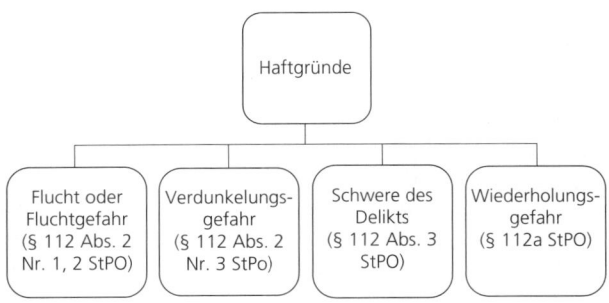

Abb. 5: Haftgründe

im JGG ja existieren, nur in der Praxis zu wenig entwickelt oder angeordnet werden.

Zender (1998, 143) kommt zu dem Ergebnis, dass in den von ihm untersuchten Fällen 94 % der männlichen und 85 % der weiblichen Beschuldigten, die in U-Haft waren, Haftstrafen erhalten, davon jedoch der überwiegende Anteil zur Bewährung ausgesetzt wird. Wie beim Erwachsenenvollzug der U-Haft, so ist auch bei Jugendlichen diese nicht ausreichend gesetzlich geregelt. Der Gesetzeszustand war über Jahrzehnte hinweg verfassungswidrig (Ostendorf 2009b Rn. 127; Sondervotum Hirsch, B VerfGE 57, 183).

Der Vollzug der Untersuchungshaft war früher in § 119 StPO und § 177 StVollzG geregelt, die für Jugendliche durch § 93 JGG modifiziert wurden. Seit der Föderalismusreform liegt jedoch nur noch die Zuständigkeit in Verfahrensfragen beim Bund. Für die Ausgestaltung des Vollzuges sind nun die Länder zuständig. Davon haben bis jetzt einige Bundesländer Gebrauch gemacht, so auch Baden-Württemberg, Niedersachsen, Hamburg und Bremen.

Vor allem Seebode (1985) und Kamann (2009) haben darauf hingewiesen, dass im Jugendstrafrecht apokryphe Haftgründe häufig sehr entscheidend seien. Damit ist gemeint, dass Fluchtgefahr häufig nicht real vorhanden ist, sondern die Befürchtung vor Wiederholungsgefahr, die aber vom Haftrichter nicht hinreichend begründet werden kann (§ 112a StPO).

Wichtig ist die in § 72a JGG begründete Pflicht, die JGH unverzüglich von der Vollstreckung eines Haftbefehls zu unterrichten, besser unmittelbar nach der vorläufigen Festnahme von Jugendlichen und Heranwachsenden (Ostendorf 2009a, Rn. 122). Sie hat auch die Aufgabe, Alternativen zur U-Haft aufzuzeigen.

## B.   Alternativen zur U-Haft

Der Richter kann bis zur Rechtskraft des Urteils vorläufige Anordnungen über die Erziehung des Jugendlichen treffen, besser noch Leistungen nach dem SGB VIII anregen. Zu denken ist an eine Betreuungsweisung nach § 10 Abs. 1 JGG oder soziale Trainingskurse als ambulante Angebote. Jedoch müssen die Angebote freiwillig erfüllt und nicht erzwungen werden, daher scheidet jede Form von Arrest aus (Eisenberg 2010a, § 71 Rn. 3), ebenso die zwangsweise Heimeinweisung (so auch Ostendorf 2009a, Rn. 123). Die Einweisung in eine Familie oder Wohngemeinschaft ist die nach § 71 Abs. 1 JGG typische Einweisungsform. Die Vorschrift führt in der Praxis allerdings ein Schattendasein.

Gemäß § 71 Abs. 2 JGG ist als vorläufiger Maßnahme und damit als klassische Alternative zur U-Haft der „Unterbringungsbefehl" in einem geeigneten Heim der Jugendhilfe der Vorzug zu geben.

## III.    Die Sicherungsverwahrung

1. Die Sicherungsverwahrung stellt eine so genannte Maßregel der Besserung und Sicherung dar. Sie ist damit zwar im rechtstechnischen Sinne keine Strafe, tatsächlich aber eine der härtesten Eingriffe, die unser Recht kennt. Die Sicherungsverwahrung soll die Anderen vor dem Einen schützen. Aus diesem Grund sieht sie vor, dass verurteilte Täter auch nach Verbüßung der gesamten Strafe weiter in einer geschlossenen Einrichtung „eingesperrt" bleiben.

Die Sicherungsverwahrung ist ein Rechtsinstitut, das ursprünglich nur im Erwachsenenstrafrecht zur Anwendung kam und dazu führt, dass ein Verurteilter unabhängig etwa von einer psychischen Krankheit auch dann in einer geschlossenen Einrichtung untergebracht werden kann, wenn er seine Strafe längst verbüßt hat. Voraussetzung ist, dass von ihm weiterhin eine Gefahr ausgeht. Die Anwendbarkeit der Sicherungsverwahrung wurde in den vergangenen Jahren vor dem Hintergrund einer fortwährenden Steigerung des Sicherheitsdenkens in Gesellschaft und Politik ausgedehnt und zuletzt auch auf Heranwachsende und Jugendliche erstreckt. Diese Entwicklung erfuhr eine Zäsur zum 1.1.2011 aufgrund des Gesetzes zur Neuordnung des Rechts der Sicherungsverwahrung und zu begleitenden Regelungen vom 22.12.2010 (BGBl. I, 2300). Diese „Neuordnung" ist nur verständlich unter Berücksichtigung der jüngeren gesetzgeberischen Schritte seit dem Jahr 1998.

2. Die Unterbringung in der Sicherungsverwahrung (nach Verbüßung der eigentlichen Strafe) musste ursprünglich in dem Urteil, in dem die Strafe verhängt wurde, ausgesprochen werden. Ihre Dauer war bei erstmaliger Unterbringung in Sicherungsverwahrung auf höchstens zehn Jahre befristet, danach musste der Verurteilte zwingend aus der Sicherungsverwahrung entlassen werden. Diese Beschränkungen zugunsten der Verurteilten wurden in den vergangenen Jahren auf verschiedene Weise aufgehoben:

Zunächst wurde die Anordnung der Sicherungsverwahrung erleichtert und ihre Höchstfrist mit Wirkung vom 31.1.1998 gestrichen (durch das Gesetz zur Bekämpfung von Sexualdelikten und anderen gefährlichen Straftaten vom 26.1.1998 [BGBl. I, 160]; dazu Schöch 1998, 1257 ff.; krit. zur Rückwirkung der Regelungen Ullenbruch 1998, 326 ff.). Gemäß § 67d Abs. 3 StGB erfolgt eine Entlassung nach zehn Jahren nur noch, „wenn nicht die Gefahr besteht, dass der Untergebrachte infolge seines Hanges erhebliche Straftaten begehen wird, durch welche die Opfer seelisch oder körperlich schwer geschädigt werden". Dies gilt seither auch für solche Betroffenen, die bei Beginn der Unterbringung aufgrund der damaligen Gesetzesfassung davon ausgehen durften, dass sie spätestens nach zehn Jahren entlassen würden. Diese rückwirkende Verschlechterung wurde vom BVerfG als verfassungskonform angesehen (BVerfG, NJW 2004, 739 ff.).

Eine Sicherungsverwahrung war jedoch gleichwohl ausgeschlossen, wenn die Gefährlichkeit eines Verurteilten erst nach Rechtskraft eines Urteils offenbar wurde, sie also nicht schon im Urteil, mit dem eine Strafe verhängt wurde, angeordnet werden konnte, weil noch nicht sicher oder gar nicht festgestellt werden konnte, ob ein Täter infolge eines Hanges zu erheblichen Straftaten, namentlich zu solchen, durch welche die Opfer seelisch oder körperlich schwer geschädigt werden oder schwerer wirtschaftlicher Schaden angerichtet wird, für die Allgemeinheit gefährlich ist (§ 66 Abs. 1 Satz 1 Nr. 3 StGB a. F.). Anhaltspunkte hierfür können insbesondere zwar durchaus erst während der Verbüßung einer Haftstrafe zutage treten; jedoch sah die frühere Rechtslage keine Möglichkeit vor, in solchen Fällen Sicherungsverwahrung anzuordnen.

Der Gesetzgeber hat dann zunächst mit Wirkung ab dem 28.08.2002 (durch das Gesetz zur Einführung der vorbehaltenen Sicherungsverwahrung vom 21.8.2002, BGBl. I, 3344) die so genannte „vorbehaltene" Sicherungsverwahrung (§ 66a StGB a. F.) und anschließend mit Wirkung ab dem 29.7.2004 (durch das Gesetz zur Einführung der nachträglichen Sicherungsverwahrung vom 23.7.2004, BGBl. I, 1838) die „nachträgliche" Sicherungsverwahrung (§ 66b StGB a. F.) eingeführt. Diese Regelungen ermöglichten es, auch nach einer rechtskräftigen Verurteilung einen Täter zusätzlich zur Unterbringung in der Sicherungsverwahrung zu verurteilen.

Rechtspolitisch waren die Maßregel der Sicherungsverwahrung generell und erst recht die Verschärfungen der letzten Jahre stets höchst umstritten. Der nicht zuletzt durch die Massenmedien und insbesondere deren plakative Darstellung von Einzelfällen hergestellte Eindruck, es bestünden „unerträgliche" Sicherheitsdefizite, führte jedoch dazu, dass rechtsstaatliche wie rechtspolitische Kritik an der Ausdehnung der Sicherungsverwahrung bei den politischen Instanzen der Gesetzgebung kein Gehör fanden.

3. Dies änderte sich schlagartig, als der Europäische Gerichtshofs für Menschenrechte in seinem Urteil vom 17.12.2009 (EGMR, NJW 2010, 2495 ff.), feststellte, dass die BRD betreffend den deutschen Beschwerdeführer, der sich mehr als zehn Jahre in Sicherungsverwahrung befand, durch die Aufhebung der Befristung der Sicherungsverwahrung im Jahr 1998 gegen Art. 5 Abs. 1 und Art. 7 Abs. 1 EMRK verstoßen hat (erneut bestätigt der EGMR seine Auffassung in vier Urteilen vom 13.1.2011: Kallweit ./. Deutschland – 17792/07 – Mautes ./. Deutschland – 20008/07 – Schummer ./. Deutschland (27360/04 und 42225/07). Anders als das BVerfG schloss sich der EGMR der deutschen dogmatischen Differenzierung zwischen Kriminalstrafe einerseits und Maßregel der Besserung und Sicherung anderseits nicht an. Vielmehr beurteilte das Straßburger Gericht die Sicherungsverwahrung nach ihrem tatsächlichen Charakter – und der kommt eben einer Strafe im Sinne des Art. 7 Abs. 1 EMRK gleich. Hierfür gibt es durchaus überzeugende Argumente: So wird die praktische Wesensgleichheit von Freiheitsstrafen- und Sicherungsverwahrungsvollzug schon an den spärlichen Vorschriften für letztere deutlich, die im Strafvollzugsgesetz des Bundes praktisch die Normen des Strafvollzugs allgemein für die Sicherungsverwahrung für anwendbar erklären (§ 130 StVollzG) und sich ansonsten im Wesentlichen auf das Recht zur Nutzung eigener Kleidung und von Bettwäsche beschränken (§ 132 StVollzG). Daraus wird klar, dass der Gesetzgeber bisher keinerlei Bewusstsein dafür entwickelt hat, dass die Sicherungsverwahrung angesichts der Rechte der Betroffenen etwas anderes sein soll und sein muss als Strafhaft. Insofern ist es nur konsequent, dass der EGMR die deutsche in der Theorie vielleicht nachvollziehbare, in der Praxis aber unbedeutsame und daher geradezu „künstliche" Unterscheidung zwischen Strafe und Maßregel für unbeachtlich erklärt hat. Wer bis zum Lebensende ohne Perspektive eingesperrt wird, für den ist es nämlich gleichgültig, ob über der Zelle „Strafe" oder „Maßregel" steht.

Damit war klar, dass die Fortdauer der Sicherungsverwahrung über zehn Jahre hinaus konventionswidrig war, denn sie erfolgte ohne richterliche Entscheidung, weil die Höchstdauer der Sicherungsverwahrung im Zeitpunkt des Strafurteils (1986) auf zehn Jahre beschränkt war;

rechtlich war dem Verurteilten nur eine Unterbringungsdauer von maximal zehn Jahren auferlegt worden. Die Verlängerung der Unterbringung über zehn Jahre hinaus war somit eine Strafverschärfung gegenüber dem Zeitpunkt der Tatbegehung und diese ist durch die EMRK verboten. Das Verbot solcher Strafverschärfung nach Tatbegehung gilt im Übrigen auch gemäß § 103 Abs. 2 GG; für das BVerfG spielte dies aber keine Rolle, denn aus seiner Sicht ist (bisher) die Sicherungsverwahrung als Maßregel eben keine Strafe im Sinne des GG (zu den Folgen s. sogleich unter 5.)

4. Vor dem Hintergrund der Sicherheitsdoktrin des Erwachsenenstrafrechts vollzog sich auch eine Paralleldiskussion betreffend das Jugendstrafrecht. Es wurde die durchaus plausible Auffassung vertreten, dass auch von Jugendlichen und Heranwachsenden nach Verbüßung einer Jugendstrafe gleiche Gefahren ausgehen könnten wie von Erwachsenen; im Jugendstrafrecht war die Unterbringung in Sicherungsverwahrung jedoch gesetzlich ausgeschlossen (§ 106 Abs. 1 JGG a. F.). Dies wurde zunächst für Heranwachsende infrage gestellt, denn „Fälle mit schwerwiegenden Gewalttaten von Heranwachsenden" hätten gezeigt, dass dies dem Sicherheitsinteresse der Allgemeinheit nicht vollständig entspricht.

„Bei einzelnen besonders gefährlichen frühkriminellen Hangtätern, die sich nicht mehr wie Jugendliche in einem der positiven Beeinflussung leichter zugänglichen Entwicklungsstadium befinden und die deshalb auch im Übrigen strafrechtlich wie Erwachsene behandelt werden, sollte zum besseren Schutz der Bevölkerung zwar nicht die sofortige Anordnung der Sicherungsverwahrung nach § 66 StGB, jedoch nötigenfalls deren Vorbehalt möglich sein" (so der Bericht des Rechtsausschuss des Bundestages zum Entwurf eines Gesetzes zur Änderung der Vorschriften über die Straftaten gegen die sexuelle Selbstbestimmung und zur Änderung anderer Vorschriften, BT-Drs. 15/1311, 25).

Daher wurde das Institut der vorbehaltenen Sicherungsverwahrung mit Wirkung ab dem 1.4.2004 (durch Art. 4a des vorbezeichneten Gesetzes vom 27.12.2003, BGBl. I, 3007) auch im Jugendstrafrecht kodifiziert, dabei jedoch die Anwendung auf Heranwachsende beschränkt, die nach allgemeinem Strafrecht verurteilt worden sind (§ 106 Abs. 3, 4 JGG).

Die Sicherheitsideologie, die die rechtspolitische Diskussion des beginnenden 21. Jahrhunderts beherrscht, konnte dabei jedoch nicht stehen bleiben. Es war nur eine Frage der Zeit, bis deren Befürworter auch bei Anwendung des Jugendstrafrechts die Möglichkeit der Sicherungsverwahrung in Gesetzesform gegossen haben würden. So geschah es denn auch ab dem 12.7.2008, als der Gesetzgeber gegen Stellungnahmen der Wissenschaft (Eisenberg 2007, 1143 ff.; Ullenbruch 2008, 2609 ff.) durch das Gesetz zur Einführung der nachträglichen Sicherungsverwahrung bei Verurteilungen nach Jugendstrafrecht (vom 8. Juli 2008, BGBl. I, 1212) in § 7 Abs. 2–4 JGG die nachträgliche Anordnung der Sicherungsverwahrung einführte. Die Bundesregierung formulierte zur Begründung ihres entsprechenden Entwurfs, „Beispiele der jüngeren Vergangenheit" hätten gezeigt, „dass auch junge Straftäter trotz Verbüßung einer mehrjährigen Jugendstrafe wegen schwerer Verbrechen weiterhin in hohem Maße für andere Menschen gefährlich sein können". Konkret ist bisher aber nur ein Fall bekannt geworden, der auch praktischer Anlass war, diese Regelung zu schaffen (siehe sogleich).

Eine primäre, gleich bei der Verurteilung zur Jugendstrafe auszusprechende Anordnung von Sicherungsverwahrung ist damit weiterhin nicht möglich (§§ 7 Abs. 1 und 106 Abs. 3 JGG). Die nachträgliche Anordnung kommt nunmehr unter zwei Alternativen in Betracht:

Zum einen ist sie gemäß § 7 Abs. 2 JGG möglich im Falle einer Verurteilung zu einer Jugendstrafe von mindestens sieben Jahren (auch) wegen eines Verbrechens gegen das Leben, die körperliche Unversehrtheit oder die sexuelle Selbstbestimmung oder wegen Raubdelikten (§§ 251, 252, 255 StGB). Durch die Tat muss das Opfer seelisch oder körperlich schwer geschädigt oder einer solchen Gefahr ausgesetzt worden sein. Wenn dann vor Ende des Vollzugs dieser Jugendstrafe Tatsachen erkennbar werden, die auf eine erhebliche Gefährlichkeit des Verurteilten für die Allgemeinheit hinweisen, kann die Sicherungsverwahrung angeordnet werden, wenn

„die Gesamtwürdigung des Verurteilten, seiner Tat oder seiner Taten und ergänzend seiner Entwicklung während des Vollzugs der Jugendstrafe ergibt, dass er mit hoher Wahrscheinlichkeit erneut Straftaten der vorbezeichneten Art begehen wird" (s. krit. Eisenberg 2010a, § 7 Rn. 30).

Zum anderen ist gemäß § 7 Abs. 3 JGG die Anordnung der nachträglichen Sicherungsverwahrung auch dann möglich, wenn wegen der in Absatz 2 genannten Tagen zunächst die nach § 7 Abs. 1 JGG seit jeher mögliche Unterbringung in einem psychiatrischen Krankenhaus (§ 63

StGB) angeordnet worden war. Wird diese Unterbringung sodann für erledigt erklärt, hat der Gesetzgeber die Unterbringung in der Sicherungsverwahrung zugelassen, wenn

- die Unterbringung im psychiatrischen Krankenhaus wegen mehrerer Taten nach Absatz 2 angeordnet wurde oder
- wenn der Betroffene wegen einer oder mehrerer solcher Taten, die er vor der zur Unterbringung im psychiatrischen Krankenhaus führenden Tat begangen hat, schon einmal zu einer Jugendstrafe von mindestens drei Jahren verurteilt oder in einem psychiatrischen Krankenhaus untergebracht worden war.

Gleichzeitig muss entsprechend auch hier die Gesamtwürdigung des Betroffenen, seiner Taten und ergänzend seiner Entwicklung während des Vollzugs der Unterbringung im psychiatrischen Krankenhaus ergeben, dass er mit hoher Wahrscheinlichkeit erneut Straftaten der in Absatz 2 bezeichneten Art begehen wird.

Zuständig für die Entscheidung, ob die nachträgliche Sicherungsverwahrung angeordnet wird, ist nach § 81a Abs. 1 JGG (vor dem 1.1.2011: § 7 Abs. 4 Satz 1 JGG) in Verbindung mit § 74f Abs. 2 GVG die Jugendkammer des Landgerichts.

5. Das Verdikt des EGMR vom 17.12.2009 (s. o. 3.) erzeugte enormen Druck auf den Gesetzgeber. Einerseits stand aus rechtlicher Sicht fest, dass in Deutschland eine Gesetzeslage bestand, die gegen die EMRK verstößt. Faktisch ergab sich die Problematik, dass Straftäter, die nach sachverständiger Einschätzung noch als gefährlich anzusehen sind, aus der Sicherungsverwahrung entlassen werden müssen. Im Rahmen der damit in kurzer Frist zu schaffenden Reformen geriet auch die Ausgestaltung der Sicherungsverwahrung allgemein wieder in die Diskussion. Letztlich mündete diese in das bereits zitierte Gesetz zur Neuordnung des Rechts der Sicherungsverwahrung und zu begleitenden Regelungen vom 22.12.2010 (BGBl. I, 2300), das laut seiner Begründung drei Zielrichtungen verfolgt: Konsolidierung der primären Sicherungsverwahrung (§ 66 StGB), Ausbau der vorbehaltenen Sicherungsverwahrung (§ 66a StGB) und Beschränkung der nachträglichen Sicherungsverwahrung (§ 66b StGB). Wegen des Regelungsgehalts im Einzelnen muss auch hier auf die Gesetzeslektüre verwiesen werden, die durch die neu eingeführte Gliederung deutlich an Übersichtlichkeit und Verständlichkeit gewonnen hat.

Parallel hierzu wurde das „Gesetz zur Therapierung und Unterbringung psychisch gestörter Gewalttäter (Therapieunterbringungsgesetz – ThUG, ebenfalls vom 22.12.2010, BGBl. I, 2305) erlassen, das speziell für solche Verurteilte gilt, die wegen der seitens des EGMR als konventionswidrig erachteten Rückwirkung der nachträglich ermöglichten oder verlängerten Unterbringung nicht (länger) in Sicherungsverwahrung untergebracht bleiben dürfen, aber an einer psychischen Störung leiden und deshalb „mit hoher Wahrscheinlichkeit das Leben, die körperliche Unversehrtheit, die persönliche Freiheit oder die sexuelle Selbstbestimmung einer anderen Person erheblich beeinträchtigen" werden (die Voraussetzungen der Unterbringung sind in § 1 ThUG definiert); zuständig für die Unterbringungsentscheidung ist nicht ein Strafgericht, sondern eine immer mit drei Richtern entscheidende Zivilkammer des Landgerichts (§ 4 ThUG). Damit gelten für diese Unterbringung, die eben der Therapierung und nicht der Bestrafung oder strafähnlichen Behandlung dienen soll, andere Verfahrensregeln als im Strafprozess, nämlich die des ThUG und des FamFG (auf deren Lektüre an dieser Stelle verwiesen werden muss).

6. Überraschender Weise hat es der Gesetzgeber nicht für erforderlich erachtet, auch im Bereich des JGG zentrale Änderungen entsprechend der Zielsetzungen der Neuordnung der Sicherungsverwahrung für Erwachsene vorzunehmen. Insbesondere gilt dies für die nachträgliche Sicherungsverwahrung (§ 7 Abs. 2 JGG), deren Anwendungsbereich für Erwachsene weitgehend eingeschränkt worden ist: Sie kann hier nur noch dann angeordnet werden, wenn ein Täter gemäß § 63 StGB in einem psychiatrischen Krankenhaus untergebracht war. Zu den Motiven für die Einschränkung findet sich in der Begründung des Gesetzentwurfs:

„Hinzu kommt, dass in den letzten Jahren verstärkt grundsätzliche Bedenken gegen dieses Instrument erhoben wurden. Kritisiert wird vor allem, dass dem geringen Anwendungsbereich der nachträglichen Sicherungsverwahrung nicht unerhebliche negative Auswirkungen auf die Vollzugspraxis für eine Vielzahl von Gefangenen gegenüberstünden. Denn alle Häftlinge, welche nur die formellen Voraussetzungen für eine Anordnung erfüllen, stünden aufgrund entsprechender Vorgaben der Verwaltung in den Vollzugseinrichtungen in der Regel unter besonderer Beobachtung (wegen des möglichen Auftretens von „Nova") und hätten zugleich häufig wenig Aussicht auf substanzielle, Vollzugslockerungen einschließende Entlassungsvorbereitungen. Dies führe nicht nur zu einer Belastung des Vollzugsklimas, sondern gefährde vor allem die Resozialisierung und Wiedereingliederung dieser Gefangenen, was sich für den Schutz der Allgemeinheit vor Rückfalltaten gerade als kontraproduktiv erweise.

Gleichzeitig mehren sich die Stimmen, dass die nachträgliche Sicherungsverwahrung Bedenken im Hinblick auf die Vorgaben der EMRK ausgesetzt sei. Es erscheint deshalb fraglich, ob die nachträgliche Sicherungsverwahrung auf lange Sicht in ihrer jetzigen Form ein erfolgversprechendes Instrument zum Schutz der Allgemeinheit vor gefährlichen Straftätern darstellt."

Warum diese Erwägungen nicht auch im Bereich des Jugendstrafrechts von Bedeutung sein sollen, leuchtet nicht unmittelbar ein, so dass auf den ersten Blick auch hier eine Einschränkung der Möglichkeiten zur nachträglichen Sicherungsverwahrung angezeigt hätten sein können. Freilich ist zentral zu beachten, dass das Jugendstrafrecht keine primäre Sicherungsverwahrung kennt, also die Anordnung der Unterbringung eines Jugendlichen oder Heranwachsenden in der Sicherungsverwahrung bereits im Strafurteil selbst ausgeschlossen ist (§§ 7 Abs. 1 und 106 Abs. 3 Satz 1 JGG). Auch die vorbehaltene Sicherungsverwahrung gilt nur für Heranwachsende. Daher verbleibt für Jugendliche nur noch die Möglichkeit der nachträglichen Sicherungsverwahrung. Solange der Gesetzgeber also bei der Auffassung bleibt, dass auch für jugendliche Straftäter die Unterbringung in der Sicherungsverwahrung erforderlich sein kann, aber gleichzeitig wegen der Entwicklung von Jugendlichen deren primäre Verhängung ausscheidet, besteht zu einer nachträglichen Entscheidung keine Alternative.

Allerdings sieht sich die nachträgliche Sicherungsverwahrung im Jugendstrafrecht den gleichen Bedenken ausgesetzt wie diejenige des Erwachsenenstrafrechts. Insbesondere treffen die Ausführungen des EGMR hier ebenso zu, so dass die Konventionswidrigkeit der nachträglichen Sicherungsverwahrung ebenso anzunehmen sein dürfte – jedenfalls für den bisher einzig bekannten Fall eines vom Landgericht Regensburg verurteilten Jugendlichen, der kurz vor Inkrafttreten des § 7 Abs. 2 JGG seine Jugend(höchst)strafe von zehn Jahren verbüßt hatte und entlassen worden wäre – wenn nicht der Gesetzgeber rechtzeitig und vor dem Hintergrund gerade dieses Falles die nachträgliche Sicherungsverwahrung im Jugendstrafrecht zum 12.7.2008 eingeführt hätte.

Hierzu ist auch die bisher einzige höchstrichterliche Entscheidung ergangen, nämlich des BGH vom 9.3.2010 (BGH, NJW 2010, 1539 ff.).

In diesem Urteil hat der BGH die nachträgliche Sicherungsverwahrung im Jugendstrafrecht ohne Abstriche gebilligt und in entscheidenden Punkten zulasten der Verurteilten interpretiert, was in der rechtswissenschaftlichen Literatur nicht zuletzt im Hinblick auf die zuvor dargestellte Entscheidung des EGMR vom 17.12.2009 durchweg Kritik hervorgerufen hat (Kreuzer 2010, 473 ff.; Kinzig, JZ 2010, 689 ff.; Eisenberg 2010b, 1507 ff.; Renzikowski 2010, 506 ff.; Bartsch 2010, 521 ff.). Zentraler Inhalt der Entscheidung ist zum Einen der Verzicht auf sogenannte „nova", also neue Tatsachen, die bei der zugrunde liegenden Verurteilung noch nicht bekannt waren. Zum anderen erfordere die Anordnung der Sicherungsverwahrung nicht den „Hang" des Betroffenen zu den genannten Anlasstaten.

Der BGH verneint auch einen Verstoß gegen Verfassungsrecht, zunächst im Hinblick auf das für Strafen geltende Rückwirkungsverbot (Art. 103 Abs. 2 GG) wie auch das Verbot der Doppelbestrafung (Art. 103 Abs. 3 GG). Dies beruht allerdings auf dem äußerst kurzen Verweis, dass die Sicherungsverwahrung keine „Strafe" im Rechtssinne darstelle, sondern eine präventive Schutzmaßnahme, auf die diese Garantien keine Anwendung fänden. Die fundamental entgegenstehende Entscheidung des EGMR wird in diesem Zusammenhang nicht erwähnt. Nur an anderer Stelle stellt der BGH die Unterschiede heraus zwischen dem von ihm zu entscheidenden Fall und der Konstellation des EGMR und verweist zudem darauf, dass die EMRK nur den Rang eines einfachen Bundesgesetzes habe und bei der Rechtsauslegung zu beachten sei. Dem stünden aber die Schutzansprüche potentieller Opfer gegenüber. Auch sonstiges Verfassungsrecht wie etwa das Gebot des Vertrauensschutzes wie auch das Verhältnismäßigkeitsprinzip sei angesichts der konkreten Ausgestaltung, insbesondere der erforderlichen Strafhöhe sowie der zu berücksichtigenden Taten, nicht verletzt.

Die zitierte Kritik der Literatur kann an dieser Stelle nicht wiederholt werden. Sie macht aber deutlich, dass die Ausgestaltung der Sicherungsverwahrung gerade auch im Jugendstrafrecht von höchster Brisanz und angesichts der divergierenden Auffassungen des EGMR und nicht zuletzt des BVerfG rechtlich keineswegs eindeutig bewertet werden kann. Die grundsätzlich als solche bestehende Spannungslage zwischen den Freiheitsgrundrechten des Betroffenen, der in Sicherungsverwahrung eingesperrt ist, und dem Sicherheitsinteresse des potentiellen Opfers, das sich einem Verbrechen bis hin zur Tötung gegenübersieht, lässt sich als solche nicht leugnen. Wegen des grundrechtlichen

Anspruchs auf Schutz durch den Staat aus Art. 2 Abs. 2 GG (Grosse-Brömer/Klein 2010, 172 ff.) erhält diese Konstellation verfassungsrechtliche Qualität, die auch durch ideologische Gewissheit nicht beseitigt werden kann. Es bedarf daher des Ausgleichs zwischen den widerstreitenden Grundrechtspositionen (Freiheit versus Sicherheit, die sich nicht erst anlässlich der Sicherungsverwahrungsdebatte feindlich gegenüberstehen), was mit Absolutheitspositionen angesichts der Notwendigkeit der grundrechtlichen Abwägung nicht zu erreichen sein dürfte. Zu allererst ist daher der parlamentarische Gesetzgeber aufgerufen, eine Entscheidung zu treffen, die die jeweiligen Interessen der Grundrechtsträger berücksichtigt. Dies kann in einzelnen Fällen auch dazu führen, dass außer einem haftgleichen Einsperren kein Schutzinstrument gegeben ist. Der Gesetzgeber bleibt angesichts des Freiheitsanspruchs und der konkreten Verbürgungen der EMRK aber aufgerufen, alternative Formen des Schutzes der Bevölkerung vor gefährlichen Straftätern zu suchen. Letztlich wird dies auf einen Verzicht auf die Sicherungsverwahrung bei Jugendlichen hinauslaufen müssen, wenn die Entscheidung des EGMR vom 17.12.2009 konsequent umgesetzt werden soll.

7. Für gleichwohl als gefährlich erachtete Straftäter ergeben sich zwei Handlungsalternativen, die der Gesetzgeber prinzipiell nunmehr auch aufgegriffen hat. Zum einen ist die Anwendung des ThUG eröffnet, die nicht auf Erwachsene beschränkt ist; dabei ist aber zu beachten, dass § 7 Abs. 2 JGG eine Verurteilung zu einer Jugendstrafe von mindestens sieben Jahren voraussetzt. Angesichts der Strafmündigkeit gemäß § 19 StGB wird ein Verurteilter nach der Vollverbüßung einer solch langen Strafe stets das 21. Lebensjahr vollendet haben, so dass das ThUG ohnehin nur Erwachsene betrifft. Dies bringt allerdings eine deutliche Einschränkung des möglichen Täterkreises mit sich, weil die Unterbringung das Vorliegen einer „psychischen Störung" voraussetzt, die in § 7 Abs. 2 JGG gerade nicht verlangt wird.

Zum anderen sind neue Überwachungs- und Betreuungsoptionen zu prüfen, die ohne die Unterbringung in einer geschlossenen Einrichtung auskommen. Hierfür steht seit jeher die sogenannte „Führungsaufsicht" (§ 68 ff. StGB) zur Verfügung, die rechtstechnisch ebenfalls eine Maßregel der Besserung und Sicherung darstellt (§ 61 Nr. 4 StGB) und völlig unabhängig von einer Sicherungsverwahrung zur Anwendung gelangt. Die Regelungen zur Führungsaufsicht gelten auch für nach Jugendstrafrecht Verurteilte.

Die Einzelheiten erschließen sich aus der Gesetzeslektüre, auf die erneut verwiesen werden soll. Praktisch handelt es sich bei der Führungsaufsicht um die Betreuung und Überwachung nach Vollverbüßung einer Freiheitsstrafe durch einerseits die Führungsaufsichtsstelle des Landgerichts (§ 68a StGB) und auch einen Bewährungshelfer. Die Führungsaufsicht kann wie die (Rest-)Strafenaussetzung zur Bewährung mit Weisungen verbunden werden. Wird dagegen verstoßen, kann dies eine eigene, neue Straftat darstellen, wenn der Verstoß den Zweck der Maßregel gefährdet (§ 145a StGB; die Strafverfolgung setzt einen Antrag der Führungsaufsichtsstelle voraus).

Im Rahmen der Neuordnung der Sicherungsverwahrung seit dem 1. Januar 2011 hat der Gesetzgeber einen neuen Weg zur Kontrolle während der Dauer der Führungsaufsicht eröffnet, mit dem er insgesamt die bisher in der Tat nur sehr beschränkt wirkungsvolle Führungsaufsicht gestärkt sehen will: Als weitere Weisungsmöglichkeit wurde in § 68b Abs. 1 Satz 1 Nr. 12 StGB die Verpflichtung des Verurteilten eingeführt, „die für eine elektronische Überwachung ihres Aufenthaltsortes erforderlichen technischen Mittel ständig in betriebsbereitem Zustand bei sich zu führen und deren Funktionsfähigkeit nicht zu beeinträchtigen".

Damit wird die elektronische Überwachung („Fußfessel") erstmals bundeseinheitlich geregelt, die zuvor nur vereinzelt zur Vermeidung der Vollstreckung von Untersuchungshaft oder als Bewährungsauflage ohne ausdrückliche gesetzliche Grundlage praktiziert wurde (so etwa erfolgreich in Hessen, Jauer 2008, 273 ff.). Allerdings bestehen doch erhebliche Voraussetzungen für die Weisung, sich einer elektronischen Überwachung zu unterziehen, die im Einzelnen in § 68b Abs. 1 Satz 3 StGB geregelt worden sind. Dies ist jedoch insgesamt konsequent, weil die elektronische Überwachung im Rahmen der Neuordnung der Sicherungsverwahrung als Alternative eben zur Unterbringung gedacht ist. Daher soll sie auf Personen beschränkt bleiben, von denen eine erhebliche Gefahr ausgeht. Dies ist vor dem Freiheitsgrundrecht des Art. 2 Abs. 2 GG zwingend, weil es sich bei Personen unter Führungsaufsicht um solche handelt, die ihre Strafe verbüßt haben und daher gerade nicht mehr staatlicher Sanktion unterworfen werden dürfen. Soll deren Freiheit gleichwohl eingeschränkt werden, bedarf die elektronische Überwachung vor dem Freiheitsgrundrecht des GG der Rechtfertigung, die nur dann gegeben ist, wenn von dem zu Überwachenden wirklich eine besondere Gefahr ausgeht.

8. Ob die jüngste Neuordnung des Rechts der Sicherungsverwahrung seit dem 1.1.2011 die Ziele erreicht, die der Gesetzgeber sich gesetzt hat, und insbesondere den verfassungsrechtlich notwendigen Ausgleich zwischen Freiheit und Sicherheit in befriedigendem Maß herzustellen vermag, muss sich erst noch zeigen. Der Beweis wird in der Praxis geführt werden müssen anhand der Einzelfälle, die von den Gerichten zu entscheiden sind. Vor allem aber bleibt abzuwarten, wie der EGMR die Neuregelungen vor dem Hintergrund des Rückwirkungsverbotes bewerten wird. Dabei wird mit Spannung zu erwarten sein, ob der EGMR die nachträgliche Sicherungsverwahrung des § 7 Abs. 2 JGG für konventionswidrig erachtet. Wenn auch die jüngsten Neuerungen die gesetzgeberischen Aktivitäten rund um die Ausgestaltung der Sicherungsverwahrung wie auch den Umgang mit gefährlichen Straftätern allgemein zunächst zu einem Schlusspunkt geführt haben, so werden die Debatten anhalten. Die Sicherungsverwahrung als Schutzinstrument der Gesellschaft in den Grenzen des Rechtsstaats zu halten, ist eine schwierige Aufgabe. Der Staat und seine Organe sind verpflichtet, dem Einzelnen Schutz gegen gefährliche Personen zu gewähren, gegen die er sich nicht schützen kann. Dabei die Grenzen des Grundrechtsschutzes einzuhalten, ist die Aufgabe des Gesetzgebers.

# §8   Diversion und informelle Reaktionen

## I.   Allgemeines

*Diversion* bedeutet *Ablenkung, Umleitung* des Strafverfahrens vor seinem förmlichen Abschluss durch ein gerichtliches Urteil, sie bedeutet *Wegführung* des Straftäters vom System formeller Sozialkontrolle. Mit dem Konzept der Diversion werden verschiedene – personen- wie systembezogene – Ziele verbunden: Vermeidung von Stigmatisierung der Betroffenen durch Abbau formeller Verfahren, schnellere Reaktion, damit der Bezug zwischen Tat und Reaktion erhalten bleibt, flexiblere Problemlösungshilfen für die Betroffenen, Abbau überschießender formeller Sozialkontrolle, aber auch Entlastung der Justiz.

Welch große Bedeutung der Gesetzgeber der Diversion im jugendgerichtlichen Verfahren beimisst, lässt sich aus § 52 Abs. 2 SGB VIII ersehen. Die Vorschrift verpflichtet das Jugendamt zur frühzeitigen Prüfung, ob Leistungen der Jugendhilfe in Betracht kommen. Ist dies der Fall oder sind solche Leistungen bereits eingeleitet oder gewährt worden, hat das Jugendamt – abhängig vom Verfahrensstadium – den Staatsanwalt oder den Richter davon zu unterrichten, damit die Möglichkeit einer Diversion im Hinblick auf die gewährten Hilfen geprüft werden kann. Der Möglichkeit der Diversion gebührt nach dem Willen des Gesetzgebers danach Vorrang vor einem Einstieg in das formelle Rechtsfolgensystem, wie es in § 5 JGG beschrieben ist (dazu die Ausführungen in § 6).

Der prozessrechtliche Weg der Diversion besteht in der **Verfahrenseinstellung**, die – bei hinreichendem Tatverdacht und bei Vorliegen der Prozessvoraussetzungen – an die Stelle einer Anklage (staatsanwaltliche Diversion) oder einer Verurteilung (richterliche Diversion) tritt. Für das jugendgerichtliche Verfahren ist sie in den §§ 45, 47 JGG geregelt, innerhalb derer man zwischen sanktionsloser und solcher Diversion, die mit sanktionierenden Maßnahmen gekoppelt ist, unterscheiden kann.

Gegenüber einer Diversion nach den vorstehenden Vorschriften ist vorrangig zu prüfen, ob überhaupt ein hinreichender Tatverdacht besteht. Ist das nicht der Fall, ist das Verfahren nach § 170 Abs. 2 StPO einzustellen (allgemeine Auffassung; Eisenberg 2010a, § 45 Rn. 8; Laubenthal / Baier 2006, Rn. 276). Dasselbe gilt hinsichtlich der strafrechtlichen Verantwortlichkeit (dazu auch § 47 Abs. 1 Nr. 4 JGG). Schließlich kommt eine Diversion nur in Betracht, wenn die Prozessvoraussetzungen vorliegen, beispielsweise die Tat noch nicht verjährt ist (zu den Prozessvoraussetzungen im Einzelnen Kindhäuser 2010, 176 ff.)

## II.   Einzelheiten

### A.   § 45 JGG – Absehen von Verfolgung

§ 45 JGG regelt die staatsanwaltschaftliche Diversion in einer abgestuften Form, nach der der Staatsanwalt auf den ersten beiden Stufen (Absätze 1 und 2) autonom, d. h. ohne Beteiligung des Richters entscheiden darf, auf der dritten Stufe (Absatz 3) dagegen der Jugendrichter zu beteiligen ist.

### 1.   Absehen von Verfolgung nach § 45 Abs. 1 JGG

#### a)   Voraussetzungen

Nach dieser Vorschrift kann der Staatsanwalt ohne Zustimmung des Richters von der Verfolgung absehen, wenn die **Voraussetzungen des § 153 StPO** vorliegen. Sie verweist also weiter auf eine allgemeine strafverfahrensrechtliche Norm, die ebenfalls ein Absehen von Verfolgung unter Opportunitätsgesichtspunkten ermöglicht. (Genau besehen wird nur auf § 153 Abs. 1 StPO verwiesen, weil dessen Absatz 2 ausschließlich von der Einstellung des Verfahrens durch das Gericht handelt.)

Welche sind die Voraussetzungen des § 153 Abs. 1 StPO? Das Verfahren muss ein Vergehen zum Gegenstand haben. Ob es sich bei der Verfehlung um ein *Vergehen* (und nicht um ein Verbrechen) handelt, entscheidet sich nach § 12 StGB: Nach dessen Absatz 1 sind *Verbrechen* Taten, die im Mindestmaß mit Freiheitsstrafe von einem Jahr oder darüber bedroht sind. Entscheidend ist also die abstrakte Strafdrohung, nicht die im Einzelfall verhängte Strafe. *Vergehen* sind nach Absatz 2 Taten, die im *Mindestmaß* mit einer *geringeren Freiheitsstrafe* oder mit einer Geldstrafe bedroht sind. Der Raub (§ 249 StGB) ist also ein Verbrechen, Diebstahl (§ 242 StGB) ein Vergehen.

Weitere Voraussetzung für das Absehen ist, dass „die Schuld des Täters als gering anzusehen wäre". Zu beachten ist hier die Verwendung des Konjunktivs „wäre". Zwar ist nach dem oben Gesagten bei fehlendem Tatverdacht das Verfahren bereits nach § 170 Abs. 2 StPO einzustellen, andererseits fordert § 153 StPO nicht die Sachverhaltsaufklärung bis an die Grenze des Möglichen. Die Einstellung ist auch dann eröffnet, wenn bei hypothetischer Unterstellung der Täterschaft die Schuld als gering anzusehen wäre. Ungeachtet der registerrechtlichen Folgen (siehe dazu § 11) ist mit einer Diversion nach § 4 Abs. 1 JGG eine Schuldfeststellung nicht verbunden, die Frage der Schuld bleibt vielmehr offen. Zur Frage der Bemessung der Schuld kann auf § 7 I. B. 2. verwiesen werden.

Schließlich setzt § 153 Abs. 1 StPO voraus, dass „kein öffentliches Interesse an der Verfolgung besteht". Bereits der Umstand, dass § 153 StPO nur bei Vergehen eingreift, schränkt das Vorliegen eines öffentlichen Interesses erheblich ein. Noch weiter reduziert wird die Relevanz dieser Voraussetzung angesichts der Tatsache, dass generalpräventive Erwägungen, die allenfalls ein darüber hinaus verbleibendes öffentliches Interesse begründen könnten, im Jugendstrafrecht keinen Raum haben (Albrecht 2000, 123 m. w. N.). Der Vorbehalt des öffentlichen Interesses vermag eine Diversion allenfalls in Ausnahmefällen auszuschließen (ebenso Rzepka in: Nix 1994, § 45 Rn. 13).

Indes enthält § 153 Abs. 1 StPO eine weitere Voraussetzung, indem es heißt, dass die Staatsanwaltschaft „*mit Zustimmung* des [...] Gerichts" von der Verfolgung absehen könne. Das steht in diametralem Gegensatz zu § 45 Abs. 1 JGG, nach dem der Staatsanwalt „*ohne Zustimmung* des Richters" entscheiden kann, und bedarf der Auflösung. Die ist methodisch richtig nicht allzu schwer zu bewerkstelligen.

Für einen Vorrang von § 45 Abs. 1 JGG und damit die Unerheblichkeit einer richterlichen Zustimmung spricht bereits der rechtsmethodische Grundsatz, nach dem das spezielle Gesetz dem allgemeinen vorgeht („lex specialis derogat legi generali"), wir befinden uns nämlich auf dem Gebiet des Jugendstrafrechts, das ein gegenüber dem allgemeinen Strafrecht spezielleres Recht darstellt, § 45 JGG ist gegenüber § 153 StPO die speziellere Norm.

Des Weiteren kann unter systematischen Gesichtspunkten dem Gesetzgeber nicht unterstellt werden, er habe mit der Verweisung auf

§ 153 StPO eine sich selbst paralysierende Regelung („ohne Zustimmung" – „mit Zustimmung") schaffen wollen.

Schließlich spricht systematisch die Struktur des § 45 JGG entscheidend dafür, dass hier die Zustimmung des Richters nicht erforderlich ist. Die Abstufungen der Absätze 1 bis 3 würden ausgehebelt, wollte man über den Umweg des § 153 StPO bereits in § 45 Abs. 1 JGG die Notwendigkeit der **richterlichen Zustimmung** implantieren. Eine solche ist bei § 45 Abs. 1 JGG nach allem **nicht erforderlich**.

## b)   Rechtsfolge

Sieht der Staatsanwalt von der Verfolgung ab, stellt er das Verfahren ein. Ihm ist dabei ein erheblicher Entscheidungsspielraum eingeräumt („kann […] absehen"). Die Rechtsfolge entspricht der des § 153 StPO bei Erwachsenen. Im strafrechtlichen Sinne wird damit zwar auf eine Sanktionierung verzichtet, sozialwissenschaftlich betrachtet, liegt indes eine informelle Sanktionierung bereits dadurch vor, dass bereits das durchgeführte Ermittlungsverfahren und dessen Bekanntwerden im sozialen Umfeld belastende, mitunter sogar stigmatisierende Wirkung entfaltet. Hinzu kommt, dass das Absehen von Verfolgung gem. § 60 Abs. 1 Nr. 7 BZRG in das Erziehungsregister eingetragen wird. Dazu wird auf die Ausführungen in § 12 verwiesen.

Der Anwendungsschwerpunkt der Vorschrift liegt im Bereich der Bagatell- und leichten Kriminalität (z. B. Ladendiebstahl, Beförderungserschleichung, Sachbeschädigung). Die Erledigung nach § 45 Abs. 1 JGG ist nach der Intention des Gesetzgebers keinesfalls nur bei Ersttätern, sondern auch in Fällen von Mehrfachtäterschaft in Betracht zu ziehen (vgl. die Nachweise bei Laubenthal / Baier 2006, Rn. 281). Insbesondere bei Jugendlichen sollte angesichts des Charakters von Jugenddelinquenz als episodenhaftes Phänomen von dieser Diversionsmöglichkeit offensiv Gebrauch gemacht werden.

## 2.   Absehen von Verfolgung nach § 45 Abs. 2 JGG

### a)   Voraussetzungen

Eine Diversion nach § 45 Abs. 2 JGG setzt zunächst voraus, dass eine erzieherische Maßnahme bereits durchgeführt oder eingeleitet ist. Der Begriff der „erzieherischen Maßnahme ist weder mit dem der Erziehungsmaßregel (§ 9 JGG) noch mit dem der Hilfe zur Erziehung

(§§ 27 ff. SGB VIII) identisch. Er ist vielmehr weiter zur verstehen und umfasst alle Formen erzieherischer Interventionen, seien sie öffentlicher oder privater Natur. Als solche kommen also Hilfen nach dem SGB VIII ebenso wie elterliche Erziehungsmaßnahmen, Maßnahmen der Schulsozialarbeit oder Angebote freier Jugendhilfeträger als Reaktion auf die Delinquenz oder ein Gespräch mit der JGH in Betracht (kritisch zu sogenannten Teen Courts Ostendorf 2009a, Rn. 114). Absatz 2 Satz 2 stellt darüber hinaus das Bemühen des Jugendlichen, einen Ausgleich mit dem Verletzten zu erreichen, einer erzieherischen Maßnahme gleich. Angesichts des gestuften Aufbaus der Diversionsformen der Absätze 1 bis 3 sind an ein solches Bemühen jedenfalls geringere Anforderungen als an einen Täter-Opfer-Ausgleich (TOA) zu stellen. Bereits das Wort „Bemühen" fordert ja keinen gelungenen TOA. Vielmehr reicht es aus, dass der Jugendliche die Initiative ergreift, mit dem Verletzten in einen kommunikativen Prozess mit dem Ziel der Lösung des in der Tat zutage getretenen Konflikts zu gelangen. Scheitert die Initiative daran, dass der Verletzte sich jeglicher Kommunikation verweigert, darf dies nicht zu Lasten des Jugendlichen gehen.

§ 45 Abs. 2 JGG stellt weder eine Anspruchsgrundlage für die Gewährung von Leistungen dar noch ermächtigt die Vorschrift die Strafverfolgungsbehörden, solche anzuordnen. Hingegen wird dem Staatsanwalt eine **Anregungskompetenz** hinsichtlich erzieherischer Reaktionen zugestanden (dazu Laubenthal/Baier 2006, Rn. 292 f.). Dem ist beizupflichten; eine solche Kompetenz wirft aber Probleme und die Frage nach ihren Grenzen auf. Obwohl allgemein davon ausgegangen wird, dass erzieherische Maßnahmen nur im Einverständnis mit dem Jugendlichen (und den Erziehungsberechtigten) möglich sind, handelt es sich gleichwohl um belastende Sanktionen, die gem. Art. 92 GG dem Richter vorbehalten sind. Zudem kollidiert jegliche Sanktionierung in diesem Verfahrensstadium mit der Unschuldsvermutung. Schließlich entfalten gerade vom Staatsanwalt als Voraussetzung für eine Verfahrenseinstellung angeregte Maßnahmen einen erheblichen faktischen Zustimmungsdruck. Es ist deshalb einer Auffassung zuzustimmen, die lediglich die Anregung solcher Maßnahmen für zulässig erachtet, die sich unterhalb der Schwelle des § 45 Abs. 3 JGG bewegen (Meier et al. 2007, 152; gegen eine Begrenzung durch Absatz 3 Laubenthal/Baier 2006, Rn. 293).

Das Absehen von der Verfolgung setzt nach § 45 Abs. 2 JGG weiter voraus, dass die Staatsanwaltschaft *weder* eine *Beteiligung des Richters* nach Absatz 3 *noch* die *Erhebung einer Anklage* für *erforderlich* hält.

Wann die Beteiligung nach Absatz 3 erforderlich ist, lässt sich jener Vorschrift nicht entnehmen, die ihrerseits ja auch von der Erforderlichkeit der Einschaltung des Richters spricht. Der Hinweis bei Meier et al. 2007 (153), sie sei zu bejahen, wenn bei komplexeren Sachverhalten die Durchführung der Hauptverhandlung zur Aufklärung der Tat oder bessere Einschätzung der Sanktionierungsnotwendigkeit geboten sei, kann nur auf die Anklageerhebung zutreffen, weil hinsichtlich der Beteiligung des Richters nur die nach Absatz 3 in Bezug genommen wird. Ob eine solche erforderlich ist, kann und muss vom Staatsanwalt danach beurteilt werden, ob eine bereits durchgeführte erzieherische Maßnahme ausreichend ist oder bei einer eingeleiteten diese prognostisch betrachtet eine hinreichende Einwirkung darstellt.

*Nicht erforderlich* für die Diversion nach § 45 Abs. 2 JGG ist ein *Geständnis* des Beschuldigten Jugendlichen (Laubenthal/Baier 2006, Rn. 284 mit zahlreichen weiteren Nachweisen).

b)      Rechtsfolge

Liegen die vorgenannten Voraussetzungen vor, muss der Staatsanwalt das Verfahren einstellen. Ihm steht insoweit kein Ermessen zu. Allerdings ist nicht zu leugnen, dass die Vorschrift eine Reihe von Wertungsmöglichkeiten eröffnet.

Ein sogenannter Strafklageerbrauch ist mit der Einstellung nach Absatz 2 nicht verbunden. Das Verfahren kann vom Staatsanwalt jederzeit wieder aufgenommen werden.

Auch die Einstellung nach § 45 Abs. 2 JGG wird ins Erziehungsregister eingetragen (§ 60 Abs. 1 Nr. 7 BZRG).

3.      Einstellung des Verfahrens nach § 45 Abs. 3 JGG

a)      Voraussetzungen

Auf der dritten Stufe der Diversion sieht § 45 Abs. 3 bereits im Vorverfahren die Mitwirkung des Gerichts vor. Soweit nicht bereits eine Einstellung nach den Absätzen 1 oder 2 infrage kommt, *regt* der *Staatsanwalt* bestimmte *Maßnahmen* des *Jugendrichters* an, die ihrerseits wiederum in einem Stufenverhältnis zueinander stehen (Laubenthal/Baier 2006, Rn. 295). Diese sind im Einzelnen:

- die Erteilung einer Ermahnung (die nicht mit der Verwarnung nach § 14 JGG zu verwechseln ist),
- die Erteilung einer Weisung nach § 10 Abs. 1 Satz 3 Nr. 4, 7 oder 9,
- die Erteilung von Auflagen nach § 15 JGG.

Eine solche Anregung durch den Staatsanwalt setzt ein Geständnis des Jugendlichen voraus. Dass das Gesetz eine solche Voraussetzung fordert, ist einerseits verständlich und richtig. Denn schließlich – sieht man von der Ermahnung einmal ab – handelt es sich bei den möglichen Anordnungen des Richters um Sanktionen nach §§ 10, 15 JGG, die ansonsten erst nach Durchführung eines förmlichen Strafverfahrens, insbesondere der Hauptverhandlung und Feststellung der Schuld des Angeklagten, verhängt werden dürfen.

Andererseits vermag die Aussicht auf eine informelle Erledigung eines Verfahrens einen erheblichen Druck auf Beschuldigte auszuüben, unter Umständen auch falsche Geständnisse abzulegen, um sich einer Anklage und Hauptverhandlung mit all ihren belastenden und stigmatisierenden Folgen zu entledigen.

Die Anregung richterlicher Maßnahmen durch den Staatsanwalt setzt ferner voraus, dass er deren Anordnung für erforderlich, die Erhebung der Anklage aber nicht für geboten hält. Insoweit stellen sich dieselben Fragen wie in Absatz 2.

## b)    Rechtsfolge

Soweit der Jugendrichter der Anregung des Staatsanwalts folgt, stellt dieser das Verfahren ein (zu den Entscheidungsalternativen des Richters Laubenthal/Baier: 2006, Rn. 297), im Fall erteilter Weisungen oder Auflagen jedoch erst dann, wenn der Jugendliche diese erfüllt hat. Die Fortsetzung des förmlichen Verfahrens ist also das Druckmittel, den Beschuldigten zur Befolgung von Weisungen und Auflagen anzuhalten. Deren Durchsetzung im Wege des Ungehorsamsarrests ist nämlich durch Satz 3 ausdrücklich ausgeschlossen. Ist eine Einstellung erfolgt, kann nach Satz 3 i.V.m. § 47 Abs. 3 JGG wegen derselben Tat nur aufgrund neuer Tatsachen oder Beweismittel von Neuem Anklage erhoben werden. Der Einstellung kommt also eine eingeschränkte Rechtskraftwirkung zu.

Anders als in den Fällen der Absätze 1 und 2 wird nicht nur die Einstellung nach § 45 Abs. 3 JGG als solche, sondern nach § 60 Abs. 2 BZRG auch die vom Richter getroffene Maßnahme ins Erziehungsregister eingetragen.

## B. § 47 JGG – Einstellung des Verfahrens durch den Richter

Erhebt der Staatsanwalt Anklage, reicht er die Anklageschrift verbunden mit dem Antrag, das Hauptverfahren zu eröffnen, beim Gericht ein und legt die Akten vor (§ 199 StPO). Mit der **Einreichung** der Anklage richtet sich eine mögliche Diversion nach § 47 JGG, der also nicht erst nach Eröffnung des Hauptverfahrens, sondern bereits im sogenannten Zwischenverfahren (§§ 198 bis 211 StPO) gilt. Allerdings ist in diesem Stadium dann vorrangig durch den Nichteröffnungsbeschluss (§ 204 StPO) zu beenden, wenn – sei es aus tatsächlichen, sei es aus rechtlichen Gründen – ein hinreichender Tatverdacht (§ 203 StPO) nicht besteht. Dies folgt zum einen aus systematischen Erwägungen, wonach die Beendigung eines Strafverfahrens wegen fehlendem Tatverdacht Vorrang vor einer solchen trotz bestehenden oder ungeklärten Tatverdachts genießt. Zum anderen würde der Jugendliche im Fall einer Einstellung nach § 47 JGG schlechter gestellt, weil diese in das Erziehungsregister eingetragen wird.

§ 47 JGG weist einige Parallelitäten zu § 45 JGG auf, wobei § 47 Abs. 1 Nr. 1 bis 3 den Vorschriften des § 45 Abs. 1 bis 3 entsprechen. Deshalb kann zunächst auf die diesbezüglichen obigen Ausführungen verwiesen werden. Die Einstellung des Verfahrens nach § 47 Abs. 1 Nr. 1 JGG bedarf der Zustimmung der Staatsanwaltschaft.

Während eine fehlende strafrechtliche Verantwortlichkeit (§ 3 JGG) im Vorverfahren die Einstellung nach § 170 Abs. 2 StPO zur Folge hat, führt ihre Feststellung nach Einreichung der Anklage zur Nichteröffnung des Hauptverfahrens (§ 204 StPO) bzw. nach Eröffnung der Hauptverhandlung zum Freispruch. Abweichend davon eröffnet § 47 Abs. 1 Nr. 4 JGG die Möglichkeit, anstelle eines Freispruchs das Verfahren einzustellen. Nach dem Wortlaut der Vorschrift, die vom Angeklagten spricht, ist die auf Nr. 4 gestützte Einstellung erst nach Eröffnung des Hauptverfahrens zulässig, da der Beschuldigte erst ab diesem Zeitpunkt als Angeklagter bezeichnet wird (§ 157 StPO).

Die Regelung ist zum einen in verfahrensökonomischen Erwägungen begründet, intendiert aber auch eine Verschonung des Beschuldigten vor dem weiteren Verfahren. Weiterer Zweck ist allerdings, einen als erzieherisch ungünstig erachteten Freispruch zu vermeiden. Zu Recht weist Eisenberg (2010a) darauf hin, dass es an Belegen für diese Beurteilung fehle (§ 47 Rn. 12 m. w. N.). Vielmehr ist jene Begründung ein Beispiel dafür, dass erzieherische Überlegungen zur

Aufweichung strafrechtlicher und strafprozessualer Garantien führen können.

Auch die durch den Richter auferlegten Weisungen und Auflagen sind nicht mit dem Ungehorsamsarrest erzwingbar (§ 47 Abs. 2 Satz 6 JGG); die dem Jugendlichen bei Nichterfüllung drohende Sanktion ist die Fortsetzung des Verfahrens und damit eine möglicherweise drohende Verurteilung.

Der Richter kann nach Absatz 1 Satz 2 bis 4 das Verfahren *vorläufig einstellen* und dem Jugendlichen eine Frist von höchstens sechs Monaten setzen innerhalb derer dieser erzieherischen Maßnahmen, Weisungen oder Auflagen nachzukommen hat (Ostendorf 2009a, Rn. 107: *„Einstellung zur Bewährung"*). Kommt der Jugendliche dem nach, *stellt* der Richter das Verfahren *endgültig ein*. Dies erfolgt durch einen Beschluss, der – ebenso wie die vorläufige Einstellung – unanfechtbar ist und der Begründung bedarf. Diese soll dem Angeklagten nicht mitgeteilt werden, soweit davon Nachteile für die Erziehung zu befürchten sind (Abs. 2 Satz 4). Die Literatur schweigt, soweit ersichtlich, dazu, welche solche Nachteile sein könnten. Denkbar ist, dass Ausführungen, die eine fehlende strafrechtliche Verantwortlichkeit begründen, vom Jugendlichen als abwertend und stigmatisierend empfunden werden.

Sowohl die vorläufige als auch die endgültige Einstellung bedarf der Zustimmung der Staatsanwaltschaft, was seinen Grund in der Unanfechtbarkeit sowie in der nach Absatz 3 eintretenden beschränkten Rechtskraft der endgültigen Einstellung findet. Eine Zustimmung des Beschuldigten ist in keinem Fall erforderlich.

Die Einstellungsentscheidung erlangt nach § 47 Abs. 3 JGG eingeschränkte Rechtskraft. Der Umstand, dass der Jugendliche nach einer Einstellung den auferlegten Maßnahmen, Weisungen und Auflagen nicht nachkommt oder sich in anderer Weise „schlecht führt", ist nach allgemeiner Auffassung *keine „neue Tatsache"* im Sinne dieser Vorschrift, die eine Anklageerhebung zulässig macht (im Einzelnen zu neuen Tatsachen und Beweismitteln Eisenberg 2010a, § 47 Rn. 24; Laubenthal / Baier 2006, Rn. 305).

Auch die auf § 47 JGG gestützte Einstellung wird in das Erziehungsregister eingetragen, wobei in Fällen des § 47 Abs. 1 Satz 1 Nr. 3. JGG auch die vom Richter angeordnete Maßnahme registriert wird (§ 60 Abs. 1 Nr. 7, Abs. 2 BZRG).

C.  Das Verhältnis der §§ 45, 47 JGG zu Einstellungs-
    vorschriften des allgemeinen Strafrechts

Besteht aus tatsächlichen oder rechtlichen Gründen kein hinreichender Tatverdacht, ist auch im Jugendstrafrecht das Verfahren **vorrangig nach § 170 Abs. 2 StPO** einzustellen. Dies gilt auch, wenn im staatsanwaltschaftlichen Verfahren das Fehlen strafrechtlicher Verantwortlichkeit festgestellt wird oder an dieser Zweifel bestehen. Der Einstellung nach § 170 Abs. 2 StPO kommt bereits deshalb Vorrang zu, weil sie nicht in das Erziehungsregister eingetragen wird.

Das allgemeine Strafrecht hält aber auch Vorschriften über die Einstellung des Verfahrens unter Opportunitätsgesichtspunkten bereit, deren Verhältnis zu denen des JGG nicht immer leicht zu bestimmen ist.


1.  Einstellung nach § 153 StPO

Auf den ersten Blick erscheint eine unmittelbar auf § 153 Abs. 1 StPO gestützte Einstellung nicht nur durch § 45 Abs. 1 JGG, der jene Vorschrift ja inkorporiert, verdrängt, sondern auch überflüssig. Dies ändert sich indes, wenn man die Folgen der beiden Einstellungsformen berücksichtigt: Während die Einstellung registerrechtlich folgenlos bleibt, wird die Einstellung nach § 45 Abs. 1 JGG in das Erziehungsregister eingetragen. Im Hinblick auf das Schlechterstellungsverbot des Jugendstrafrechts ist deshalb der Einstellung unmittelbar nach § 153 StPO der Vorrang einzuräumen (a. A. ohne weitere Begründung Meier et al. 2007, 159). Diese setzt allerdings die Zustimmung des Richters voraus. Liegt sie vor, ist deshalb nach § 153 Abs. 1 StPO einzustellen, um den Jugendlichen nicht zu benachteiligen. Liegt sie nicht vor, kann die Staatsanwaltschaft bei Vorliegen der übrigen Voraussetzungen nach § 45 Abs. 1 JGG von der Verfolgung absehen (im Ergebnis ebenso Ostendorf 2009a, Rn. 109; Laubenthal / Baier 2006, Rn. 308). Darüber hinaus hält Ostendorf ein Vorgehen nach § 45 Abs. 1 JGG für angezeigt, wenn der Staatsanwalt aus Präventionsgründen eine Eintragung im Erziehungsregister für notwendig erachtet (2009a, Rn. 109).

## 2.    Einstellung nach § 153a StPO

Das Verhältnis der jugendstrafrechtlichen Diversionsvorschriften zu § 153a StPO ist im Einzelnen umstritten. Grundsätzlich ist § 153a Abs. 1 StPO die gegenüber § 45 Abs. 1 und 2 JGG subsidiäre Bestimmung im Sinne des § 2 JGG (Ostendorf 2009a, Rn. 110; Eisenberg 2010a, § 45 Rn. 11). Darüber hinaus hält Ostendorf die Vorschrift für neben § 45 Abs. 3 JGG anwendbar, wenn die dort aufgeführten Maßnahmen nicht „passen". Keinesfalls dürfe aber die Voraussetzung eines Geständnisses durch Anwendung des § 153a StPO umgangen werden; dies sei contra legem (Ostendorf 2009a, Rn. 110). Demgegenüber will Eisenberg (2010a) dessen Anwendung unter dem Gesichtspunkt des Verbots der Schlechterstellung Jugendlicher gerade zulassen, wenn die Voraussetzungen von § 45 Abs. 2 und 3 JGG nicht vorliegen (2010a, § 45 Rn. 12; ebenso Laubenthal/Baier 2006, Rn. 308), weil auch die Einstellung nach § 153a StPO nicht in das Erziehungsregister eingetragen wird.

Letzterer Auffassung ist der Vorzug zu geben. Die Garantiefunktion des Geständnisses als Voraussetzung richterlicher Anordnungen ist zwar zu berücksichtigen, sie ist aber durch den Verfahrensdruck bereits eingeschränkt. Normativ bezieht sich die Notwendigkeit des Geständnisses auf die in § 45 Abs. 3 JGG nicht aber auf die in anderen Vorschriften enthaltenen Anordnungen. Ob sie eine Sperrwirkung auch für andere verfahrensrechtliche Regelungen entfaltet, ist anhand der sich aus deren Anwendung ergebenden Konsequenzen und damit aus den Anforderungen des Schlechterstellungsverbots zu beurteilen.


## 3.    Einstellung nach §§ 153b ff. StPO, §§ 31a, 38 Abs. 2, 37 Abs. 1 Satz 1 und 2 BtMG

Weitere Einstellungsmöglichkeiten nach §§ 153b ff. StPO liegen außerhalb des Regelungsbereichs der §§ 45, 47 JGG. Die Einstellung des Verfahrens ist deshalb ohne Rücksicht auf die Voraussetzungen der JGG-Vorschriften zulässig

4.      Einstellung nach § 31a BTMG, Absehen von der Verfol-
        gung nach §§ 38 Abs. 2, 37 Abs. 1 Satz 1 und 2 BTMG

Auch insoweit besteht keine Kollision mit den Diversionsvorschriften
des JGG. Die BTMG-Vorschriften gehen nach allgemeiner Auffassung
als speziellere den §§ 45, 47 JGG vor (allgemeine Auffassung, Laubenthal / Baier 2006, Rn. 309 m. w. N.)

## D.      Anwendung der §§ 45, 47 JGG auf Heranwachsende

Die §§ 45, 47 Abs. 1 Satz 1 Nr. 1, 2 und 3, Abs. 2 und 3 JGG sind gem.
§ 109 Abs. 2 Satz 1 JGG auch auf Heranwachsende anzuwenden, wenn
in Anwendung des § 105 JGG materielles Jugendstrafrecht anzuwenden
ist (dazu § 5 II. B.). Obwohl § 109 JGG lediglich vom „Richter" spricht,
gilt dies nach überwiegender Auffassung auch dann, wenn der Staatsanwalt nach § 45 Abs. 1 oder 2 JGG ohne Beteiligung des Richters von
der Verfolgung absieht (Eisenberg 2010a, § 109 Rn. 15 m. w. N.). Bei
der Auswahl anzuordnender Maßnahmen, Weisungen und Auflagen ist
zu beachten, dass diese wegen der Volljährigkeit des Betroffenen nicht
mehr erzieherisch wirken dürfen. Ein Einwirken im Sinne einer Resozialisierung ist allerdings auch gegenüber Heranwachsenden nicht ausgeschlossen (auch Eisenberg 2010a, § 109 Rn. 15: „Einflussnahme iSv
‚Nach-Sozialisation‘"). Von der Anwendung ausgenommen ist lediglich § 47 Abs. 1 Satz 1 Nr. 4 JGG, weil Heranwachsende stets im Sinne
von § 3 JGG strafrechtlich verantwortlich sind.

# §9   Jugendstrafverfahren und Jugendgerichtsverfassung

## I.   Drei Fälle

1. Ein 15-Jähriger fährt ein Kleinkraftrad ohne Fahrerlaubnis und dabei geschieht es, dass er ein Kind anfährt. Vor welchem Gericht wird der Fall angeklagt?

2. Der 15-Jährige wird zu 100 Stunden Krankenwagen waschen verurteilt. Er findet das viel zu hoch und will gegen das Urteil vorgehen. Was kann er tun?

3. Eine 20-jährige junge Frau schließt sich der Gruppe Ho Chi Minh an und überfällt eine Bank. Sie will das Geld für „Ärzte ohne Grenzen" spenden. Wo wird der Fall angeklagt?

## II.   Einleitung

Es handelt sich hier um Zuständigkeitsfragen, die für die Art und die Dauer der zu erwartenden Sanktion nicht unerheblich sind. Im folgenden Abschnitt beschäftigen wir uns daher sowohl mit den inhaltlichen Fragen der Zuständigkeit, aber auch mit den Fragen der örtlichen Zuständigkeit. Obwohl die Bundesrepublik ein gemeinsamer Bundesstaat ist, können wir feststellen, dass die Sanktionspraxis zwischen den Bundesländern, ja sogar zwischen einzelnen Städten in den Bundesländern unterschiedlich ausfällt. Innerhalb der Strafrahmen und der Beurteilungsspielräume, die den Gerichten zustehen, lässt sich feststellen, dass man im Saarland z. B. eher nach Erwachsenenstrafrecht verurteilt wird, wenn man 19 Jahre alt ist, als in Hessen. Auch ist aufgrund von Rechtstatsachenforschungen bekannt, dass das Bundesland Bayern in der Regel härtere Strafen zumindest im Drogenbereich ausspricht. Diese nur relative Gerechtigkeit hat weniger mit dem Gesetz, als mit unterschiedlichen Einflüssen auf die Richtersozialisation, die ungeschriebenen Regeln zwischen z.B. Kassel und Frankfurt zu tun. Fragen nach der Sanktionspraxis lassen sich in empirisch-kritischen Arbeiten erforschen. Sie dienen auch der Aufklärung und manchmal kann Wissenschaft so auf alltägliche Ungerechtigkeit durch Aufklärung Einfluss nehmen.

## III.   Jugendgerichte

Über die strafrechtlichen Delikte von Jugendlichen und Heranwachsenden entscheiden in der 1. und in der 2. Instanz eigens geschaffene Jugendgerichte (§§ 33 Abs. 1 und 107 Abs. 1 JGG). So war nach meiner Mopedfahrt, der ersten Straftat unterer Kategorie, das Jugendgericht zuständig, und dieses wiederum war in der Person von Dr. Schumann, der Einzelrichter am Amtsgericht.

1. Der Einzelrichter als Jugendrichter, das Jugendschöffengericht und die Jugendstrafkammer sind Spruchkörper mit besonderen Zuständigkeiten. Jugendrichter und Jugendschöffengericht sind beim Amtsgericht zu finden.

Die Jugendstrafkammer beim Landgericht entscheidet entweder als große oder als kleine Jugendkammer. Die große Jugendkammer (als 2. Instanz) war bis zum 31.12.2002 mit 3 Berufsrichtern und zwei Schöffen besetzt, aus justizökonomischen Gründen, die fast immer zu Lasten der Gerechtigkeit gehen, soll sie in der Regel nur noch mit zwei Berufsrichtern besetzt sein, sofern sie nicht die 1. Instanz darstellt oder wegen des Umfangs und der Schwierigkeit der Sache die Mitwirkung eines 3. Richters benötigt (§ 33b JGG; Abb. 6).

2. Die kleine Jugendkammer ist mit nur einem Berufsrichter und zwei Schöffen besetzt. Sie ist die Berufungsinstanz auf Entscheidungen des Einzelrichters.

Diese „Fachgerichte" werden aber ab der Ebene des Oberlandesgerichts (OLG) wieder aufgehoben, will sagen, es entscheiden hier die allgemeinen Strafgerichte, die jedoch an die Normen des materiellen und formellen Jugendstrafrechts gebunden sind (§§ 102, 104, 112 JGG).

Warum das so ist und warum nur die Untergerichte (AG und LG) eine besondere Fachlichkeit haben sollen, steht in den Sternen. Schein-

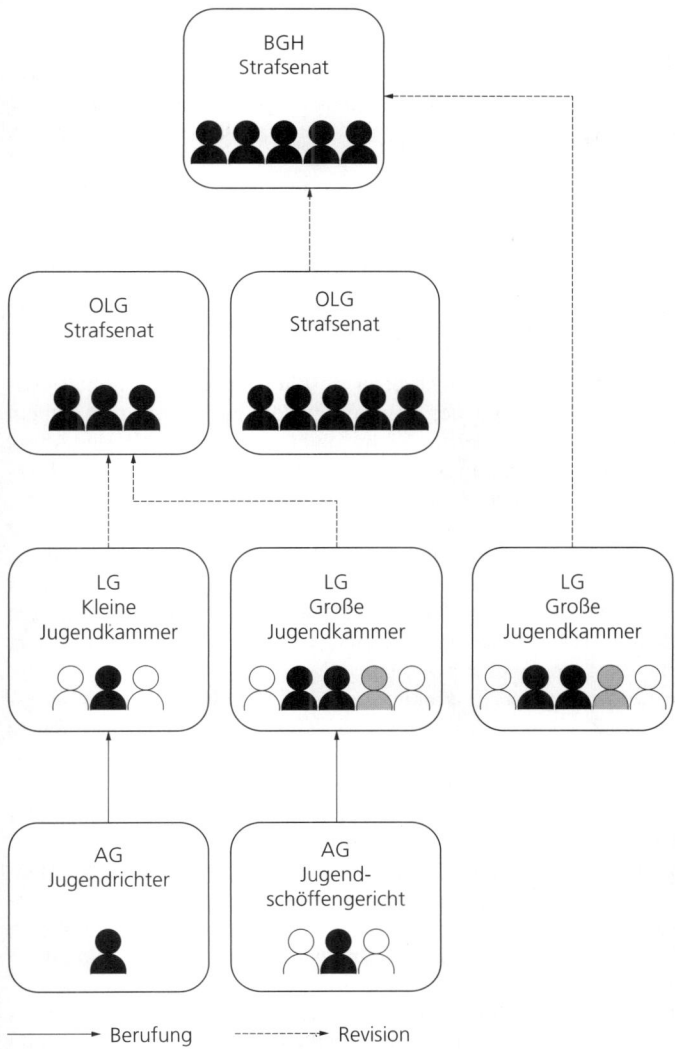

Abb. 6: Spruchkörper und Instanzenzug

bar ist man, je höher man steigt, so klug, dass man sich in alles einfühlen und „eindenken" kann.

3. Die Konzeption des JGG geht bei den Spezialgerichten davon aus, dass die handelnden Personen, in erster Linie hier die Berufsrichter (§ 34), die Jugendschöffen (§ 35) und die Jugendstaatsanwälte (§§ 36, 37) eine besondere Qualifikation aufweisen sollen. Das Gesetz spricht davon, dass sie „erzieherisch befähigt sein sollen" und über Erfahrungen in der „Jugenderziehung" verfügen (§ 37).

Zur persönlichen Qualifikation siehe VII.A.

## IV.   Sachliche Zuständigkeit der Jugendgerichte

Wir unterscheiden bei gerichtlichen Zuständigkeitsfragen immer zwischen der sachlichen und der örtlichen Zuständigkeit, d. h. zu welchem Sachgebiet bzw. zu welchem Wohngebiet gehört der Fall, der Angeklagte, der Kläger, der Antragsteller. Diese Frage ist Ausdruck des Prinzips vom „gesetzlichen Richter". Der Gesetzgeber wollte verhindern, dass politische Entscheidungsträger oder die Macht der Verwaltung darüber befinden, wer wo oder vor welchem Gericht sich verantworten muss.

Nach **Art und Schwere** der zu erwartenden Sanktion, aber auch nach der Art der Tat entscheidet sich zunächst, wo der Jugendliche oder Heranwachsende angeklagt werden soll.

Der **Jugendrichter** ist sachlich zuständig, soweit nur Erziehungsmaßregeln, Zuchtmittel oder nach dem JGG zulässige Nebenstrafen zu erwarten sind und der StA vor ihm die Anklage erhebt (§§ 39 Abs. 1, 108 Abs. 1 JGG); bei Heranwachsenden, wenn die Anwendung allgemeinen Strafrechts zu erwarten ist und nach § 25 GVG der Einzelrichter zuständig wäre (Strafgewalt maximal 1 Jahr).

Das **Jugendschöffengericht** ist zuständig für alle Jugendstrafverfahren, für die keine andere, niedrigere oder höhere Zuständigkeit begründet ist (§§ 40 Abs. 1 Satz 1, 108 Abs. 1 JGG). Die maximale Freiheitsstrafe, die das JSchG verhängen darf, beträgt vier Jahre (§ 108 Abs. 3 JGG).

Ist die **Jugendkammer** im ersten Rechtszug zuständig, so gibt es (wie im Erwachsenenrecht) keine zweite Tatsacheninstanz. Es gibt keine Berufungsmöglichkeit, nur die Revision. Hier richtet sich die Zuständigkeit im Wesentlichen nach § 74 Abs. 2 GVG, somit kommen

Tötungsdelikte, Delikte mit Todesfolge, also die klassischen Kapitalverbrechen vor die Jugendkammer. Die Jugendschöffengerichte können
ebenso der Kammer Verfahren vorlegen, die einen besonderen Umfang
haben oder eine Verbindung mit Strafsachen gegen Erwachsene aufweisen, wenn für die Erwachsenen nach § 74 Abs. 1 GVG eine große
Strafkammer zuständig wäre. Außerdem ist die Jugendstrafkammer
zuständig, wenn für Heranwachsende die Anwendung des allgemeinen
Strafrechts in Betracht kommt und eine Freiheitsstrafe von mehr als
vier Jahren in Betracht kommt (§ 108 Abs. 3 Satz 2 JGG).

Die Jugendkammer ist außerdem Rechtsmittelgericht. Sie ist in der
Berufung zuständig für Entscheidungen der unteren Jugendgerichte
(§ 41 Abs. 2 Satz 1 JGG), also des Jugendrichters und des Jugendschöf-
fengerichts. Wir sprechen von der großen Jugendkammer und der kleinen Jugendkammer, Letztere ist nur zuständige Berufungsinstanz gegen
Urteile des Jugendrichters.

**Erläuterung der Fallbeispiele**

**Fall 1:** Der 15-Jährige hat eine Straftat wegen Fahrens ohne Fahrerlaubnis (§ 21 StVG) und wegen fahrlässiger Körperverletzung begangen
(§ 222 StGB). Zunächst ist zu schauen, welche Sanktion gegen ihn zu
erwarten ist. Trotz der Verletzung eines Kindes handelt es sich um eine
typische Verfehlung Jugendlicher, die allenfalls mit Zuchtmittel geahndet werden wird. Dies spricht für die Zuständigkeit des Jugendrichters.

**Fall 2:** Der 15-Jährige ist hier allem Anschein nach zu einer Arbeitsleistung nach § 15 Abs. 1 Satz 1 Nr. 3, 4 JGG verurteilt worden. Gegen
Urteile in Strafsachen kann man nach alltäglicher Auffassung die Berufung und die Revision einlegen. Nicht so in Jugendsachen. Hier hat der
Gesetzgeber einige Restriktionen geschaffen und dies mit dem Argument der Verfahrensbeschleunigung begründet. Nach § 55 Abs. 1 Satz 1
JGG kann ein Zuchtmittel wegen des Umfangs der Maßnahme und
nicht deshalb angefochten werden, weil andere oder weitere hätten
angeordnet werden sollen.

Darüber hinaus hat der Gesetzgeber in Absatz 2 normiert, dass gegen
eine zulässige Berufung keine Revision mehr möglich ist. Faktisch
heißt das, dass Jugendlichen und Heranwachsenden nur ein einziges
Rechtsmittel zur Verfügung steht. Das ist im Grunde ungeheuerlich und
stellt eine Schlechterstellung dar (zur Kritik Albrecht 2000, § 48 A II).

**Fall 3:** Hier haben wir es mit einem Verbrechen zu tun, unabhängig davon, wie man die Gesinnung der jungen Frau betrachtet, damit ist nach § 74 GVG die Zuständigkeit der Jugendstrafkammer gegeben. Allenfalls könnte man sich noch die Frage stellen, ob hier ein Staatsschutzsenat des OLG zuständig wäre. Hierfür bietet aber der Sachverhalt nicht genügend Anhaltspunkte, auch wenn die Angeklagte ein politisches Motiv für Handlung gehabt haben sollte.

## V.  Örtliche Zuständigkeit

Nach §§ 7 ff. StPO haben wir Zuständigkeiten nach dem Tatort, dem Wohnort und dem Ort des Ergreifens. Für Jugendliche und Heranwachsende gibt es darüber hinaus noch drei andere Möglichkeiten zur örtlichen Zuständigkeitsbestimmung, dies ergibt sich aus §§ 42, 108 JGG. Hier herrscht das Prinzip des Wohnortes als vordringliches Prinzip vor. Der Jugendliche und Heranwachsende soll möglichst da bleiben, wo er sich überwiegend aufhält.

## VI.  Besonderheiten im Jugendstrafverfahren

Ein wenig ist alles anders im Jugendstrafverfahren, einerseits soll beschleunigt gehandelt werden, damit der zeitliche Zusammenhang zwischen Tat und Strafe noch erkennbar ist, andererseits soll, aus der Erkenntnis heraus, dass Jugendkriminalität episodenhaft verläuft, die Belastung für die Beschuldigten und späteren Angeklagten geringer gehalten werden. Wir werden sehen.

## A.  Beschränkung der Rechtsmittel

§ 55 JGG schränkt im Jugendstrafverfahren die Rechtsmittel ein. Werden in einem Urteil Erziehungsmaßregeln (Ausnahme § 12 Nr. 2 JGG) oder Zuchtmittel ausgesprochen oder deren Auswahl dem Familienrichter überlassen, so kann diese Sanktion nicht wegen ihrer Art und des Umfanges angefochten werden, die Anfechtung darf aber darauf gestützt werden, ob die Schuldfrage rechtlich oder tatsächlich falsch beantwortet wurde, das gilt auch für Fragen des § 105 JGG. Werden die genannten Sanktionen jedoch mit anderen nach § 8 JGG verbunden, so gilt diese Beschränkung nicht.

Problematisch ist vor allem die instanzliche Rechtsmittelbeschränkung nach § 55 Abs. 2 JGG. Wurde eine zulässige Berufung eingelegt, so gibt es für den Berufungsführer keine Revision mehr. Haben z. B. Erziehungsberechtigte Revision und der Angeklagte Berufung eingelegt, wird das Rechtsmittel wie eine Berufung behandelt. Gegen Berufungsurteile jedoch, die den Grundsatz des Verschlechterungsverbotes verletzten (§§ 331 Abs. 1, 358 Abs. 1 StPO), kann die Revision erfolgen.

Für die Beschränkung der Rechtsmittel gibt es keine inhaltliche Begründung, außer dem Wunsch, Jugendstrafverfahren beschleunigt zu einem Ende zu bringen. Dem aber würde man dadurch gerecht, wenn eine schnellere Terminierung erfolgen würde.

## B.    Vereinfachtes Jugendverfahren

In der Praxis wird vom vereinfachten Jugendverfahren wenig Gebrauch gemacht. Noch im Jahre 2007 wurden von insgesamt 182.000 Aburteilungen lediglich knapp 15.000, also 8 % nach den §§ 76 bis 78 JGG erledigt. Die Staatsanwaltschaft stellt beim Jugendrichter einen entsprechenden Antrag, der dann auch wie eine Anklageschrift behandelt wird (§ 76 JGG), wenn zu erwarten ist, dass der Jugendrichter ausschließlich Weisungen erteilt, Hilfe zu Erziehung oder Zuchtmittel verhängt, allerdings auch auf Fahrverbot erkennen kann, so kann der Jugendrichter im vereinfachten Verfahren verhandeln. Dabei ist der Staatsanwalt nicht verpflichtet, an der Verhandlung teilzunehmen, es bedarf dann auch seiner Zustimmung zur Einstellung nicht.

Problematisch ist die Vorschrift des § 78 Abs. 3 JGG danach kann von Verfahrendvorschriften abgewichen werden, soweit dadurch die Erforschung der Wahrheit nicht beeinträchtigt wird. Die Gefahr, zugunsten anderer Werte auf demokratische Prozessvorschriften zu verzichten, ist stets im Jugendverfahren groß, alles wird subsumiert unter den Gedanken von Erziehung und Pragmatismus: Ladungsfristen sollen nicht mehr nötig sein (auch Eisenberg 2010a), auch die Regeln des Beweisantragsrechts werden auf den Kopf gestellt. Vorsicht, immer wenn es schnell gehen soll, bleiben Bürgerrechte auf der Strecke, sozialarbeiterischer Pragmatismus, der Erziehungsgedanke oder Praktikabilitätsüberlegungen hebeln prozessuale Rechte aus.

## C.   Strafbefehl, beschleunigtes Verfahren, Privat- und Nebenklage

Die Vorschriften über das beschleunigte Verfahren und das Strafbefehls-verfahren dürfen bei Jugendlichen nicht angewandt werden. Gegen Heranwachsende sind diese Verfahrensarten zulässig, jedoch ist § 105 JGG im Vorhinein zu prüfen. Soll Erwachsenenstrafrecht angewandt werden, darf auch ein Strafbefehl ergehen (§ 109 Abs. 2 Satz 1 JGG). Die Prüfung des § 105 JGG ist aber nur in einer mündlichen Verhand-lung möglich (Ostendorf 2009c, § 105 Rn. 141), nicht im Wege des Aktenvermerkes. Hier liegen zahlreiche Fehler vor, in der Praxis wird die Prüfung oft übergangen, daher sollte gesetzlich geregelt werden, dass der Strafbefehl generell im Jugendrecht unzulässig ist.

Privat– und Nebenklage sind gegen Jugendliche grundsätzlich aus-geschlossen (Ausnahmetatbestände in § 80 Abs. 3 JGG).

Gegen Heranwachsende sind wiederum Privat- und Nebenklage zulässig, auch dann, wenn Jugendstrafrecht zur Anwendung kommt. Entscheidend ist das Alter zur Tatzeit (ausführlich Ostendorf 2009c, § 105 Rn. 146).

## D.   Nichtöffentlichkeit der Verhandlung

In § 48 Abs. 1 JGG ist die grundsätzliche Nichtöffentlichkeit der Ver-handlung gewährleistet. Abs. 2 enthält jedoch Ausnahmen, hier werden aufgezählt: Die Verletzten und deren Erziehungsberechtigte, Bewäh-rungshelfer oder Betreuer, Beistände oder auch Leiter von Heimen und Institutionen. Satz 3 der Vorschrift regelt auch, dass der Vorsitzende andere Personen aus besonderen Gründen zulassen kann. Hierunter fallen auch Besuche von Student(inn)en der Sozial- oder Rechtswissen-schaften.

Seltsamerweise regelt Abs. 3, dass in Fällen, in denen auch Heran-wachsende oder Erwachsene mitangeklagt sind, die Öffentlichkeit wie-der hergestellt ist. Satz 2 aber gibt davon abweichend wiederum eine Möglichkeit zum Ausschluss.

# VII. Beteiligte im Jugendstrafverfahren

## A. Persönliche Qualifikation von Jugendrichtern und Jugendstaatsanwälten

Die Vorschrift des § 37 verlangt, dass Jugendrichter und Jugendstaatsanwälte über eine erzieherische Befähigung und Erfahrung in der Jugenderziehung verfügen. Was ist das für eine Vorschrift? Zum Teil behaupten Rechtsprechung und Literatur, es sei lediglich ein unverbindliches Leitbild. Die Norm ist aber eine Sollvorschrift und u. E. muss ein Verstoß der Revision unterliegen. Das sieht der BGH jedoch anders. Jedoch könnte eine Aufklärungsrüge durchgreifen (BGH, MDR 1958, 356).

Natürlich ist hier Raum für Spekulation und Auslegung gegeben. Reicht es aus, wenn ein Jugendstaatsanwalt selbst Kinder hat? Verlangt der Gesetzgeber Regeln zur erzieherischen Befähigung? Im Alltag sind die Divergenzen zwischen Realität und gesetzlichem Standard erheblich (Albrecht 2000, 300).

Von praktischer Relevanz in zahlreichen Bundesländern sind die Fälle, in denen Amtsanwälte und Rechtsreferendare in Jugendstrafsachen auftreten. Nach meiner Auffassung begründet dies die Revision nach § 338 Nr. 5 StPO. Die Vorschriften der §§ 33 ff. JGG begründen daher institutionell eine eigene fachliche Gerichtsbarkeit, die – wie häufig historisch kritisiert – zwar bei den Revisionsgerichten endet, sie formulieren aber ebenso Anforderungen an die Menschen, die letztlich ermitteln, anklagen, einstellen, beurteilen, verurteilen, das Recht interpretieren und letztlich das Leben unter die Norm subsumieren. Diese Vorschriften finden sich in den § 35 JGG (Jugendschöffen), § 36 JGG (Jugendstaatsanwälte) und für die Auswahl der Richter und Staatsanwälte in § 37 JGG zugleich.

§ 37 JGG verlangt von beiden Berufsgruppen, dass sie erzieherisch befähigt und in der Jugenderziehung erfahren sein sollen. Dem Attribut der erzieherischen Befähigung ist in der Praxis der Berufssozialisation und der Auswahl durch die Justizverwaltung keine besondere Ernsthaftigkeit beigemessen worden. Wenn auch die Untersuchung von Albrecht aus den Jahren 1983/84 einer Aktualisierung bedarf, so ist doch das damalige Ergebnis der Befragung unter 800 Staatsanwälten ernüchternd und schockierend. Amtsanwälte und Rechtsreferendare (auch solche mit Kindern und langer Studienzeit) gehören nicht in das Jugendstrafverfahren.

Ostendorf fordert vom Gesetzgeber, hier eine Mussvorschrift einzuführen, damit endlich jugendstrafrechtliches Spezialwissen, kriminologische Kenntnisse und Fähigkeiten für jugendgemäße Vernehmungen und Verhandlungsführung Eingang in die Justiz fänden (2009a, 101 ff.).

Jugendschöffengericht und Jugendkammer sind mit jeweils zwei Jugendschöffen besetzt. Diese können im Jugendschöffengericht als Laien den Berufsrichter in der Urteilsfindung überstimmen. In der Hauptverhandlung gilt das Prinzip der Geschlechterquote. Ein Mann und eine Frau sollen mitwirken (§ 35 Abs. 1 JGG). Gewählt werden die Schöffen auf Vorschlag des Jugendhilfeausschusses für fünf Jahre, auch sie sollen erzieherisch befähigt sein. In der Regel repräsentieren die Schöffen je nach Quote die politischen Parteien in den Kommunalparlamenten, ohne parteipolitisch sein zu müssen.

Das Bundesministerium der Justiz hat am 15.12.2010 des Referentenentwurf eines Gesetzes zur Stärkung der Rechte von Opfern sexuellen Missbrauchs vorgelegt, darin enthalten sind Änderungen der §§ 36 und 37 JGG. Diese entsprechen genau den Intentionen unserer jahrelangen Kritik. Amtsanwälte sollen nicht in Jugendstrafsachen auftreten und Referendare nur im Beisein der ausbildenden Staatsanwälte.

Weiterhin werden bei der Ausbildung von Jugendrichtern und -staatsanwälten wissenschaftliche Standards eingefordert, sie sollen belegbare Kenntnisse haben in Kriminologie und Sozialpädagogik. Sollte der Entwurf tatsächlich Gesetz werden, so eröffnet sich ein neues Feld der richterlichen Fortbildung. Die Universitäten sollten es nicht verschlafen.

## B.    Erziehungsberechtigte und gesetzliche Vertreter

Jugendliche und Heranwachsende sind in der Regel nicht in der Lage, sich gegenüber den Strafverfolgungsbehörden und den Gerichten zu behaupten. Ihnen sind gemäß § 67 JGG in eigenständiger Verfahrensposition die Erziehungsberechtigten oder gesetzlichen Vertreter zur Seite gestellt. Sie haben das Recht auf Anwesenheit in allen Verfahrensstadien, daher auch im Vorverfahren, bei allen Vernehmungen, insbesondere der Haftprüfung. Es besteht eine Benachrichtigungspflicht der Verfolgungsbehörden. Sie müssen vor allen Entscheidungen gehört werden. Eigene Antragsrechte in der HV und das Recht auf ein „letztes Wort" steht Ihnen zu (OLG Zweibrücken, StV 2003, 455). Stehen dem gesetzlichen Vertreter oder dem Erziehungsberechtigten die Erziehungsrechte nicht mehr zu, so bestellt das Familiengericht für das Verfahren einen Pfleger (§ 67 Abs. 4 JGG) und setzt bis dahin die Verhandlung aus.

## C.   Verteidiger

In jeder Lage des Verfahrens hat ein Jugendlicher oder ein Heranwachsender Anspruch auf den Beistand eines Verteidigers. Sie können ihn frei wählen, wenn sie ihn bezahlen können. Der Erziehungsberechtigte muss dem Abschluss eines „Verteidigungsvertrages" zustimmen, oder aber es liegt ein Fall der notwendigen Verteidigung vor.

Eine notwendige Verteidigung ist in den §§ 140 StPO, 68 JGG geregelt, im Jugendstrafverfahren ist § 68 JGG die Spezialnorm und erweitert die Fälle einer notwendigen Verteidigung. Eine notwendige Verteidigung liegt vor, wenn:

- die Tat schwer wiegen sollte und Jugendstrafe droht (OLG Hamm, StV 2009, 86),
- dem Erziehungsberechtigten und dem gesetzlichen Vertreter die Rechte entzogen sind,
- oder diese von der Verhandlung nach § 51 Abs. 2 JGG ausgeschlossen wurden,
- der Beschuldigte wegen eines Gutachtens in einer Anstalt untergebracht werden soll,
- der Beschuldigte in Untersuchungshaft oder einstweilige Unterbringung kommen soll und er das 18. Lebensjahr noch nicht vollendet hat.

Das OLG Schleswig (StV 2009, 86) will § 140 Abs. 2 StPO jugendspezifisch auslegen und hält Jugendliche und Heranwachsende grundsätzlich für unerfahren mit staatlichen Instanzen, sodass in der Regel ein Fall der notwendigen Verteidigung vorliegen soll.

Unter dem Tatbestandsmerkmal der schweren Tat sind insbesondere Fälle zu subsumieren von Gruppendelikten, auch deutschunkundigen Angeklagten, nahezu alle Fälle von Begutachtungen zu den §§ 20 ff. StGB und § 105 JGG.

Das Gesetz formuliert keine individuellen Qualifikationsmerkmale an den Verteidiger, oft verlangt die Justiz im Rahmen des Erziehungsgedankens eine pädagogische Zusammenarbeit, verkennt dabei aber, dass auch die Verteidigung in Jugendstrafsachen alle prozessualen Möglichkeiten zu nutzen hat. Erst eine verfahrensrechtlich korrekte Überführung kann pädagogische Sanktionsfragen zulassen.

Ein Verteidiger, der das Sanktionssystem des JGG nicht überschaut oder keinerlei Kenntnisse der sozialen Netzwerke hat bzw. die Grundmethoden von Mediation und Täter-Opfer-Ausgleich nicht beherrscht, ist in Jugendstrafsachen abzulehnen. Als junger Mann habe ich in einem anderen Strafprozess (Nix 2008) als Angeklagter zum ersten Mal einen Anwalt getroffen, der väterlich und klug, im damaligen Sinne links war und mit mir geringe Raten für die Strafverteidigung vereinbarte, die ich auch zahlen konnte. Diese Büros linker Anwälte mit sozialem Anspruch oder „linkem Gewissen" sind heute weniger geworden, dennoch ist es wichtig, dass Sozialarbeiter in der Jugendhilfe sich ein Netzwerk sozial engagierter Anwälte schaffen.

## D.   Beistand

Völlig übersehen wird in der strafrechtlichen Praxis die Rechtsfigur des Beistandes nach § 69 JGG, der sich vom Beistand des § 12 JGG unterscheidet. Er hat die Funktion eines Rechtsbeistandes und ist eine pädagogische Figur im Strafprozess, ihm kann Akteneinsicht gewährt werden, in der Hauptverhandlung hat er die vollen Rechte eines Verteidigers. Denkbar wären hier Sozialarbeiter aus dem mittelbaren Umfeld, kluge und engagierte Studentinnen und Studenten der Sozialarbeit oder Rechtswissenschaft, durchaus auch pensionierte Hochschullehrer oder Richter.

## E.   Sachverständige

Sehen wir einmal von den allgemeinen Möglichkeiten Sachverständiger in technischen Fragen oder Fragen eines Unfallherganges ab, so kann im Jugendstrafprozess der Sachverständige vor allem gefordert sein:

- bei der Prüfung der Voraussetzungen des § 105 JGG,
- bei der Prüfung der strafrechtlichen Verantwortlichkeit nach § 3 JGG sowie §§ 20, 21 StGB,
- bei der Frage der Unterbringung in einem psychiatrischen Krankenhaus, der Entziehungsanstalt (§ 246a StPO) oder bei Anordnung von Sicherungsverwahrung (§§ 106, 275a StPO).

Die Auswahl erfolgt in der Regel durch das Gericht, klug ist es, wenn vorher die Verteidigung oder die Jugendgerichtshilfe auf die Ernennung von Gutachtern Einfluss nehmen. Dem Verteidiger steht während der Exploration ein Anwesenheitsrecht zu.

# § 10 Jugendgerichtshilfe

Eisenberg, U. (1998): Zur verfahrensrechtlichen Stellung der Jugendgerichtshilfe. StV, 304–313

Feldmann, C. (2008): Sozialdatenschutz in der Jugendgerichtshilfe. ZJJ, 21–
28

Goerdeler, J., BAG JGH in der DVJJ e. V. (Hrsg.) (2009): Jugendhilfe im Strafverfahren. DVJJ e. V., Hannover

Kunkel, P.-C. (2004): Hat der Jugendgerichtshelfer ein Zeugnisverweigerungsrecht im Strafprozess? ZJJ, 426–428

Sonnen, B.-R. (2003): Die Mitwirkung der Jugendhilfe in Verfahren nach dem
Jugendgerichtsgesetz – Vom Wort zur Tat. ZJJ, 377–381

Trenczek, T. (2007): Jugendgerichtshilfe: Aufgaben und Steuerungsverantwortung. ZJJ, 31–39

– (2003): Die Mitwirkung der Jugendhilfe im Strafverfahren. Beltz, Weinheim
u. a.

sowie die bei § 4 angegebene Literatur

## I.  Grundlagen

Nur wenige Fragen des Jugendstrafrechts werden so ausdauernd diskutiert wie die nach Aufgabe und Selbstverständnis der Jugendgerichtshilfe (JGH). Dies mag vordergründig daran liegen, dass sich die rechtlichen Grundlagen ihrer Tätigkeit in zwei, unterschiedlichen Traditionen
und Paradigmen folgenden Gesetzen, dem JGG einerseits sowie dem
SGB VIII andererseits, finden. Tiefere Ursache auch dieser Kontroverse
ist indes das ebenso ungeklärte wie umstrittene Verhältnis zwischen
Jugendstrafrecht und Jugendhilfe (vgl. dazu die Ausführungen in § 4).
Deshalb liegt es auf der Hand, dass die Positionierung in jener Diskussion nicht ohne Einfluss auf die hinsichtlich des (Selbst-)Verständnisses
sowie Inhalt und Erfüllung der Aufgaben der JGH vertretenen Auffassungen bleiben kann. Die Kontroverse reicht bis in die Begrifflichkeit:

Ist die Jugendgerichtshilfe „Jugendhilfe" oder „Gerichtshilfe"? Handelt es sich nicht eher um „Jugendhilfe im Strafverfahren" oder gar „Sozialleistungshilfe"? Oder ist der in jüngerer Zeit gebräuchliche Begriff der „Jugendstraffälligenhilfe" der einzig zutreffende?

Nach hier vertretener Auffassung sind der Funktions- und Aufgabenbestimmung der JGH zunächst einmal weniger Begriffsübungen oder Prinzipien, Grundsätze, Intentionen o. Ä., sondern die konkret vorhandenen, die Aufgaben und Befugnisse der JGH regelnden Rechtsnormen zugrunde zu legen.

Aber bereits in diesem Punkt gehen die Meinungen auseinander: Ist § 38 JGG oder § 52 SGB VIII *die* zentrale oder gar vorrangige Vorschrift für die JGH? Normhierarchisch ist bei redlichem rechtsmethodischem Vorgehen ein Vorrang nicht feststellbar, da es sich bei beiden um einfache Gesetze handelt. Etwaige Konflikte müssten dann mithilfe anderer anerkannter Auslegungsregeln aufgelöst werden.

Die spezielle Vorschrift, die die Tätigkeit der JGH regelt, ist § 38 JGG, der im Verfahren gegen Jugendliche unmittelbar anzuwenden ist und gemäß § 107 JGG für Heranwachsende entsprechend gilt. Insbesondere eine Auffassung, die die Tätigkeit der JGH als reine Jugendhilfe betrachtet, sieht aber in § 52 Abs. 2 SGB VIII eine Art Supernorm, die in der Lage ist, die die JGH betreffenden Vorschriften des JGG umzugestalten.

Rechtsmethodisch wird diese Usurpation damit begründet, dass das SGB VIII als das gegenüber dem JGG jüngere Gesetz diesem vorgehe (Trenczek 2000). Zwar gibt es die Auslegungsregel, dass das jüngere Gesetz dem älteren vorgeht („lex posterior derogat legi priori"), es gibt allerdings auch den methodischen Grundsatz, dass das spezielle dem allgemeineren Gesetz, sei dieses nun jünger oder älter, vorgeht („lex specialis derogat legi generali"). Aber es kann gar keine Frage sein, dass das JGG als das das Jugendstrafverfahren regelnde Gesetz das gegenüber dem SGB VIII speziellere Gesetz ist.

Die Kontroverse kann indes entschärft werden: Denn selbst wenn man den speziellen Charakter der Norm in Abrede stellt, führt der Weg über § 52 SGB VIII zum selben Ergebnis: Gemäß § 52 Abs. 1 SGB VIII hat das Jugendamt nach Maßgabe der §§ 38 und 50 Abs. 3 Satz 2 des JGG im Verfahren nach dem Jugendgerichtsgesetz mitzuwirken. Dass die Mitwirkung „nach Maßgabe des § 38 JGG" zu erfolgen hat, bedeutet nach tradierten Auslegungsregeln – man mag dies begrüßen oder missbilligen –, dass § 38 JGG bestimmt, in welcher Art und Weise diese Mitwirkung zu erfolgen hat. Es handelt sich hierbei nicht um eine „Leistung", sondern gemäß § 2 Abs. 3 Nr. 8 SGB VIII um eine „andere

Aufgabe" der Jugendhilfe. Dies schließt freilich nicht aus, dass im Kontext eines Jugendstrafverfahrens Hilfeleistungen nach dem SGB VIII erbracht werden. Der „eigenständige Sozialleistungscharakter des SGB VIII" (Münder in: Münder et al. 2009, Einl. Rn. 61) wird deshalb weder verkannt noch in Frage gestellt.

## II.   Aufgaben der JGH im jugendgerichtlichen Verfahren

### A.   Allgemeines

Nach § 38 Abs. 3 Satz 1 und 2 JGG ist die JGH im gesamten Verfahren gegen einen Jugendlichen so früh wie möglich heranzuziehen. Die „Heranziehung" erfolgt zunächst in der Weise, dass Polizei oder Staatsanwaltschaft die JGH von der Einleitung des Verfahrens zu unterrichten haben (§ 70 Satz 1 JGG). Ob sich die JGH am Verfahren beteiligt, ist ihre autonome Entscheidung. Insoweit besteht zwischen Gericht und JGH kein Über-Unterordnungsverhältnis mit Weisungsbefugnissen. Umstritten ist, nach welchen Kriterien die JGH über ihre Beteiligung entscheidet. Teilweise wird dafür plädiert, in Bagatellsachen regelmäßig auf eine Ermittlungshilfe zu verzichten (so Ostendorf 2009c, § 38 Rn. 16). Zu den weiteren Verpflichtungen des Jugendamtes vgl. unten D. Die Aufgaben der JGH lassen sich in einem Überblick wie folgt zusammenfassen:

- Ermittlungs- und Entscheidungshilfe (§ 38 Abs. 2 Satz 1 und 2, Abs. 3 Satz 1 JGG);
- Haftentscheidungshilfe (§§ 38 Abs. 2 Satz 3, 72a JGG);
- Teilnahme an der Hauptverhandlung und Maßnahmenvorschlag (§§ 38 Abs. 2 Satz 2, 50 Abs. 3 JGG);
- Stellungnahme zur beabsichtigten Erteilung von Weisungen (§ 38 Abs. 3 Satz 2 JGG);
- Überwachung der Erfüllung richterlicher Weisungen und Auflagen anstelle eines Bewährungshelfers (§ 38 Abs. 2 Satz 5 u. 6 JGG);
- Betreuung und Aufsicht im Fall einer Betreuungsweisung (§ 38 Abs. 2 Satz 7);
- Zusammenarbeit mit dem Bewährungshelfer (§ 38 Abs. 2 Satz 8 JGG);
- Betreuung der/s Jugendlichen/Heranwachsenden während des Vollzugs (§ 38 Abs. 2 Satz 9 JGG).

# B.    Die Aufgaben im Einzelnen

## 1.    Ermittlungs- und Entscheidungshilfe

a) Die Ermittlungs- und Entscheidungshilfe der JGH zielt darauf, **die erzieherischen, sozialen und fürsorgerischen** Gesichtspunkte im Verfahren vor den Jugendgerichten zur Geltung zu bringen, die Persönlichkeit des Jugendlichen / Heranwachsenden, seine Entwicklung und seine Umwelt zu erforschen. Hierin liegt die „Unterstützung" der beteiligten Behörden, also Polizei, Staatsanwaltschaft und Gericht, von der § 38 Abs. 2 Satz 2 JGG spricht. Inhalt und Umfang dieser Tätigkeit ergeben sich daneben aus § 43 JGG, der auch für die JGH gilt. Zu ermitteln sind danach die Lebens- und Familienverhältnisse, der Werdegang, das bisherige Verhalten des beschuldigten Jugendlichen oder Heranwachsenden sowie alle übrigen der Beurteilung seiner seelischen, geistigen und charakterlichen Eigenart dienenden Umstände. Gegenstand der Aufklärung sind also *nicht* die Frage der Begehung der Tat oder einzelne Tatumstände.

Mit dieser Umschreibung der Ermittlungstätigkeit ist die Jugendhilfe gefordert, ihre **sozialpädagogische Kompetenz** in das laufende Verfahren einzubringen, um das aus dieser Perspektive sinnvolle und notwendige Ergebnis herbeizuführen, immer gewärtig, dass es sich um ein *Straf*verfahren handelt.

b) Strafrechtliche Ahndung setzt Verantwortlichkeit voraus. **Wesentlicher Gegenstand der Ermittlungstätigkeit** der JGH müssen deshalb zunächst die Umstände sein, die eine verlässliche und in Verfahren gegen Jugendliche stets zu treffende Entscheidung über die **strafrechtliche Verantwortlichkeit** des Betroffenen nach § 3 Satz 1 JGG ermöglichen. Diese in der Praxis ebenso schwer zu handhabende wie häufig mit oberflächlicher Routine und unzutreffenden Ergebnissen angewendete Vorschrift (zur Praxis Albrecht 2000, 99 f.) ist eine Domäne der JGH und zugleich eine prominente Herausforderung, da ihre Mitarbeiterinnen und Mitarbeiter aufgrund ihrer Ermittlungstätigkeit und ihrer Ausbildung über die notwendigen Kenntnisse verfügen müssen, zur Frage der Verantwortlichkeit in eigener Kompetenz fundiert Stellung zu nehmen, oder – soweit dies nicht möglich ist – gegenüber Staatsanwaltschaft oder Gericht eine entsprechende Begutachtung durch einen Sachverständigen anzuregen haben. Vergleichbares gilt hinsichtlich der Aufklärung und Bewertung der Umstände, die eine Entscheidung nach

§ 105 JGG über die **Anwendung von Jugend- oder Erwachsenenstrafrecht** auf Heranwachsende ermöglichen.

c) Welche sind die Erkenntnisquellen, aus denen die JGH die für ihre Tätigkeit erforderlichen Informationen gewinnt? Primäre und wichtigste Quelle ist der beschuldigte Jugendliche selbst. Dem Gespräch mit ihm kommt eine grundlegende Bedeutung nicht nur aus Gründen des Kontakt- und Vertrauensaufbaus zu, es entspricht auch bestehenden rechtlichen Verpflichtungen. Materiellrechtlich handelt es sich bei den Ermittlungen der JGH um die **Erhebung von Sozialdaten**, die dem datenschutzrechtlichen Regime des § 62 SGB VIII unterliegt, nach dessen Absatz 2 Satz 1 Sozialdaten grundsätzlich beim Betroffenen zu erheben sind. Darüber hinaus hat der beschuldigte Jugendliche nach Art. 103 Abs. 1 GG Anspruch auf Gewährung rechtlichen Gehörs. Auch aus diesem Grund ist ihm vor Erstellung des JGH-Berichts – in welcher Form auch immer – Gelegenheit zur Äußerung zu geben. Andererseits ist der Beschuldigte zu einem Gespräch mit der JGH gesetzlich nicht verpflichtet.

Verweigert der Jugendliche die Kooperation oder erscheinen die von ihm gegebenen Informationen als nicht ausreichend, stellt sich die Frage nach anderen Erkenntnisquellen und der Befugnis der JGH, diese in Anspruch zu nehmen.

Als mögliche Informationsquellen benennt § 43 JGG, der auch für die JGH gilt, beispielhaft Erziehungsberechtigte und gesetzliche Vertreter, die Schule und Ausbildende. In Betracht kommen darüber hinaus sonstige Angehörige, Freunde; genannt werden auch Personen, die in amtlicher Eigenschaft als Betreuungshelfer oder Erziehungsbeistand Betreuungsfunktionen wahrnehmen (Laubenthal/Baier 2006, Rn. 184).

Allerdings setzt § 62 Abs. 3 SGB VIII der Datenerhebung ohne Mitwirkung des Betroffenen, hier also des beschuldigten Jugendlichen, Schranken. Sie darf nur erfolgen, wenn eine gesetzliche Bestimmung dies vorschreibt oder erlaubt (Nr. 1). Solche Bestimmungen liegen nicht vor, sind insbesondere nicht in den §§ 38, 43 JGG zu sehen (dazu und zur Gesetzgebungsgeschichte Feldmann 2008, 21, 22, m. w. N.).

Die Daten dürfen nach Nr. 2 Buchst. c auch dann ohne dessen Mitwirkung erhoben werden, wenn ihre Erhebung beim Betroffenen nicht möglich ist *oder* die jeweilige Aufgabe ihrer Art nach eine Erhebung bei anderen erfordert *und* die Kenntnis der Daten für die Wahrnehmung der Aufgabe nach § 52 SGB VIII erforderlich ist. Ob die Erhebung beim Betroffenen bereits dann im Sinne der ersten Alternative unmöglich ist, wenn der Jugendliche die Mitwirkung verweigert, wird ganz überwiegend zu Recht verneint (zur Begründung und weiteren Nachweisen Feldmann 2008, 21, 23), kann hier aber offen bleiben, weil regelmäßig die Voraussetzungen der zweiten Alternative vorliegen: Macht der Jugendliche keine Angaben oder sind diese nicht ausreichend, um hinreichende Aussagen zu seiner Persönlichkeit, den Ursachen und Folgen der Delinquenz und den zu ergreifenden Maßnahmen treffen zu können, dann erfordert dies die Erhebung bei anderen, weil die Kenntnis der vorgenannten Umstände für die Tätigkeit der JGH regelmäßig erforderlich ist (Feldmann 2008, 21, 23).

Demgegenüber hält eine Gegenauffassung die Datenerhebung bei Dritten gegen den Willen des jungen Menschen für grundsätzlich unzulässig, weil die Aufgabenerfüllung nach § 52 SGB VIII es in aller Regel nicht erforderlich mache, die Daten ohne Mitwirkung des Jugendlichen bei Dritten zu erheben (Trenczek, in: Münder et al. 2009; § 52 Rn. 28; Paschke 2010, 68, 69). Darauf kommt es indes nach § 62 Abs. 3 Nr. 2 Buchst. c SGB VIII nicht an: Die Vorschrift setzt in der zweiten Alternative lediglich voraus, dass die jeweilige Aufgabe ihrer Art nach eine *Erhebung bei anderen*, nicht aber, dass sie die Erhebung *gegen den Willen des betroffenen Jugendlichen* erfordert. Diese Auffassung verkennt also, dass § 62 Abs. 3 Nr. 2 Buchst. c SGB VIII zwei selbstständig nebeneinander stehende Alternativen enthält.

Über § 62 SGB VIII hinaus zeigt § 43 JGG weitere **Grenzen der Ermittlungstätigkeit** auf. Da bereits das Stattfinden von Ermittlungen stigmatisierende Wirkung hat und außerhalb des Strafverfahrens liegende und nicht steuerbare Sanktionen (z. B. Bestrafung durch die Eltern, soziale Isolation, Verlust des Ausbildungs- oder Arbeitsplatzes) nach sich ziehen kann, sollen gemäß § 43 Abs. 1 Satz 2 und 3 JGG Erziehungsberechtigte, gesetzliche Vertreter, Schule und Ausbildende nur „soweit möglich" gehört werden. Die Einschränkung ist im Sinne eines „soweit nötig" zu verstehen und hebt besonders prekäre Beispiele aus der Lebenswelt der Beschuldigten hervor, gilt aber für die Befragung anderer Personen wie für eine Begutachtung durch Sachverständige nach § 43 Abs. 2 JGG gleichermaßen. Auch dieser kann stigmatisierende oder sanktionierende Wirkung zukommen, so dass eine restriktive Handhabung angezeigt ist. In Bagatellsachen ist regelmäßig darauf zu verzichten (dazu Ostendorf 2009c, § 38 Rn. 16).

Mögliche Erkenntnisquelle der JGH sind auch in anderen Verfahren entstandene **Behörden- oder Gerichtsakten**. Insoweit ist jedoch Zurückhaltung geboten, da solche Akten regelmäßig Problemlagen festschreiben und akkumulieren und ihnen deshalb eine Verfälschungstendenz innewohnt.

d) Obwohl sie kein Strafverfolgungsorgan ist, sondern häufig als ein **Prozess(hilfe)organ eigener Art** qualifiziert wird (die Nachweise bei Ostendorf 2009c, § 38 Rn. 6), treffen auch die JGH im Zuge ihrer Tätigkeit **Belehrungspflichten**.

Zunächst hat die JGH den Beschuldigten auf dessen **Aussageverweigerungsrecht** (§§ 136 Abs. 1 Satz 2, 163a Abs. 3, 4 StPO) hinzuweisen. Unterbleibt diese, besteht ein Verwertungsverbot (Ostendorf 2009c, § 38 Rn. 9a m.w.N.). Auch unter sozialrechtlicher Betrachtungsweise trifft die JGH nach § 62 Abs. 2 Satz 2 SGB VIII eine Aufklärungspflicht hinsichtlich Rechtsgrundlage und Zweckbestimmung der Datenerhebung und –verwendung, soweit diese nicht offenkundig sind. Jedenfalls bei erstmaligem Kontakt ist eine solche Offenkundigkeit stets zu verneinen.

Die Befragung von Angehörigen des Beschuldigten, denen ein **Zeugnisverweigerungsrecht** zusteht, fällt unter den Begriff der Vernehmung i.S.d. § 252 StPO, sodass eine Belehrung über dieses Recht stattzufinden hat, bei deren Unterbleiben die Angaben nicht durch den Bericht der JGH in die Hauptverhandlung eingeführt werden darf (BGH, ZJJ 2005, 75 f.).

Jenseits rechtlicher Verpflichtungen gebietet die Herausbildung und Aufrechterhaltung eines Vertrauensverhältnisses zum Jugendlichen die **Offenlegung** der Funktion, der Möglichkeiten und Grenzen der Jugendgerichtshilfe, also etwa die Aufklärung darüber, dass die JGH **nicht** die Funktion einer **Verteidigung** hat und dass ihr grundsätzlich kein Zeugnisverweigerungsrecht zusteht, der JGH-Vertreter also äußerstenfalls gezwungen sein kann, das im Rahmen seiner Tätigkeit Erfahrene in der Hauptverhandlung zu offenbaren.

e) § 38 JGG schweigt hinsichtlich der Art und Weise, in der die JGH die von ihr zu beobachtenden Belange zur Geltung bringt. Naheliegend ist eine schriftliche Stellungnahme, der **JGH-Bericht**, die bereits vor der abschließenden Entscheidung der StA zu den Akten gelangt. Eine Gegenmeinung, die eine ausschließlich mündliche Stellungnahme favorisiert (Trenczek in: Münder et al. 2009, § 52 Rn. 33), begründet dies damit, dass im Vorfeld übersandte Berichte der JGH mitunter nur als Diktatvorlage für das richterliche Urteil dienten. Was kann, so ist dieser Begründung freilich entgegenzuhalten, einer von der fachlichen

Richtigkeit ihrer Stellungnahme überzeugten JGH Besseres geschehen, als dass diese die Verbindlichkeit der gerichtlichen Entscheidung
erlangt? Ob und in welchem Umfang ein schriftlicher JGH-Bericht
abgegeben wird, hängt nach den vorliegenden empirischen Daten
wesentlich vom Spezialisierungsgrad der JGH ab: Je höher die Spezia-
lisierung desto häufiger und ausführlicher die Stellungnahme (Trenczek
2003, 128 ff.). Die frühzeitige Anfertigung einer Stellungnahme ist zu
befürworten, da nur so die Möglichkeit besteht, bereits auf die Entscheidung der StA, insbesondere im Hinblick auf eine Diversion, Einfluss zu nehmen.

f) Nach § 38 Abs. 2 Satz 2 letzt. Hs. JGG äußern sich die Vertreter der
JGH „zu den Maßnahmen, die zu ergreifen sind". **Maßnahmen** im
Sinne dieser Vorschrift sind nicht nur die Sanktionen des JGG (Erziehungsmaßregeln, Zuchtmittel und Jugendstrafe), Maßnahme kann jegliche Reaktion auf Jugenddelinquenz sein. In Betracht kommen zum
einen die Diversion nach §§ 45, 47 JGG sowie Leistungen der Jugendhilfe im Sinne des § 52 Abs. 2 SGB VIII.

Diese „Äußerung" wird auch kurz **Maßnahmevorschlag** genannt,
womit wir uns mitten in einer Debatte darüber befinden, ob denn die
JGH unter sozialpädagogischen Gesichtspunkten überhaupt etwas, insbesondere eine Sanktion „vorschlagen" solle oder dürfe. Es ist dies eine
weitere Frage, bei der unterschiedliche Auffassungen zur Rolle und
Aufgabe der JGH sichtbar werden. So heißt es bei Trenczek zum Vorschlag von Sanktionen (Münder et al. 2009):

„Es ist **nicht** Aufgabe des JA, (jugend)strafrechtliche **Sanktionen** vorzuschlagen (aA Ostendorf § 38 JGG Rn 6 und 17), sondern lediglich sich zu
den zu ergreifenden Maßnahmen **‚zu äußern'** (vgl § 38 Abs. 2 Satz 2 JGG)
[Hervorh. jew. im Orig.; W.M.]. Dh die Fachkräfte des JA sollen aus
sozialpädagogischer Sicht zu den Auswirkungen der (jugend)strafrechtli-
chen Entscheidung insb. auf die Entwicklung und die Handlungskompetenz
des jungen Menschen Stellung nehmen, sie schlagen selbst aber grds. nur
solche Interventionen vor, die dem Jugendhilfe- und Erziehungsverständnis
des Jugendhilferechts (Hilfebedarf des jungen Menschen) entsprechen und
deshalb vom JA initiiert bzw angeboten werden können (…). ‚Sanktions-'
und ‚Ahndungsvorschläge' (vgl BayLJA 193,35; Wilbrand/Unbehend 195,
11, 25 und 30) – insb. skandalös vor der gerichtlichen Feststellung von
Täterschaft und strafrechtlicher Verantwortlichkeit – haben zu unterbleiben."

Der hier übermittelte Rat an die JGH, sich nicht die Hände an einer als solche empfundenen Sanktionierung schmutzig zu machen und insoweit jegliche Verantwortung abzulehnen, wird an anderer Stelle noch deutlicher ausgesprochen: „Für die strafrechtliche Bewertung und Sanktionierung des Verhaltens ist nicht die Jugendhilfe, sondern gegebenenfalls das Jugendgericht verantwortlich" (Trenczek 2010a, 249 [259]).

Selbstredend ist es nicht Aufgabe der JGH, Strafeskalation zu betreiben oder auch nur dazu beizutragen. Da wir uns aber in einem *Straf*verfahren befinden, gilt es, gegenüber den Strafverfolgungsorganen (StA und Gericht) auch *strafrechtlich* Position zu be- und sich nicht in jugendhilferechtliche Räume zurückzuziehen.

Ungeachtet dessen, ist die vorstehend referierte Begründung auch nicht frei von Widersprüchen. Es ist schlicht nicht möglich, zu den Auswirkungen einer jugendstrafrechtlichen Entscheidung Stellung zu nehmen, ohne diese zu kennen. Nun kennt niemand vor der Urteilsverkündung die gerichtliche Entscheidung, es ist aber nicht nur möglich, sondern auch notwendig – Staatsanwaltschaft und Verteidigung verfahren in gleicher Weise – das Gericht von einem eigenen **Entscheidungsvorschlag** zu überzeugen und **dessen positive Auswirkungen** argumentativ darzulegen.

Auch eine konkrete Sanktionierung vorzuschlagen, ist für die JGH weder aufgaben- noch funktionswidrig. Insbesondere widerspricht dies entgegen der Auffassung von Laubenthal/Baier (2006, Rn. 195) nicht der alleinigen Entscheidungsbefugnis des Gerichts. Ziel eines solchen Vorschlags ist es nicht, sich an die Stelle des Richters zu setzen, sondern auf dessen Entscheidung Einfluss zu nehmen.

Soweit es sich um eine Sanktion handelt, kann der Vorschlag immer nur unter der Bedingung einer Feststellung der Schuld des angeklagten Jugendlichen erfolgen. Ein Verstoß gegen die Unschuldsvermutung liegt in einem Maßnahmevorschlag nicht. Wäre es anders – und darin liegt ein weiterer Widerspruch der Gegenposition – dürften auch keine „sozialpädagogischen Gesichtspunkte zur Geltung" (Trenczek 2010a, 249 [258 f.]) gebracht werden, denn worin sollten Anlass und Legitimation für solche bestehen? Sollte die JGH im Übrigen aus tatsächlichen oder rechtlichen Gründen Erhebliches gegen die Schuld des Jugendlichen vorzubringen haben, ist sie nicht nur befugt, sondern auch verpflichtet, dies zu tun.

Abträglich sind indes (Sanktions-)Vorschläge „aus dem Bauch heraus" oder nach Alltagsverständnissen (signifikantes Beispiel dafür ist der berüchtigte „Schuss vor den Bug"). Ungeachtet der ungeheuren Weite und relativen Unbestimmtheit der jugendstrafrechtlichen Sanktionsmöglichkeiten, lassen sich doch gewisse Kriterien für die Richtigkeit und Zulässigkeit einer bestimmten Sanktion herausarbeiten, die die Mitarbeiterinnen und Mitarbeiter der JGH kennen und auf deren Einhaltung sie insistieren müssen. Dies gilt insbesondere für die Jugendstrafe, die in der Praxis nicht selten ohne genaueres Eingehen auf die Voraussetzungen des § 17 JGG für zulässig erachtet wird, um sodann mit erzieherischer Milde ihre Vollstreckung zur Bewährung auszusetzen.

Zur Frage, unter welchen Voraussetzungen welche Sanktion oder das Absehen von Sanktionierung angezeigt ist, wird auf § 6 III. verwiesen, wo die Voraussetzungen der einzelnen jugendstrafrechtlichen Sanktionen dargelegt und erläutert sind.

Soweit der Maßnahmevorschlag die Gewährung von Leistungen beinhaltet, stellt sich die Frage der unter dem Begriff der **Steuerungsverantwortung** firmierenden Kostentragung. Diese ist freilich in den weiteren Kontext des Verhältnisses von Jugendstrafrecht und Jugendhilfe, von Jugendgericht und Jugendamt eingebettet und nur aus dessen grundlegendem Verständnis heraus zu beantworten. Sie wird deshalb in § 4 behandelt.

## 2.      Haftentscheidungshilfe – Haftvermeidung

In Haftsachen hat die JGH gem. § 38 Abs. 2 Satz 3 JGG beschleunigt über das Ergebnis ihrer Nachforschungen zu berichten. Damit korrespondiert die Vorschrift des § 72a JGG, nach dessen Satz 1 bereits der Erlass eines Haftbefehls (§ 115 StPO) der JGH mitgeteilt werden soll und diese unverzüglich von dessen Vollstreckung zu unterrichten ist. Nur die unverzügliche Unterrichtung der JGH durch die Strafverfolgungsorgane, die umgehende Ermittlungsarbeit der JGH und deren Bericht ermöglichen es, die dabei gewonnenen Kenntnisse und Erkenntnisse in die Haftentscheidung mit dem Ziel einfließen zu lassen, **Untersuchungshaft zu vermeiden**. Dass auch der Gesetzgeber die Verhängung von Untersuchungshaft gegen Jugendliche als schädlich ansieht, ergibt sich unzweideutig aus § 72 JGG, der gegenüber den Regelungen der StPO weitergehende Voraussetzungen und Sicherungen für die Anordnung von U-Haft normiert.

In diesem Stadium des Verfahrens ist es mithin Aufgabe der JGH, alle in der Person des beschuldigten Jugendlichen liegenden Hindernisse für eine U-Haft sowie alle in Betracht kommenden Alternativen (vorläufige Anordnungen zur Erziehung oder andere Maßnahmen i. S. d. § 72 Abs. 1 Satz JGG, Gewährung von Leistungen nach dem SGB VIII) zu eruieren und gegenüber Staatsanwaltschaft und Haftrichter vorzubringen. Angesichts dieser eindeutigen gesetzlichen Aufgabenzuweisung und der Zielsetzung der Haftvermeidung verwundert die in einem DIJuF-Rechtsgutachten (JAmt 2006, 26, 27; dazu die Kritik von Höynck/Goerdeler 2006, 170 ff.) formulierte trotzige Ablehnungshaltung: Selbstverständlich ist eine Heimunterbringung (oder Unterbringung etwa in einer betreuten Wohngemeinschaft) auch ohne Hilfeplanverfahren besser und deshalb richtiger als die Verhaftung. Das Insistieren auf einem solchen in der Situation unmittelbar drohender Haft ist bereits angesichts der zeitlichen Dimension geradezu bizarr und zeugt von (allerdings prinzipienfester) Ignoranz gegenüber der Situation der betroffenen Jugendlichen.

3.    Teilnahme an der Hauptverhandlung

Die Aussagen des JGG zur Teilnahme und Funktion der JGH in der Hauptversammlung sind spärlich. Neben der Regelung des § 38 Abs. 2 Satz 4 JGG, wonach der Vertreter in die Hauptversammlung entsandt werden soll, der die Nachforschungen angestellt hat, normiert § 50 Abs. 3 Satz 1 JGG lapidar, dass dem Vertreter der Jugendgerichtshilfe Ort und Zeit der Hauptverhandlung mitzuteilen sind.

Mit der (rechtzeitigen) Mitteilung von Ort und Zeit der Hauptverhandlung hat das Gericht das seinerseits Erforderliche zur „Heranziehung" getan (BayObLG, ZfJ 1995, 280 f.). Unterbleibt diese Mitteilung, begründet dies die Revision, da das Urteil auf diesem Verfahrensverstoß beruhen kann und zudem regelmäßig die Aufklärungspflicht nach § 244 Abs. 2 StPO verletzt wird (Eisenberg 1998, 304, 311, m. w. N.; BGH, StV 2001, 172).

Erscheint dagegen die JGH trotz ergangener Mitteilung in der Hauptverhandlung nicht, kann eine Revision lediglich wegen Verletzung der Aufklärungspflicht und nur dann Erfolg haben, wenn konkrete Anhaltspunkte die Annahme begründen, dass die Teilnahme der JGH für den Strafausspruch erhebliche Tatsachen über die Persönlichkeit des Angeklagten erbracht hätte (BGHSt 27, 250 ff.). Eine Verpflichtung der JGH zur Teilnahme an der Hauptverhandlung besteht nach ganz überwiegender Auffassung nicht (Eisenberg 1998, 304, 311).

Nicht minder lapidar ist die Äußerung des JGG zur Rolle und den Befugnissen der JGH, wenn es in § 50 Abs. 3 Satz 2 JGG heißt, dass ihr Vertreter auf Verlangen das Wort erhält. Die Regelung beinhaltet unstreitig, dass die JGH in der Hauptverhandlung jederzeit Erklärungen abgeben und Anregungen etwa hinsichtlich weiter zu erhebender Beweise äußern kann (Beispiel: Die JGH regt gegenüber dem Gericht die Einholung eines Sachverständigengutachtens zur Frage der strafrechtlichen Verantwortlichkeit i. S. d. § 3 JGG an.). Umstritten ist, ob ihr ein (Beweis)antragsrecht zusteht. Die überwiegende Auffassung verneint dies (Vgl. Eisenberg 2010a, § 38 Rn. 28; Mörsberger in: Wiesner 2006, § 52 Rn. 45a).

Verneint wird ebenso ein Fragerecht, das Recht auf Akteneinsicht sowie die Befugnis, Rechtsmittel einzulegen (Eisenberg 2010a, § 38 Rn. 28, 31, jeweils m. w. N).

Wie ein im Vorverfahren erstellter Bericht der JGH in die Hauptversammlung einzuführen ist, regelt das JGG nicht. In Betracht kommen folgende Wege, deren Zulässigkeit im Einzelnen umstritten ist:

- Verlesung oder Vortrag durch den anwesenden JGH-Vertreter oder den Richter,
- Einführung durch Fragen und Vorhalte des Vorsitzenden oder
- Vernehmung des JGH-Vertreters als Zeugen.

(Zur Frage der Zulässigkeit und Tunlichkeit der einzelnen Wege Eisenberg 1998, 304, 311 f.; Ostendorf 2009c, § 38 Rn. 8, jeweils m. w. N.)

Wurde ein schriftlicher Bericht durch die JGH nicht erstellt, hat diese jedenfalls am Ende der Beweisaufnahme im Rahmen ihres Äußerungsrechts Stellung zu nehmen und einen Vorschlag zu den **für den Fall eines Schuldspruchs** zu ergreifenden Maßnahmen zu unterbreiten.

Eine Zeugenvernehmung des JGH-Vertreters, sei es zum Ermittlungsbericht, sei es zu anderen Beweisthemen, verschärft den Rollenkonflikt, in dem sich die JGH befindet. Dem JGH-Vertreter steht ein Zeugnisverweigerungsrecht nur in Ausnahmefällen zu, sodass er im Fall der Vernehmung – vorbehaltlich einer vorliegenden Aussagegenehmigung nach § 54 StPO – zur vollständigen Aussage verpflichtet ist. Eine solche Aussage ist immer geeignet, ein bestehendes Vertrauensverhältnis zu beeinträchtigen oder zu zerstören. Im Interesse einer funktionierenden JGH ist deshalb von solchen Zeugenvernehmungen Abstand zu nehmen.

## 4. Stellungnahme zur beabsichtigten Erteilung von Weisungen

Gehört werden muss die JGH gemäß § 38 Abs. 3 Satz 3 JGG vor der **Erteilung von Weisungen**, wobei sich im Falle einer in Betracht kommenden Betreuungsweisung die Äußerung auch auf die Person des Betreuungshelfers erstrecken soll. Die Anhörungspflicht gilt nicht nur im Fall einer Verurteilung, sondern auch bei Erteilung einer Weisung im Rahmen der Diversion (§ 45 JGG). Zweck der Regelung ist es, die Durchführbarkeit der in Aussicht genommenen Weisungen mittels der Kenntnisse der JGH zu prüfen (Eisenberg 2010a, § 38 Rn. 16).

## 5. Überwachung der Erfüllung richterlicher Weisungen und Auflagen

Soweit kein Bewährungshelfer damit beauftragt wurde, gehört auch die Überwachung der Erfüllung richterlicher Weisungen (§ 10 JGG) und Auflagen (§ 15 JGG) zu den Aufgaben der JGH. Eigenständige Bedeutung erlangt diese dann, wenn die angeordnete Maßnahme nicht bereits vom JA durchgeführt wird. Gegenüber einer Auffassung, die eine solche Verpflichtung in Abrede stellt oder gar für unzulässig hält (Trenczek in: Münder et al. 2009; § 52 Rn. 48), ist auf den eindeutigen Wortlaut der Vorschrift des § 38 Abs. 2 Satz 5 JGG zu verweisen, der nicht unter Berufung auf Prinzipien („Zweckbindungsprinzip") konterkariert werden darf. Konfliktbeladen ist die in § 38 Abs. 2 Satz 6 JGG normierte Verpflichtung, „erhebliche Zuwiderhandlungen" dem Richter mitzuteilen, da eine solche Mitteilung Sanktionen in Form des sog. Ungehorsamsarrestes nach sich ziehen kann (§§ 11 Abs. 3, 15 Abs. 3 Satz 2 JGG). Hier sind die Fachkräfte der JGH gefragt, eine Sanktionseskalation zu vermeiden und vor einer Mitteilung alle Hilfemöglichkeiten auszuschöpfen, um die Erfüllung der richterlichen Anordnung zu sichern. Im Rahmen einer Mitteilung, die als ultima ratio anzusehen ist und sich bei geringfügigen Verstößen a priori verbietet, ist auch auf die Frage des Verschuldens einzugehen (Eisenberg 2010a, § 38 Rn. 17). Ist oder wird die Erfüllung einer Weisung oder Auflage (etwa einer Arbeitsweisung durch Aufnahme einer beruflichen Tätigkeit oder Ausbildung, einer Geldzahlung durch den Verlust des Arbeits- oder Ausbildungsplatzes) unmöglich oder unzumutbar, hat die JGH auf eine Änderung oder Befreiung durch den Richter hinzuwirken. Eine solche Änderung ist nach §§ 11 Abs. 2, 15 Abs. 3 Satz 1 JGG jederzeit möglich. Es liegt nicht zuletzt an den Kenntnissen, an der Argumentationsfähigkeit und am Geschick des Jugendgerichtshelfers, die Sinnhaftigkeit oder Notwendigkeit einer solchen Änderung plausibel zu machen.

## 6.    Betreuung und Aufsicht im Fall einer Betreuungsweisung

Anders als in den zuvor behandelten Fällen beschränkt sich die Tätigkeit des Betreuungshelfers nicht auf Überwachung, sondern ist befristete Lebensbegleitung, wenn es nicht aufgrund der zu bewältigenden Fallzahlen verunmöglicht wird. Sie erfordert hohen Einsatz und Frustrationstoleranz. Zugleich tritt in der Rolle des Betreuungshelfers der Konflikt zwischen Hilfe und Kontrolle deutlich zutage. Gleichwohl kann eine Betreuung nur erfolgreich sein, wenn zwischen Betreuungshelfer und Jugendlichen ein Vertrauensverhältnis aufgebaut werden kann.

## 7.    Zusammenarbeit mit dem Bewährungshelfer

Betreuung und Überwachung während der Bewährungszeit ist grundsätzlich Sache des Bewährungshelfers. Die vom Gesetz geforderte Zusammenarbeit mit diesem muss sich folglich auf die Vermeidung von Doppelbetreuung oder widersprüchlicher Hilfemaßnahmen beschränken. Weitere Formen von Kooperation sind kaum denkbar (ebenso Böhm/Feuerhelm 2004, 133).

## 8.    Betreuung während des Vollzugs

§ 38 Abs. 2 Satz 9 JGG macht deutlich, dass das „gesamte Verfahren" auch den Vollzug umfasst. Die fortdauernde **Verbindung zu dem Jugendlichen** während des Vollzugs, vermag zwar dessen grundsätzlich schädliche Wirkung beileibe nicht beseitigen, ist aber geeignet, die Dissozialisierung abzumildern und damit dem Ziel der Legalbewährung zu dienen. Sie kann ferner der Verstrickung in Subkulturen entgegenwirken. Sich der **Wiedereingliederung** anzunehmen, bedeutet, Hilfestellung bei der Aufrechterhaltung bzw. Knüpfung von Kontakten zur (bisherigen) Lebenswelt des Verurteilten zu leisten und bei der Vorbereitung der Entlassung (z. B. Finden einer Wohnung oder eines Arbeits-/Ausbildungsplatzes; Geltendmachung von (Sozial-)Leistungen) behilflich zu sein.

## C.   Zuständigkeiten

Sachlich zuständig ist gem. § 85 Abs. 1 SGB VIII das JA. Die örtliche Zuständigkeit regelt § 87b SGB VIII. Die nach dem Gesetz (§ 38 Abs. 1 JGG, § 76 SGB VIII) bei fortbestehender Verantwortlichkeit des öffentlichen Trägers mögliche Beteiligung freier Träger ist in der Praxis von untergeordneter Bedeutung (Trenczek 2003, 46 f.).

§ 52 Abs. 3 SGB VIII verpflichtet (ebenso wie § 38 Abs. 2 Satz 4 JGG) das JA oder den freien Träger im Wege einer Soll-Vorschrift zur Betreuung des Jugendlichen während des gesamten Verfahrens durch dieselbe Person (Beschlussempfehlung und Bericht des Ausschusses für Jugend, Familie, Frauen und Gesundheit [13. Ausschuss] vom 21.03.1990, BT-Drs. 11/6748, 82). Die Vorschrift sollte die Praxis der Gerichtsgänger beenden, nach der ausschließlich oder überwiegend damit beauftragte Mitarbeiter die Hauptverhandlungstermine wahrnehmen, ohne selbst zuvor Ermittlungen durchgeführt oder auch nur Kontakt zu den Beschuldigten gehabt zu haben. Nach den vorliegenden empirischen Befunden hat der Gesetzgeber dieses Ziel in weitem Umfang erreicht. (Trenczek 2003, 110 f.)

## D.   Leistungen der Jugendhilfe – § 52 Abs. 2 SGB VIII

Während § 52 Abs. 1 SGB VIII auf das JGG und die dort normierten Aufgaben verweist, verpflichtet dessen Absatz 2 das Jugendamt, „frühzeitig" die Gewährung von Leistungen der Jugendhilfe zu prüfen. Kommen solche in Betracht oder sind bereits eingeleitet oder gewährt worden, hat das JA die Strafverfolgungsorgane zu informieren, damit diese ihrerseits die Möglichkeit einer Einstellung des Verfahrens prüfen können. Wir kommen damit zur zweiten zentralen Vorschrift für die Tätigkeit des JA im Jugendstrafverfahren, § 52 Abs. 2 SGB VIII.

Was regelt § 52 Abs. 2 SGB VIII? Er verpflichtet zunächst einmal in seinem Satz 1 das JA, frühzeitig zu prüfen, ob für den Jugendlichen oder jungen Volljährigen Leistungen der Jugendhilfe in Betracht kommen. „Frühzeitig" kann im Kontext des § 52 nur heißen, sobald das

Jugendamt Kenntnis davon erlangt, dass ein Jugendlicher oder junger Volljähriger einer Straftat beschuldigt wird. Leistungen der Jugendhilfe sind zunächst einmal die verschiedenen Formen der Hilfe zur Erziehung nach den §§ 27 ff. SGB VIII, in Betracht kommen aber ebenso unbenannte Erziehungshilfen sowie alle übrigen Leistungen der Jugendhilfe, die in § 2 Abs. 2 SGB VIII genannt sind. Das JA hat aber auch dann die Prüfung der nach § 45 Abs. 1 JGG möglichen sanktionslosen Diversion anzuregen, wenn es angesichts des Charakters von Jugenddelinquenz eine Intervention für nicht erforderlich oder gar kontraproduktiv hält.

Diese Prüfung und die in Absatz 3 vorgesehene Betreuung des Jugendlichen oder jungen Volljährigen während des gesamten Verfahrens als eine sozialpädagogische Aufgabe (BT-Drs. 11/5984, 90) schließen ein, dass Kontakte auch während des Vollzugs von Untersuchungshaft, ggf. auch Strafhaft aus früherer Verurteilung, geknüpft bzw. aufrechterhalten werden.

Die Prüfung, ob für den Jugendlichen oder jungen Volljährigen Leistungen der Jugendhilfe in Betracht kommen, hat zu berücksichtigen, dass der Betreffende zu diesem Zeitpunkt nur Beschuldigter, also einer Straftat verdächtig, nicht dagegen rechtskräftig verurteilt ist.

Die angeordnete Prüfung des JA dient der Vermeidung von Jugendstrafverfahren oder – soweit ein solches bereits eingeleitet ist – der alsbaldigen Diversion. Die Gesetzesbegründung zum KJHG sah den Zweck der Vorschrift (in seiner ursprünglichen Fassung) in erster Linie darin, freiheitsentziehende Maßnahmen nach dem JGG zu vermeiden. Ein Widerspruch ist hierin nicht zu sehen. Die Begründung verdeutlicht, dass der Gesetzgeber vor allem stationäre Maßnahmen als schärfste Sanktionen des Jugendstrafrechts vermieden sehen wollte. Für eine Beschränkung darauf gibt aber die Begründung und erst recht der Gesetzeswortlaut nichts her. Im Gegenteil macht Abs. 2 Satz 2 deutlich, dass der Gesetzgeber in allen Fällen der durch Leistungen der Jugendhilfe ermöglichten Diversion den Vorrang vor der strafrechtlichen Sanktionierung einräumt: Kommt nämlich eine solche Leistung in Betracht oder ist sie bereits eingeleitet oder gewährt, hat das JA Staatsanwalt oder Richter davon zu unterrichten, *damit* diese die Möglichkeit der Diversion aufgrund der Leistung prüfen können. Das JA ist also verpflichtet, durch Prüfung und Gewährung von Leistungen die Voraussetzungen für eine Diversion zu schaffen. Die Entscheidung über das Absehen von Verfolgung oder die Einstellung des Verfahrens liegt nach §§ 45, 47 JGG dagegen beim Staatsanwalt bzw. dem Richter (dazu die Ausführungen in § 8). Dabei stehen diese Vorschriften nicht beziehungslos neben § 52 SGB VIII oder treten gar zu diesem in Widerspruch, vielmehr knüpft § 45 Abs. 2 JGG explizit an die Einleitung oder die bereits erfolgte Durchführung einer „erzieherischen Maßnahme" an, worunter ungeachtet der weniger an Hilfeangebote denn an Anordnung erinnernden abweichenden Terminologie nichts anderes zu verstehen ist als die „Leistungen der Jugendhilfe", von denen § 52 Abs. 2 SGB VIII spricht.

Lehnen Staatsanwalt und Richter ungeachtet der Hilfeleistung das Absehen von Verfolgung bzw. die Einstellung des Verfahrens ab, hat die Jugendgerichtshilfe – entsprechend dem jeweiligen Verfahrensstadium – in dem oben unter II. ausgeführten Sinne tätig zu werden. Zu den dabei möglichen Konflikten zwischen Jugendgericht einerseits und JA / JGH andererseits wird auf die Ausführungen in § 4 verwiesen.

## E.   Datenschutz

Bei der Ermittlungstätigkeit durch die JGH sind die datenschutzrechtlichen Bestimmungen der §§ 61 ff. SGB VIII i. V. m. §§ 35 SGB I, 67 ff. SGB X zu beachten. Dies ist nach Wegfall des § 61 Abs. 3 a. F. und dem darin enthaltenen Verweis auf jedenfalls nicht explizit vorhandene Datenschutzregelungen des JGG eindeutig. Insoweit kann auf die Ausführungen oben unter B.1.c) sowie den Aufsatz von Feldmann 2008, 21–28, verwiesen werden.

## III.   Rollenkonflikt

Die vorstehend beschriebenen Aufgaben der JGH legen die Frage nahe, auf welcher Seite deren Mitarbeiterinnen und Mitarbeiter denn nun stehen: Auf der Seite des Gerichts oder der des Jugendlichen? Haben sie vor allem eine Betreuungsfunktion für den Beschuldigten wahrzunehmen, oder sind sie primär der Hilfe für Gericht und Staatsanwaltschaft verpflichtet?

In dieser gemeinhin als **„Rollenkonflikt"** bezeichneten Konstellation spricht Ostendorf von der Jugendgerichtshilfe als „Doppelagentin" (2009a, Rn. 78; zur Problematik auch Laubenthal / Baier 2006, Rn. 222 ff.). Noch komplizierter wird es, bezieht man die Interessen des durch die Straftat Verletzten mit ein, etwa im Rahmen eines Täter-Opfer-Ausgleichs. Der Konflikt lässt sich nicht einfach in die eine oder andere Richtung auflösen. Ostendorf (2009a, Rn. 78) plädiert, und dem wird man beipflichten können, dafür, der Betreuungsfunktion primäre Bedeutung beizumessen, was bei Fehlen sonstiger Unterstützung des Beschuldigten etwa durch gesetzliche Vertreter oder einen Verteidiger zu einer „Sozialanwaltschaft" führen könne.

Der ehedem breit thematisierte Rollenkonflikt scheint, nimmt man die literarische Behandlung als Indiz, seine Brisanz etwas verloren zu haben. Dies dürfte in der inzwischen starken Betonung des Hilfecharakters der Tätigkeit zulasten der strafverfahrensrechtlichen Aufgaben und Funktion der JGH begründet sein.

# § 11 Vollstreckung und Registrierung

Bereits das strafrechtliche Ermittlungsverfahren wie auch die sich anschließende Hauptverhandlung stellen für einen betroffenen Jugendlichen oder Heranwachsenden mehr noch als für Erwachsene eine besondere Belastung dar. Mit dem Abschluss des Verfahrens vor Gericht entfällt dieser unmittelbare Druck erst einmal. Es schließt sich jedoch sogleich die Frage an, welche Konsequenzen sich für die Zukunft und welche Belastungen sich für einen Betroffenen ergeben. Damit steht im Zentrum des Interesses die Frage der Vollstreckung der verhängten Sanktionen und das Problem, inwiefern einem Jugendlichen und Heranwachsenden die Verfehlung in der Folgezeit über die eigentliche Verurteilung hinaus noch Nachteile bereiten kann.

## I.    Vollstreckung

An die jugendrichterliche Entscheidung schließt sich deren Vollstreckung an. Rechtsgrundlage bilden die Vorschriften des JGG, der JAVollzO (vom 30.11.1976, BGBl I, 3270) und für den Vollzug der Jugendstrafe die infolge des Urteils des Bundesverfassungsgerichts vom 31. Mai 2006 (BVerfGE 116, 69 = NJW 2006, 2093) ergangenen Jugendstrafvollzugsgesetze der Länder (siehe etwa HessJStVollzG vom 19.11.2007 [GVBl. I, 758] oder das NdsJVollzG vom 14.12.2007 [GVBl., 720], das zugleich den Vollzug der Freiheitsstrafe und der Untersuchungshaft regelt und in §§ 113 ff. spezielle Vorschriften über den Vollzug der Jugendstrafe enthält – eine Zusammenstellung ist zu finden unter www.strafvollzugsarchiv.de. Die Regelungen auf Länderebene wurden erforderlich, weil die Änderung der Kompetenzordnung des GG als Teil der ersten Stufe der Föderalismusreform das Recht des Strafvollzugs als Gesetzgebungskompetenz des Bundes in Art. 74 Abs. 1 Nr. 1 GG hatte entfallen lassen [Ostendorf 2008, 14 ff.]) Von der Vollstreckung als „Einleitung und generelle Überwachung der Urteilsdurchsetzung" (so Albrecht 2000, 398), also das „Ob" der Vollstreckung, ist der Vollzug, das „Wie" der Vollstreckung, zu unterscheiden (Schaffstein/Beulke 2002, 283; Laubenthal 2008, Rn. 12). Entsprechend wird im JGG auch zwischen dem Vollstreckungsleiter und dem Vollzugsleiter differenziert.

Die Vollstreckung darf erst nach Rechtskraft der Verurteilung beginnen (§ 449 StPO). Von diesem Grundsatz ist gemäß § 56 JGG eine Ausnahme zulässig. Danach kann das Rechtsmittelgericht im Falle einer Einheitsstrafe (§ 31 JGG) den Teil der Strafe für sofort vollstreckbar erklären, der mit dem Rechtsmittel nicht angegriffen worden und deshalb bereits rechtskräftig ist (nur dieser Teil darf vollstreckt werden, Eisenberg 2010a, § 65 Rn. 12). Dies dient der Herstellung des möglichst engen zeitlichen Zusammenhangs zwischen Verurteilung und Vollstreckung, um die Einwirkung der verhängten Strafe auf den Verurteilten zu erhöhen (kritisch zu dieser Vorschrift Eisenberg 2010a, § 65 Rn. 4 ff.).

## A.   Der Jugendrichter als Vollstreckungsleiter

An die Stelle der Staatsanwaltschaft als Vollstreckungsbehörde (§ 451 StPO) und die Strafvollstreckungskammer des Landgerichts (§ 462a StPO, §§ 78a f. GVG) im Falle der Strafen gegen Erwachsene tritt für das Jugendstrafrecht einheitlich der Jugendrichter als Vollstreckungsleiter (§ 82 Abs. 1 JGG). Dies hat den Zweck, die Vollstreckung schnell und sachkundig durchzuführen, wobei gerade auch der erkennende Richter die Vollstreckung leiten soll, um die Sanktionen selbst durchzusetzen und gegebenenfalls zu korrigieren (Ostendorf 2009c, Grdl. z. §§ 82–85, Rn. 3). Dies gilt auch dann, wenn gleichzeitig eine Freiheitsstrafe vollstreckt wird, so dass der Jugendrichter für die Jugendstrafe zuständig bleibt, während Staatsanwaltschaft und Strafvollstreckungskammer für die Vollstreckung der Freiheitsstrafe zuständig sind (für eine Konzentration beider Zuständigkeiten bei der Strafvollstreckungskammer nunmehr Maaß 2008, 129 ff.).

Im Hinblick auf die örtliche Zuständigkeit des Vollstreckungsleiters gilt das Prinzip, dass eine möglichst große Nähe des Jugendrichters zum verurteilten Jugendlichen bestehen soll. Sofern also die Vollstreckung – wie regelmäßig bei Jugendstrafe und Jugendarrest – vom Ort der Verurteilung weit entfernt erfolgt, ist nicht der verurteilende Richter selbst (§ 84 Abs. 1 JGG), sondern der Jugendrichter zuständig, in dessen Bezirk die Jugendstrafanstalt (§ 85 Abs. 2 JGG) oder die Arrestanstalt

(§ 85 Abs. 1 i. V. m. § 90 Abs. 2 Satz 2 JGG; Vollzugsleiter und Vollstreckungsleiter sind somit im Falle des Arrests identisch) liegt (besonderer Vollstreckungsleiter).

Hat ein Jugendlicher / Heranwachsender bei Vollstreckung der Haftstrafe bereits ein höheres Alter erreicht, kann es sinnvoll erscheinen, die Strafe nicht mehr in einer Jugendstrafanstalt oder überhaupt nach den Regeln des Jugendstrafrechts zu vollstrecken. Ein Verurteilter eignet sich etwa dann nicht mehr für den Jugendstrafvollzug, wenn die erzieherische Einwirkung in der Vollzugseinrichtung keinen Erfolg verspricht oder wenn von seiner Anwesenheit erhebliche Nachteile für die Erziehung der anderen Gefangenen zu befürchten sind (Eisenberg 2010a, § 91 Rn. 4). Deshalb kann nach Entscheidung des Jugendrichters als Vollstreckungsleiter die Vollstreckung der Jugendstrafe ab dem 18. Lebensjahr des Gefangenen nach den Vorschriften über den Erwachsenenstrafvollzug erfolgen, ab dem 24. Lebensjahr *soll* dies erfolgen (§ 91 JGG). Die Strafe wird dann nach den Vorschriften des Strafvollzugsgesetzes (des Bundes) oder der Vollzugsgesetze der Länder für Erwachsene vollzogen.

Hat ein Verurteilter das 24. Lebensjahr vollendet, so kann der Jugendrichter darüber hinaus seine Aufgabe als Vollstreckungsleiter an Staatsanwaltschaft und Strafvollstreckungskammer abgeben, die dann wie im Falle einer verhängten Freiheitsstrafe zuständig werden. Es bleibt aber dabei, dass auch dann weiterhin die zu vollstreckende Strafe eine Jugendstrafe bleibt und sich nicht zur Freiheitsstrafe wandelt. Lediglich die Regeln der Vollstreckung und die Vollstreckungsleitung ändern sich. Dies führt etwa dazu, dass die nach Abgabe für die Aussetzung einer Reststrafe zur Bewährung zuständige Strafvollstreckungskammer (§ 462a StPO) über die bedingte Entlassung am Maßstab von § 88 JGG und nicht nach § 57 StGB zu entscheiden hat (etwa OLG Frankfurt / Main, NStZ-RR 1999, 91; Eisenberg 2010a, § 85 Rn. 17a m. w. N.).

## B.    Die Befugnisse des Vollstreckungsleiters

Der Jugendrichter wird in seiner Funktion als Vollstreckungsleiter nicht zwingend als Richter im technischen Sinne tätig, sondern erledigt weisungsgebunden wie ein Beamter Justizverwaltungsaufgaben, etwa die Ladung zum Strafantritt, Einweisung in eine bestimmte Anstalt. Daher sind in §§ 83, 112c JGG diejenigen Aufgaben ausdrücklich als „jugendrichterliche" bestimmt, in denen der Jugendrichter als solcher und damit in Unabhängigkeit (Art. 97 Abs. 1 GG) entscheidet. Dabei handelt es sich um die Umwandlung von Freizeitarrest in Kurzarrest (§ 86 JGG), das Absehen von der Vollstreckung des Jugendarrests (§ 87 JGG), die Aussetzung der Restjugendstrafe zur Bewährung einschließlich der nach der Entlassung etwaig notwendig werdenden Entscheidungen zur Bewährungszeit und Weisungen und Auflagen, Widerruf der Entlassung und Straferlass (§ 88 JGG), die Unterbrechung der Vollstreckung der Jugendstrafe neben Freiheitsstrafe (§ 89a JGG) sowie die schon erwähnte Herausnahme aus dem Jugendstrafvollzug (§ 91 JGG). Hinzu kommen die Entscheidungen des Jugendrichters, die er anstelle der Strafvollstreckungskammer nach §§ 462a, 463 StPO zu treffen hat (beachte insbesondere die Zuständigkeit der Jugendkammer nach § 83 Abs. 2 Nr. 2 JGG, wenn der Jugendrichter insoweit über seine eigene Anordnung zu entscheiden hätte).

## C.    Der Vollzug von Jugendarrest und Jugendstrafvollzug

Für den Jugendarrest ist der Jugendrichter am Ort der Vollzugseinrichtung zum Vollzugsleiter bestimmt (§ 90 Abs. 2 Satz 2 JGG). Für den Jugendstrafvollzug sind die Jugendstrafvollzugsanstalten der Länder die Vollstreckungsbehörden und damit deren Leiter auch die jeweiligen Vollstreckungsleiter (§ 176 Abs 1 NdsJVollzG; § 71 Abs. 1 Satz 1 HessJStVollzG).

Der Jugendarrest darf nur innerhalb eines Jahres nach seiner rechtskräftigen Verhängung vollzogen werden (§ 87 Abs. 4 JGG), er darf nicht zur Bewährung ausgesetzt werden, da dies dem Sinn des Arrests widersprechen würde, der eine kurze, harte und durch die möglichst unverzügliche Vollstreckung besonders eindringliche „Schocktherapie" darstellen soll (Ostendorf 2009c, § 16 Rn. 3; entsprechend seiner historischen Herkunft ein kurzer harter „Zugriff auf das Ehrgefühl", Ostendorf 2009c, § 16 Rn. 2; krit. zur nationalsozialistischen Tradition des Arrests Albrecht 2000, 219 f.). Dieses Ziel würde mit einer Aussetzung zur Bewährung grundsätzlich verfehlt.

Dauerarrest und Kurzarrest von mehr als zwei Tagen werden in eigenen Jugendarrestanstalten, Freizeitarrest und Kurzarrest bis zu zwei Tagen werden in Freizeitarresträumen vollzogen. Freizeitarrest und Kurzarrest bis zu zwei Tagen können auch in einer Jugendarrestanstalt vollzogen werden (§ 1 Abs. 1 JAVollzO).

Für den Vollzug der Jugendstrafe gelten nunmehr die von den Ländern geschaffenen parlamentsgesetzlichen Grundlagen, die entweder eigenständig (so etwa in Hessen) oder als Teil eines Gesetzes für den gesamten Justizvollzug (so etwa in Niedersachsen) den Jugendstrafvollzug regeln. Da aber die Föderalismusreform das „gerichtliche Verfahren" in der Kompetenz des Bundes (Art. 74 Abs. 1 Nr. 1 GG) belassen hat, wurde in § 92 JGG mit Wirkung ab dem 1.1.2008 ein dem Rechtsschutzverfahren der §§ 109 ff. StVollzG entsprechendes Rechtsbehelfssystem errichtet (positives Fazit bei Dünkel 2008, 2). Zuständiges Gericht ist die Jugendkammer, in deren Bezirk die Jugendstrafvollzugsanstalt als Vollzugsbehörde (§ 175 NdsJVollzG) ihren Sitz hat.

## II.  Registrierung

Bei der Festsetzung strafrechtlicher Sanktionen muss stets auch die individuelle Persönlichkeit eines Täters berücksichtigt werden (§ 46 Abs. 1, 2 StGB). Dies gilt umso mehr für ein erziehungsorientiertes Täterstrafrecht wie das Jugendstrafrecht. Daher ist es erforderlich, im Rahmen eines Strafverfahrens sichere Kenntnis über das bisherige Leben eines Beschuldigten zu erlangen, insbesondere im Hinblick auf frühere Straftaten. Auch aus anderen Gründen kann es legitim sein, strafrechtliche Auffälligkeiten einer Person zu kennen – etwa dann, wenn öffentliche Ämter oder besondere Vertrauenspositionen vergeben werden sollen (Meier et al. 2007, Jugendstrafrecht, Rn. 305; als Beispielsfall für eine besondere persönliche Eignung s. § 72a SGB VIII). Aus diesen Gründen hat der Gesetzgeber die Führung zentraler Register, insbesondere des Bundeszentralregisters, angeordnet und hierfür die Grundlagen im entsprechenden Gesetz über das Zentralregister und das Erziehungsregister niedergelegt (Bundeszentralregistergesetz – BZRG). Das BZRG erschließt sich einerseits leicht durch bloßes Lesen der Vorschriften. Erschwert wird das Verständnis der Normen durch die zahlreichen Verweise in einzelnen Vorschriften auf andere innerhalb des Gesetzes, wovon wiederum Ausnahmen statuiert werden. Daher ist es unerlässlich, den Gesetzestext zur Hand zu nehmen, wenn man die Systematik der Regelungen nachvollziehen und verstehen will. Seit dem Jahr 2007 werden Zentral- und Erziehungsregister bei dem neu gegründeten „Bundesamt für Justiz" in Bonn geführt (siehe zur Errichtung dieser Behörde Wagner 2007, 87; zuvor wurde das Bundeszentralregister vom Generalbundesanwalt geführt).

Dabei darf nicht unbeachtet bleiben, dass die Speicherung von Daten gerade über strafrechtliche Verfehlungen belastende Folgen haben können im sozialen und beruflichen Bereich. Daher ist für einen Betroffenen von entscheidender Bedeutung, wie lange strafrechtlich relevante Daten gespeichert bleiben dürfen und wer Auskünfte aus den jeweiligen Registern erhalten darf. Wegen der besonderen Belastung für Jugendliche und Heranwachsende gelten daher Einschränkungen im Vergleich zu den Regelungen für Erwachsene. Gleichwohl sind die Registrierungen als solche umfassend.

## A.  Die Register

So ist zunächst hervorzuheben, dass nicht alle im Rahmen eines Strafverfahrens angefallenen Daten betreffend Jugendliche und Heranwachsende im eigentlichen **(Bundes)Zentralregister** erfasst werden, sondern gemäß § 4 BZRG nur Verurteilungen zu Jugendstrafe (auch mit Bewährung einschließlich möglicher Bewährungsauflagen), zulässige Nebenstrafen (§ 6 JGG), Maßregeln der Besserung und Sicherung und ein Schuldspruch gemäß § 27 JGG (zu Verurteilungen im Ausland siehe § 54 BZRG).

Die übrigen Sanktionen, also Erziehungsmaßregeln und Zuchtmittel (§§ 9–16 JGG), Nebenstrafen (Fahrverbot) oder Nebenfolgen (Verfall, Einziehung) werden (nur) in das so genannte **Erziehungsregister** eingetragen. Dies gilt aber nur, wenn diese allein oder in Verbindung miteinander verhängt werden (§ 60 Abs. 1 Nr. 2 BZRG). Bei Verbindung mit einem Schuldspruch gemäß § 27 JGG oder mit Jugendstrafe oder einer Maßregel der Besserung und Sicherung werden sie in das Zentralregister aufgenommen (Hase 2003, § 60 Rn. 5). Registriert werden hier ferner Verfahrenseinstellungen, auch diejenigen der Staatsanwaltschaft, sowie das Absehen von Verfolgung (§§ 45, 47 JGG, § 60 Abs. 1 Nr. 7 BZRG). Vor allem werden hierin auch Maßnahmen zur Erziehung eingetragen, wenn der Jugendliche mangels Reife nicht strafrechtlich verantwortlich ist (§ 60 Abs. 1 Nr. 1 BZRG; Hase 2003, § 60 Rn. 4).

Das Erziehungsregister wird vom Bundeszentralregister geführt (§ 59 BZRG) und unterliegt wenigen besonderen Vorschriften (§§ 60–64 BRZG), im Übrigen aber gilt das sonstige BRZG (im Erziehungsregister werden auch Entscheidungen der Familien- und Vormundschaftsgerichte eingetragen, s. im Einzelnen § 60 BZRG).

Ergänzt werden diese Datenbanken um das zentrale **staatsanwalt-schaftliche Verfahrensregister** beim Bundesamt für Justiz auf der Grundlage der §§ 492–495 StPO, (in Verbindung mit Verordnung über den Betrieb des Zentralen Staatsanwaltschaftlichen Verfahrensregisters [ZStVBetrV] vom 23.9.2005 [BGBl. I, 2885]), in das sämtliche Verfahrenseinleitungen und -erledigungen mit den persönlichen Daten des Beschuldigten einzutragen sind.

Die Registrierung als solche ist zunächst insofern belastend für einen Betroffenen, als die speichernde Behörde von dem zugrunde liegenden Vorgang Kenntnis erhält. Deutlich einschneidender wirkt die Speicherung der Daten aber dann, wenn Gerichte, Behörden oder auch Private Kenntnis von den gespeicherten **Inhalten** nehmen können. Damit rückt die Frage in das Zentrum, wer Auskunft aus den Registern erhalten kann und welche Eintragungen mitgeteilt werden.

## B.    Zentralregister

## 1.    Führungszeugnis

Die im Zentralregister gespeicherten Daten können mitgeteilt werden in Form des sogenannten „Führungszeugnisses", das von Behörden, aber auch von privaten Stellen, etwa Arbeitgebern, verlangt wird. Ein Führungszeugnis wird gemäß § 30 Abs. 1 BZRG jeder Person, die das 14. Lebensjahr vollendet hat, auf ihren Antrag hin mit den über sie gespeicherten Daten ausgestellt und nur ihr direkt übersandt. Nur wenn das Führungszeugnis bei einer Behörde vorgelegt werden soll, wird es dieser direkt übermittelt (im Einzelnen § 30 Abs. 4, 5 BZRG). Im Ausnahmefall kann eine Behörde das Führungszeugnis auch selbst beantragen und erhalten (§ 31 BZRG).

Das Führungszeugnis enthält **nicht** die Eintragungen im Erziehungsregister, sondern nur im Zentralregister gespeicherte Daten (§ 32 Abs. 1 BZRG, in dem die Eintragungen des Erziehungsregisters gemäß § 60 BZRG nicht erwähnt werden). Allerdings wird in § 32 Abs. 2 BZRG ein Katalog von Eintragungen aufgeführt, die nicht Eingang in ein Führungszeugnis finden (soweit es sich nicht um Sexualdelikte handelt sowie mit Rückausnahmen in den Absätzen 3 und 4 für Fälle eines Führungszeugnisses für Behörden; diese Rückausnahmen enthalten jedoch keine spezifischen Regelungen für Verurteilungen nach Jugendstrafrecht. Auch der Inhalt des Zentralregisters wird also

nicht vollständig in das Führungszeugnis aufgenommen. Für Jugendliche und Heranwachsen ist hier insbesondere § 32 Abs. 2 Nr. 2–4
BZRG von Bedeutung, wonach nicht im Führungszeugnis enthalten
sind:

- der Schuldspruch nach § 27 JGG;
- Verurteilungen zu Jugendstrafe von nicht mehr als zwei Jahren, wenn
  die Vollstreckung der Strafe oder eines Strafrestes gerichtlich oder im
  Gnadenweg zur Bewährung ausgesetzt oder nach § 35 BtMG zurück-
  gestellt und diese Entscheidungen nicht widerrufen worden sind;
- Verurteilungen zu Jugendstrafe nach Beseitigung des Strafmakels (siehe
  hierzu sogleich unter 4.), sofern auch insoweit kein Widerruf erfolgt
  ist.

In ein Führungszeugnis werden gespeicherte Eintragungen auch dann
nicht mehr aufgenommen, wenn seit der Verurteilung eine bestimmte
Frist abgelaufen ist (§ 33 BZRG; Ausnahmen hiervon in § 33 Abs. 2
BZRG). Diese Frist beträgt grundsätzlich fünf Jahre (§ 33 Abs. 1 Nr. 3
BZRG), jedoch nur drei Jahre für Jugendstrafe bis zu einem Jahr oder
von mehr als zwei Jahren, wenn die Reststrafe zur Bewährung ausge-
setzt worden war und die Bewährungszeit abgelaufen ist (§ 33 Abs. 1
Nr. 1 Buchstabe c, d BZRG). Bei Jugendstrafe von mehr als zwei Jahren
verlängert sich die Frist jedoch um die Dauer der Strafe selbst (§ 33
Abs. 2 BZRG; bei einer dreijährigen Jugendstrafe beträgt die Frist also
sechs Jahre). Bei Sexualstraftaten, die zu mehr als einem Jahr Jugendstrafe geführt haben, beträgt die Frist zehn Jahre (§ 33 Abs. 1 Nr. 2
BZRG). Die Frist beginnt mit dem Tag des ersten Urteils (§ 36 Abs. 1
Nr. 3 BZRG).

Besonders zu beachten: Sind mehrere Eintragungen in ein Führungszeugnis aufzunehmen, so werden diese auch bei Fristablaufs trotzdem
weiterhin aufgenommen, solange nicht für jede der Eintragungen die
Frist nach § 33 BZRG abgelaufen ist (§ 38 Abs. 1 BZRG). Dies gilt
jedoch nicht für solche Fälle, die in § 32 Abs. 2 Nr. 1–4 BZRG spezi-
fisch Jugendliche und Heranwachsende betreffen. Hier wird jede Eintragung singulär betrachtet und nach Fristablauf nicht mehr in das Führungszeugnis aufgenommen, auch wenn Neueintragungen vorliegen,
deren Frist noch nicht abgelaufen ist.

Ist eine Eintragung gar nicht oder nur in ein Führungszeugnis für
Behörden (§ 32 Abs. 3, 4 BZRG) aufzunehmen, so darf sich ein Betroffener als unbestraft (gebräuchlich auch der Begriff: „nicht vorbestraft")

bezeichnen und braucht den Sachverhalt, der der Verurteilung zugrunde lag, nicht mitzuteilen. Dies gilt nicht gegenüber Gerichten und Behörden, die ein Recht auf unbeschränkte Auskunft (siehe dazu sogleich 2.) haben (§ 53 Abs. 1 Nr. 1, Abs. 2 BZRG), denn diese könnten ja auch selbst sämtliche Daten des Zentralregisters abfragen, ohne auf solche beschränkt zu sein, die in ein Führungszeugnis aufgenommen werden.

## 2.    Das erweiterte Führungszeugnis

Zur Verbesserung des Kinder- und Jugendschutzes durch Auskünfte insbesondere betreffend Sexualdelikte (vgl. die Gesetzesbegründung BT-Drs. 16/12427, 7) hat der Gesetzgeber mit Wirkung vom 1.5.2010 als neue Form ein „erweitertes Führungszeugnis" eingeführt (durch das Fünfte Gesetz zur Änderung des BZRG vom 16.7.2009 [BGBl. I, 1952], siehe dazu Pfeiffer 2010, 1109 f.). Es zeichnet sich durch seinen Inhalt wie auch die für die Eintragungen geltenden Fristen aus.

Soweit nach § 32 Abs. 2 Nr. 3–9 BZRG bestimmte Eintragungen des Zentralregisters nicht in das (herkömmliche) Führungszeugnis aufgenommen werden, sind diese Ausnahmen beim erweiterten Führungszeugnis gemäß § 32 Abs. 5 BZRG n. F. vollständig beseitigt, soweit es sich um Verurteilungen nach den in § 72a SGB VIII genannten Straftatbeständen handelt (Sexualdelikte, Misshandlung von Schutzbefohlenen, Kinder- und Menschenhandel, Entziehung Minderjähriger); sie sind sämtlich im erweiterten Führungszeugnis enthalten. Verurteilungen nach diesen Straftatbeständen zu einer Freiheitsstrafe oder Jugendstrafe von mehr als einem Jahr werden gemäß § 34 Abs. 2 BZRG n. F. erst nach Ablauf einer Frist von zehn Jahren nicht mehr in das erweiterte Führungszeugnis aufgenommen. Zur Sicherstellung dessen wird durch den in § 46 Abs. 1 Nr. 2 BZRG eingefügten neuen Buchstaben d die Tilgungsfrist für solche Verurteilungen ausnahmslos auf zehn Jahre ausgedehnt.

Das erweiterte Führungszeugnis wird nach dem neu eingefügten § 30a BZRG einer Person auf Antrag erteilt, wenn die Erteilung unter Bezugnahme auf § 30a BZRG gesetzlich vorgeschrieben ist (Abs. 1 Nr. 1). Es wird ferner erteilt, wenn es für die Prüfung der persönlichen Eignung nach § 72a SGB VIII oder eine sonstige berufliche oder ehrenamtliche Beaufsichtigung, Betreuung, Erziehung oder Ausbildung Minderjähriger oder eine vergleichbare Tätigkeit benötigt wird (Abs. 1

Nr. 2; etwa Hausmeister an Schulen und Bademeister in einem öffentlichen Schwimmbad, BT-Drs. 16/12427, 8).

Während § 30a Abs. 1 BZRG die materiellen Voraussetzungen für die Erteilung eines erweiterten Führungszeugnisses betrifft, regelt Abs. 2 die formellen Anforderungen. Insoweit gilt zunächst die das einfache Führungszeugnis betreffende Vorschrift des § 30 BZRG entsprechend. Darüber hinaus ist bei der Beantragung des erweiterten Führungszeugnisses eine schriftliche Aufforderung vorzulegen, in der die Person, die das erweiterte Führungszeugnis vom Antragsteller verlangt, bestätigt, dass die materiellen Erteilungsvoraussetzungen des Absatzes 1 vorliegen. Damit soll der Meldebehörde, bei der der Antrag zu stellen ist, die ihr obliegende Prüfung ermöglicht werden, ob die gesetzlichen Voraussetzungen für die Erteilung des erweiterten Führungszeugnisses vorliegen, und der betroffenen Person den Nachweis einer unberechtigten Anforderung erleichtern. Sie soll zum Anderen die betroffene Person vor einer unberechtigten Anforderung schützen (BT-Drs. 16/12427, 9).

Problematisch erscheint die Regelung des neu eingefügten § 31 Abs. 2 BZRG. Danach erhalten Behörden „zum Zweck des Schutzes Minderjähriger ein erweitertes Führungszeugnis unter den Voraussetzungen des Absatzes 1". Nach diesem Absatz 1 erhalten Behörden ein Führungszeugnis, soweit sie es zur Erledigung ihrer hoheitlichen Aufgaben benötigen und eine Aufforderung an den Betroffenen, ein Führungszeugnis vorzulegen, nicht sachgemäß ist oder erfolglos bleibt. Ein Jugendamt etwa erhält also auch gegen den Willen der betroffenen Person ein erweitertes Führungszeugnis, wenn diese sich weigert, ein solches zu beantragen. Nach der Gesetzesbegründung soll die Behörde auch dann ein erweitertes Führungszeugnis einholen können, wenn die Aufforderung zu dessen Vorlage erfolglos bliebe, weil die Voraussetzungen nach § 30a BZRG n. F. nicht vorliegen, das erweiterte Führungszeugnis aber konkret dem Schutz Minderjähriger diene (BT-Drs. 16/12427, 9).

Das erweiterte Führungszeugnis erscheint durchaus geeignet, den Schutz Minderjähriger zu verbessern – allerdings zu Lasten der Resozialisierung der Betroffenen, insbesondere von jugendlichen und heranwachsenden Delinquenten, bezüglich derer bislang schützende Registervorschriften durch das erweiterte Führungszeugnis und dessen Ausgestaltung eingeschränkt werden. Anders sah dies der Bundesrat im Rahmen des Gesetzgebungsverfahrens, der meinte, durch die Regelung werde zu starkes Gewicht auf das Resozialisierungsinteresse gelegt. Dieses werde hinlänglich durch § 34 Abs. 1 Nr. 1 BZRG gewahrt, wonach die Aufnahmefrist bei geringfügigen Verurteilungen nur drei Jahre beträgt, wenn nicht eine Aufnahme nach § 38 BZRG wegen weiterer Verurteilungen erfolgen muss (als angemessenen Ausgleich bewertet die Neuregelung Pfeiffer 2010, 1109 [1110]).

## 3. Unbeschränkte Auskunft

Die Eintragungsbeschränkungen für das Führungszeugnis gelten nicht, wenn bestimmte staatliche Stellen, die in § 41 Abs. 1 BZRG genannt sind, Auskunft aus dem Zentralregister verlangen (auch der Betroffene darf natürlich erfahren, welche Eintragungen über ihn im Zentralregister über solche Daten hinaus gespeichert sind, die im Führungszeugnis erscheinen; zum Verfahren § 42 BZRG). Sie erhalten vielmehr eine unbeschränkte Auskunft, müssen dabei aber den Zweck angeben, zu dem die Auskunft erbeten wird (§ 41 Abs. 4 BZRG). Im strafrechtlichen Bereich sind dies insbesondere die Gerichte, Staatsanwaltschaften und Justizvollzugsbehörden (§ 41 Abs. 1 Nr. 1 BZRG), aber auch die Kriminaldienste der Polizei (Nr. 5). Sofern im Falle der Jugendstrafe der Strafmakel beseitigt worden ist, darf dies, sofern es sich nicht um Sexualstraftaten handelt, nur noch den Strafgerichten und den Staatsanwaltschaften im Falle von Strafverfahren gegen den Betroffenen mitgeteilt werden (§ 41 Abs. 3 BZRG). Gerichte und Staatsanwaltschaften erhalten also stets Kenntnis von allen früheren strafrechtlichen Vorkommnissen in Bezug auf einen Betroffenen.

## 4. Tilgung

Die Speicherung der Eintragungen in das Zentralregister erfolgt nicht auf unbegrenzte Dauer. Nach Ablauf bestimmter Fristen werden Verurteilungen aus dem Zentralregister gelöscht ("getilgt"); dies gilt nicht bei Verurteilung zu lebenslanger Freiheitsstrafe oder der Unterbringung in der Sicherungsverwahrung oder einem psychiatrischen Krankenhaus (§ 45 Abs. 1, 3 BZRG). Ist die Tilgungsfrist abgelaufen, darf keine Auskunft mehr über die entsprechende Eintragung erteilt werden. Ein Jahr nach Ablauf der Tilgungsfrist wird die Eintragung dann vollständig aus dem Zentralregister gelöscht. Die Tilgungsfrist beträgt grundsätzlich fünfzehn Jahre (§ 46 Abs. 1 Nr. 4 BZRG), zwanzig Jahre im Falle einer Jugendstrafe von mehr als einem Jahr wegen einer Sexualstraftat (Nr. 3).

Für die Regelfälle der Jugendliche und Heranwachsende betreffenden Eintragungen beträgt die Tilgungsfrist lediglich fünf Jahre (Nr. 1 Buchstabe c–f) mit der Ausnahme in Nr. 2 Buchst. c (dann zehn Jahre).

Die rechtlichen Wirkungen des Ablaufs der Tilgungsfrist sind zweierlei: Zum einen darf die Eintragung und die Verurteilung dem Betroffenen nicht mehr vorgehalten und auch nicht mehr zu seinem Nachteil verwertet werden (§ 51 Abs. 1 BZRG; beachte aber die sehr engen Ausnahmen von diesem Grundsatz in § 52 BZRG.). Zum anderen darf sich der Betroffene als unbestraft bezeichnen und braucht den die Verurteilung betreffenden Sachverhalt nicht (mehr) zu offenbaren (§ 53 Abs. 1 Nr. 2 BZRG).

## 5.    Beseitigung des Strafmakels

Im Rahmen des Ausgleichs zwischen dem Bedürfnis nach Speicherung strafrechtlich relevanter Daten und der Vermeidung der dauerhaften stigmatisierenden Wirkung früheren, vielleicht einmaligen Fehlverhaltens, kann auch schon vor Ablauf der Tilgungsfrist ein Interesse bestehen, die Fernwirkungen strafrechtlicher Verurteilungen zu begrenzen. Daher besteht die Möglichkeit, durch Entscheidung des Jugendrichters den „Strafmakel", der mit einer Verurteilung verbunden ist, zu beseitigen (§§ 97–100 JGG; allerdings kommt der Strafmakelbeseitigung nur geringe Relevanz zu; siehe zutreffend krit. Albrecht 2000, 423 f.). Dies hat für die Registrierung folgende Konsequenzen:

- keine Aufnahme der Verurteilung in ein Führungszeugnis (§ 32 Abs. 2 Nr. 4 BZRG),
- auch bei unbeschränkten Auskünften nur noch Mitteilung (§ 41 Abs. 3 BZRG),
- Reduzierung der Tilgungsfrist von zehn auf fünf Jahre (§ 46 Abs. 1 Nr. 1 Buchst. f BZRG),
- keine Offenbarungspflicht der zugrunde liegenden Verurteilung (§ 53 Abs. 1 Nr. 1 BZRG).

Die Voraussetzungen sind unterschiedlich: Wird eine Jugendstrafe bis zu zwei Jahren nach Ablauf der Bewährungszeit erlassen, so erfolgt die Beseitigung des Strafmakels automatisch, ohne dass noch weitere Leistungen des Verurteilten hinzutreten müssen. Auch der Lauf einer sonstigen Bewährungszeit hindert dies nicht, da § 97 Abs. 2 Satz 2 JGG keine Anwendung findet (Albrecht 2000, 421, mit dem Hinweis, dass dies faktisch nur zu einer Auskunftssperre bzgl. der Registereintragung nach § 41 Abs. 3 BZRG führt, da die Voraussetzungen des § 100 JGG gleichzeitig dazu führen, dass die Tilgungsfrist fünf Jahre beträgt, die Verurteilung nicht in ein Führungszeugnis aufgenommen wird und sie auch nicht offenbart werden muss, s. § 32 Abs. 2 Nr. 3, § 46 Abs. 1 Nr. 1 Buchst. d, § 53 Abs. 1 BZRG).

Im Falle einer Jugendstrafe von mehr als zwei Jahren oder bei fehlender Bewährungsaussetzung gilt Folgendes: Seit Vollverbüßung oder Straferlass müssen mindestens zwei Jahre vergangen sein, es sei denn, es liegen außergewöhnliche Leistungen des Jugendlichen vor (§ 97 Abs. 2 Satz 1 JGG). Außerdem muss der Jugendrichter zu der Überzeugung gelangt sein, dass sich der Verurteilte durch „einwandfreie Führung als rechtschaffener Mensch erwiesen hat". Dieser Gesetzesbegriff ist äußerst unbestimmt und eröffnet dem Jugendrichter einen weiten Entscheidungsspielraum. Diesbezüglich wird vielfach davon ausgegangen, gesetzestreues Verhalten allein reiche nicht aus. Vielmehr seien zusätzliche positive Leistungen in Familie oder Beruf oder anderweitige Handlungen erforderlich, die eine Bejahung der Rechtsordnung durch den Verurteilten dokumentieren (etwa Schaffstein/Beulke 2002, 310: „eindeutige Überwindung seiner in der Tat hervorgetretenen Mängel"; zutreffend krit. Albrecht 2000, 422). Es erscheint allerdings fraglich, ob dies vor dem Hintergrund der Neufassung des § 2 Abs. 1 JGG noch haltbar ist, wonach es das vorrangige Ziel des Jugendstrafrechts darstellt, „dass sich junge Menschen [...] künftig gesetzestreu verhalten und nicht erneut straffällig werden" (so die Gesetzesbegründung zu § 2 Abs. 1 JGG, BT-Drs. 17/6293, Satz 9). Dies spricht dagegen, bei der Anwendung des § 97 JGG mehr als Gesetzestreue verlangen zu dürfen (im Sinne einer allgemeinen Begrenzung des Begriffs „rechtschaffener Lebenswandel" auf das zur Legalbewährung Unterlässliche auch Eisenberg 2010a, § 5 Rn. 5; für einen straffreien Lebenswandel als ausreichend zur Bejahung der Rechtschaffenheit im Hinblick auf die § 97 Abs. 1 JGG auch Streng 2008, 282). Jedoch ist offensichtlich, dass nach der gesetzgeberischen Entscheidung die Anforderungen im Vergleich zu § 100 JGG erhöht sein sollen. Insofern lässt sich durchaus vertreten, dass im Anwendungsbereich des § 97 JGG mehr als „bloße" Legalbewährung, die im Falle einer Bewährungsaussetzung zum Straferlass nach § 100 JGG führt, gegeben sein muss.

Die Entscheidung ergeht von Amts wegen oder auf Antrag (§ 97 Abs. 1 JGG), den im Falle der Minderjährigkeit des Verurteilten auch die JGH stellen kann, durch Beschluss des Jugendrichters (§ 99 Abs. 1 JGG) und ist mit der sofortigen Beschwerde anfechtbar (§ 99 Abs. 3 JGG). Zuvor sind der Verurteilte, seine Erziehungsberechtigten und die gesetzlichen Vertreter, Schule und die zuständige Verwaltungsbehörde sowie abschließend die Staatsanwaltschaft anzuhören (§ 98 Abs. 2, 3 JGG). Liegen die Voraussetzungen der Beseitigung des Strafmakels aus jugendrichterlicher Sicht noch nicht vor, kann die Entscheidung auf bis zu zwei Jahre hinausgeschoben werden (§ 99 Abs. 2 JGG).

## C.   Erziehungsregister

Die Auskunft aus dem Erziehungsregister ist zum Schutz der betroffenen Jugendlichen und Heranwachsenden beschränkt. Sie darf gem. § 61 BZRG nur erteilt werden

- den Strafgerichten und Staatsanwaltschaften für Zwecke der Rechtspflege sowie
- den Justizvollzugsbehörden für Zwecke des Strafvollzugs,
- den Vormundschaftsgerichten und Familiengerichten für Verfahren, welche die Sorge für die Person des im Register Geführten betreffen,
- den Jugendämtern und den Landesjugendämtern für die Wahrnehmung von Erziehungsaufgaben der Jugendhilfe,
- den Gnadenbehörden für Gnadensachen und
- den für waffen- und sprengstoffrechtliche Erlaubnisse zuständigen Behörden (keine Mitteilung an diese Behörden von Eintragungen nach § 60 Abs. 1 Nr. 9 BZRG). Diese haben das Recht auf unbeschränkte Auskunft entsprechend § 41 BZRG.

Hat eine Person das 24. Lebensjahr vollendet, werden alle sie betreffenden Eintragungen aus dem Entziehungsregister entfernt; dies gilt jedoch nicht, solange im Zentralregister noch eine Verurteilung zu Freiheitsstrafe, Strafarrest, Jugendstrafe oder eine freiheitsentziehende Maßregel der Besserung und Sicherung eingetragen ist (§ 63 Abs. 1, 2 BZRG). Wie bei Ablauf der Tilgungsfrist dürfen zu entfernende Eintragungen nicht mehr zulasten des Betroffenen verwendet werden (§ 63 Abs. 3 BZRG, der auf §§ 51, 52 BZRG verweist).

Ein Betroffener braucht Eintragungen im Erziehungsregister oder die ihnen zugrunde liegenden Sachverhalte nicht zu offenbaren. Dies gilt folgerichtig wiederum nicht gegenüber Gerichten und Behörden,

die selbst das Recht zur Auskunft aus dem Erziehungsregister haben
(§ 64 BZRG).

## D.    Zentrales staatsanwaltschaftliches Verfahrensregister

Hierzu haben die Staatsanwaltschaften gemäß § 3 Abs. 1 ZStVBetrV
die Daten nach § 492 Abs. 2 StPO i. V. m. § 4 ZStVBetrV zu übermitteln,
sobald ein Verfahren bei ihnen anhängig wird. In diesem Register sind
also sämtliche Ermittlungsverfahren Deutschlands enthalten. Gespeichert bleiben die Daten, bis das Verfahren zu einer Entscheidung nach
§§ 4–19 BZRG geführt hat, die dann entsprechend in das Zentralregister
eingetragen wird, also etwa bis zu einer Verurteilung. Dann erfolgt die
Löschung im Verfahrensregister automatisch, um eine Doppelregistrie-
rung zu vermeiden. Im Übrigen: Auch wenn ein Freispruch erfolgt oder
das Verfahren endgültig eingestellt wird, erfolgt die Löschung (erst)
zwei Jahre nach Verfahrenserledigung, es sei denn, es ist inzwischen ein
neues Verfahren registriert worden. Dann erfolgt die Löschung erst
dann, wenn auch das neue Verfahren zu löschen ist (§ 494 Abs. 2 Satz 2,
3 StPO). Auskunft erhalten insbesondere die Staatsanwaltschaften, die
Polizei- und Waffenbehörden (im Einzelnen § 6 ZStVBetrV).

# § 12 Jugendstrafvollzug

## I. Die notwendige gesetzliche Grundlage des Strafvollzugs

Das Strafvollzugsgesetz des Bundes aus dem Jahr 1976, das am 1.1.1977 in Kraft getreten ist, war die Folge einer Entscheidung des Bundesverfassungsgerichts (NJW 1972, 811 ff.), in der klargestellt wurde, dass die Grundrechte des Grundgesetzes, insbesondere das der Freiheit der Person (Art. 2 Abs. 2 GG), auch für Strafgefangene gelten und daher nur durch und aufgrund eines Gesetzes eingeschränkt werden können. Damit war klar, dass es eines Parlamentsgesetzes bedarf, um Menschen einzusperren. Mag verwundern, dass dies erst 23 Jahre nach dem Inkrafttreten des Grundgesetzes festgestellt wurde, so muss erschrecken, dass es weitere 34 Jahre dauerte, bis man bemerkte, dass doch nichts anderes für den Vollzug der Jugendstrafe gelten kann, für die es auch im Jahr 2006 noch keine gesetzliche Grundlage gab. Das Strafvollzugsgesetz gilt sehr jeher nur für den Vollzug der Freiheitsstrafe (§ 1 StVollzG), also nicht auch für die Jugendstrafe. Entsprechend war es nur folgerichtig, dass das BVerfG mit Urteil vom 31.5.2006 (NJW 2006, 2093 ff.) feststellte, dass bislang in der Bundesrepublik keine ausreichende gesetzliche Grundlage für den Jugendstrafvollzug bestand. Dieser wurde bis dahin lediglich in den §§ 91, 92 JGG geregelt sowie durch die von den Ländern abgestimmten, einheitlichen *Verwaltungsvorschriften zum Jugendstrafvollzug (VV Jug)* in der Fassung vom 4.4.1994.

§ 91 JGG a. F. stellte einige allgemeine Grundsätze auf; Befugnisse zum Eingriff in Grundrechte konnte die Bestimmung mit diesen Inhalten nicht vermitteln. Insbesondere folgten solche Befugnisse nicht aus einer bloßen Aufgabenbestimmung. Entsprechendes galt für § 92 JGG a. F. Zwar wurde normiert, dass Jugendliche und Heranwachsende im Vollzug lernen sollten, künftig ein Leben ohne Straftaten zu führen, Arbeit, Ordnung und Unterricht zu einem solchen Vollzugsziel beitragen sollten, aber im Grunde war der Strafvollzug weder finanziell noch organisatorisch entsprechend ausgestattet. Vor allem gab es keine klaren gesetzlichen Regelungen über die Rechte der jungen Strafgefangenen. Wie so häufig hat diese Population keine der politischen Parteien wirklich interessiert, was ein Grund dafür sein mag, dass fast 60 Jahre Geltung des Grundgesetzes keine Wirkung auf den Jugendstrafvollzug gehabt hatten (Ostendorf 2009b, 97 ff.).

## II.   Die Länder als Gesetzgeber für den Strafvollzug

Nachdem die so genannte Föderalismusreform, die als ein wesentliches Ziel verfolgte, den Ländern mehr Gesetzgebungskompetenzen zu übertragen, nach heftigen Debatten 2006 auch den Strafvollzug aus der Liste der so genannten konkurrierenden Gesetzgebung (Art. 74 Abs. 1 Nr. 1 GG) gestrichen hatte, fiel die Kompetenz für alle (Jugend-)Strafvollzugsgesetze den Ländern zu (Art. 70 Abs. 1 GG). Das war ein großer politischer Fehler, denn nunmehr finden wir eine noch stärkere Regionalisierung von Vollzugszielen, Vollzugsstandards und vor allem Vollzugswirklichkeit in Deutschland vor; wobei beachtet werden muss, dass der Vollzugsalltag auch schon bisher vorrangig von der Vollzugs*praxis* bestimmt wurde, über die allein die Vollzugsbehörden, also die Vollzugsanstalten und die weisungsbefugten Ministerien herrsch(t)en. Die Steuerungswirkung des (Bundes-)Strafvollzugsgesetzes etwa bezüglich der Gewährung von Lockerungen oder der Verlegung in den offenen Vollzug darf gegenüber der konkreten Anwendung hinter den Gefängnismauern wohl als sehr beschränkt bezeichnet werden.

Während die Länder aber die Möglichkeit hatten und haben, das Strafvollzugsgesetz des Bundes gemäß Art. 125a Abs. 1 GG fortgelten zu lassen, indem sie auf die Schaffung eines eigenen Vollzugsgesetzes verzichten (nur Baden-Württemberg, Bayern, Hamburg, Hessen und Niedersachsen haben bisher eigene Strafvollzugsgesetze erlassen), galt dies für den Jugendstrafvollzug nicht – diesbezüglich gab es ja keine Regelungen, die weiter gelten könnten. Daher haben in der Folge des BVerfG-Urteils von 2006 alle 16 Bundesländer ein Jugendstrafvollzugsgesetz erlassen (Ostendorf 2009b, 98 ff.). Der Rechtsschutz gegen Maßnahmen im Vollzug ist allerdings nach wie vor Bundeskompetenz, so dass für den Jugendvollzug die Regelung in § 92 JGG bundeseinheitlich gilt (Ostendorf 2009b, 539 ff.).

Zehn Länder (Berlin, Brandenburg, Bremen, Mecklenburg-Vorpommern, Rheinland-Pfalz, Saarland, Sachsen, Schleswig-Holstein, Thüringen und mit Einschränkungen auch Sachsen-Anhalt) haben auf der

Grundlage gemeinsamer Vorbereitung weitgehend ähnliche Jugend-strafvollzugsgesetze erlassen. Dagegen haben andere Bundesländer höchst unterschiedliche inhaltliche und organisatorische Regelungen getroffen (Baden-Württemberg, Hessen, NRW haben eigenständige Gesetze; Bayern, Hamburg und Niedersachsen regeln den Vollzug in besonderen Kapiteln ihrer Landesstrafvollzugsgesetze).

## III.  Erziehung als Leitgedanke des Jugendstraf-vollzugs

Der Jugendstrafvollzug ist vom Erziehungsgedanken beherrscht. Sein Ziel ist dem Vollzugsziel des Strafvollzugsgesetzes des Bundes ent-sprechend formuliert: Die Gefangenen sollen befähigt werden, künftig in sozialer Verantwortung ein Leben ohne Straftaten zu führen (etwa § 113 NJVollzG; in § 2 HessJStVollzG wird das Vollzugsziel als „Erzie-hungsziel", in § 121 Abs. 1 Satz 2 BayStVollzG als „Erziehungsauftrag" bezeichnet). Hierzu ist der Jugendstrafvollzug sodann erzieherisch aus-zugestalten (z. B. § 3 Abs. 1 HessJStVollzG § 114 NJVollzG, § 3 Abs. 1 ThürJStVollzG). Dabei sind die Gefangenen in der Entwicklung ihrer Fähigkeiten und Fertigkeiten so zu fördern, dass sie zu einer eigenver-antwortlichen und gemeinschaftsfähigen Lebensführung in Achtung der Rechte anderer befähigt werden. Der Erziehungsgedanke steht somit im Vordergrund des Jugendstrafvollzugs.

Nicht nur die formulierten Ziele, auch die so genannten erziehungs-motivierten Einschränkungen von Rechten der jugendlichen Gefange-nen machen deutlich, dass mit dem Erziehungszielgedanken auch im Vollzug repressive Ziele verfolgt werden. Insbesondere kann die Ver-pflichtung zur **Mitwirkung bei der Erfüllung des Erziehungsauftrages** als ein problematisches Instrument repressiver Toleranz gewertet wer-den, wenn es in einem Teil der Bundesländer sogar unter dem Druck von Disziplinarmaßnahmen durchgesetzt werden soll (s. näher Osten-dorf 2009b, 118 ff.).

Die alte Idee von der Unterbringung in Wohngruppen (s. dazu Osten-dorf 2009b, 224) ist neu aufgegriffen worden, überschaubare und inter-aktionsfähige Gruppen sollen dabei entstehen, aber alle Ideen und Gedanken von einem sozialen Lernen fallen nur auf fruchtbare Böden, wenn die finanziellen Rahmenbedingungen geschaffen und eine eigen-ständige vom Vollzug **autonome Sozialarbeit** möglich ist. Sozialarbeit in repressiven Einrichtungen braucht eine Neuformulierung ihrer Ziele und Grenzen und ebenso eine normative Absicherung in den Vollzugsgesetzen.

Das alte Zwillingspaar von Sicherheit und Ordnung steht nach wie vor auch im 21. Jahrhundert in einer unerbittlichen Konkurrenz zum Gedanken der Erziehung zur Freiheit.

Einige Bundesländer haben den geschlossenen Vollzug als Regelvollzug festgelegt (Bayern, Hamburg, Hessen), während drei andere Länder eine Präferenz (Berlin, NRW, Saarland) für den offenen Vollzug erkennen lassen, dazwischen liegt der Rest unklar und uneindeutig normiert.

Die Vollzugswelten lassen überall Defizite in den Ausbildungsressourcen erkennen, die Gefangenenzahlen sind seit 1992 zunächst angestiegen, dann aber von 7375 in 2003 auf 6229 in 2010 (Stand jeweils zum 31.3.) gesunken (statistische Gesamtübersicht bei Ostendorf 2009b, 56 ff.). Die Möglichkeiten von Übergriffen Stärkerer auf Schwächere sind wahrscheinlicher geworden (Streng 2008, Rn. 523), die Personalsituation in den Haftanstalten unzureichend (Dolde 2001, 15 ff.), vor allem in den neuen Bundesländern sind die Gebäude in katastrophalen Zuständen. So hat sich der Alltag wenig verändert, keine diskursfähigen Konzepte von Sozialtherapien stehen auf der Tagesordnung, statt dessen sind die alten Stigmata geblieben: Überbelegung der Haftanstalten, der große Ausländeranteil von derzeit über 20 % (21,7 % in 2006) machen den Alltag im Knast eher unverständlicher und mutloser.

## IV.  Jugendstrafvollzug im Spannungsfeld zwischen Sicherheitsideologie und Rückkehr in die Freiheit

Würde man zusammenfassen, so stellte man fest, dass der Sicherheitsgedanke und das Sicherheitsbedürfnis den Alltag im Vollzug bestimmen und nicht die hehren Gedanken von Erziehung und Resozialisierung. Dies hat auch normativen Niederschlag gefunden, wenn etwa die Jugendstrafvollzugsgesetze – wie auch die neuen, von den Ländern verabschiedeten Regelungen für den allgemeinen Vollzug – als Vollzugszweck definieren, (zugleich) dem Schutz der Allgemeinheit vor weiteren Straftaten zu dienen (§ 2 Abs. 2 Satz 1 HessJStVollzG, § 121 Abs. 1 Satz 1 BayStVollzG). Dies ist eine Abkehr von dem Grundprinzip des (Bundes-)StVollzG von 1976, das nur die Resozialisierung als Vollzugsziel kennt und den Schutz der Allgemeinheit vor weiteren Straftaten nur als Nebenzweck definiert (krit. Ostendorf 2009b, 114 ff.). Dieser Paradigmenwechsel ist freilich ein virtueller – denn rein tatsächlich wird das Verhältnis von Resozialisierung und Sicherheit im Einzelfall seit jeher von der Alltagspraxis in der JVA bestimmt – und deren Ausgestaltung obliegt aufgrund der Ermächtigungen in allen Vollzugsgesetzen (auch dem des Bundes), nach Ermessen zu handeln, allein dem Anstaltsleiter vor Ort. Ob hier der Sicherheit oder der Freiheit (als Mittel der Resozialisierung) der Vorrang eingeräumt wird, lässt sich nicht durch Parlamentsgesetz steuern – sondern nur durch ministerielle Erlasse oder Anweisungen im Einzelfall. Die parlamentarischen Mehrheiten, die entsprechende Landesvollzugsgesetze verabschiedet haben, gossen daher nur die Vollzugspolitik in Gesetzesform, die die von ihnen getragenen Regierungen ohnehin schon praktizierten. Daher sind die Vollzugsgesetze der Länder für den Erwachsenenvollzug, aber auch die für den Vollzug der Jugendstrafe als solche zwar ein deutliches Zeichen der Dominanz des Sicherheitsdenkens im 21. Jahrhundert. Sie sind aber mehr das Ende als der Anfang einer entsprechenden Entwicklung. Man mag dies als politische Entscheidung der jeweiligen Mehrheiten ansehen, die als solche selbstverständlich zu akzeptieren ist. Gleichwohl muss die Sicherheitsideologie ihren Wert oder gar ihre Überlegenheit erst noch beweisen. Sie hat sich aber in jedem Fall vor dem Grundgesetz zu rechtfertigen, gegen das die Instrumente der Sicherheitsideologie nicht verstoßen dürfen. Und in diesem Zusammenhang hat das BVerfG ausdrücklich ausgeführt, der Vollzug der Freiheitsstrafe müsse „auf das Ziel ausgerichtet sein, dem Inhaftierten ein künftiges straffreies Leben in Freiheit zu ermöglichen"; dabei habe für „den Jugendstrafvollzug (…) das Ziel der Befähigung zu einem straffreien Leben in Freiheit besonders hohes Gewicht" (BVerfG, NJW 2006, 2093 [2095]). Daher kann die Sicherheit der Allgemeinheit niemals primärer Zweck eines Strafvollzugs sein, schon gar nicht des Jugendstrafvollzugs (insofern verfassungsrechtlich kaum haltbar § 121 Abs. 1 Satz 1 BayStVollzG; vgl. Ostendorf 2009b, 115). Blickt man hinter die Sicherheitsideologie, die im (harten, sicherheitsorientierten) Strafvollzug ein Mittel zum Schutz der Allgemeinheit sieht, so ist sie inhaltsleer, entsprechend heutiger Politik kurzsichtig und daher auf Dauer ineffektiv – auch hinsichtlich des Ziels, dem sie zu dienen vorgibt. Denn wenn es dem (Jugend-)Strafvollzug aufgrund seiner Sicherheitsideologie nicht gelingt, den Gefangenen ein Leben ohne Straftaten zu ermöglichen, endet die Sicherheit der Allgemeinheit am Tag der Entlassung. Vor allem ergibt sich bei konsequenter Fokussierung auf die Resozialisierung kein

Widerspruch zum Schutz der Allgemeinheit. Hierzu soll noch einmal das BVerfG (NJW 2006, 2093 [2095]) zitiert werden:

„Mit dem aus Art. 1 I GG folgenden Gebot, den Menschen nie als bloßes Mittel zu gesellschaftlichen Zwecken, sondern stets auch selbst als Zweck – als Subjekt mit eigenen Rechten und zu berücksichtigenden eigenen Belangen – zu behandeln […], und mit dem Grundsatz der Verhältnismäßigkeit ist die Freiheitsstrafe als besonders tief greifender Grundrechtseingriff nur vereinbar, wenn sie unter Berücksichtigung ihrer gesellschaftlichen Schutzfunktion konsequent auf eine straffreie Zukunft des Betroffenen gerichtet ist. Zugleich folgt die Notwendigkeit, den Strafvollzug am Ziel der Resozialisierung auszurichten, auch aus der staatlichen Schutzpflicht für die Sicherheit aller Bürger. Zwischen dem Integrationsziel des Vollzugs und dem Anliegen, die Allgemeinheit vor weiteren Straftaten zu schützen, besteht insoweit kein Gegensatz."

Dieser Befund lässt den jungen Juristen und die junge Sozialarbeiterin einsam zurück; zurückgeworfen muss man erkennen, dass es darum geht, sozialpolitisch den Bereich von Jugendkriminalität wieder neu zu formulieren und unermüdlich zu geißeln, in dem Wissen, dass Gefängnis die Menschen niemals besser gemacht hat.

# § 13 Perspektiven: Der Erziehungsgedanke im Jugendstrafrecht oder Milde und Verantwortung?

1. Ich fahre noch einmal mit dem Moped über Land, es ist jetzt 40 Jahre her, dass mich die „Bullen", wie ich sie damals nannte, erwischt hatten, und ich bin bis heute nicht rückfällig geworden.

Aus dem Erziehungsregister sind meine Eintragungen längst getilgt. Wer in seinem Leben nicht wenigstens Dutzende von Straftaten begangen hat, der werfe den ersten Stein. Hat sich etwas geändert an den Lebens- und Bestrafungsverhältnissen junger Täter? Sind wir weitergekommen mit dem Modell einer humanen Gesellschaft?

Das Jugendstrafrecht ist seit der Weimarer Republik immer wieder ideologisch missbraucht und benutzt worden, sei es, durch die Einführung des Jugendarrestes, die Instrumentalisierung des Erziehungsgedankens für die nationalsozialistische Gesinnung, sei es, dass Jugendstrafrechtler wie Friedrich Schaffstein eine Deutungshoheit über die Spezies Jugend und Kohorte für sich in Anspruch genommen haben.

Noch bevor Ministerpräsident Roland Koch seinen Wahlkampf unter die Diktion stellte, man müsse viel mehr Härte zeigen, wenn es um jugendliche Gewalttäter ginge, hatte der Ideologe Jürgen Gehb versucht, eine neue Debatte in Gang zu bringen (Gehb/Drange 2004b, 259–266). Sein Aufsatz mündet darin, das Jugendstrafrecht für Heranwachsende gänzlich abzuschaffen. Seine Begründungen sind aus der Mottenkiste einer privaten anthropologischen Theorie, also bedeutungslos, aber die Absicht ist klar: Politische Profilierung durch Strenge und Härte, Zero Toleranz und Populismus.

Die Bundesregierung hat mit dem 2. JGGÄndG vom Dezember 2007 den Erziehungsgedanken zu einer zentralen, programmatischen Vorschrift in § 2 Abs. 1 erhoben. Dieses in der Vergangenheit vieldiskutierte Prinzip, welches das gesamte JGG durchzieht (§§ 9, 10 Abs. 1, 12, 17 Abs. 2, 18 Abs. 2, 21 Abs. 1, 24 Abs. 1, 24 Abs. 1 und 3, 31 Abs. 3; 35 Abs. 2, 37, 38 Abs. 2, 45 Abs. 2, 46, 47, 48 Abs. 3; 51 Abs. 1, 52 a, 54 Abs. 2, 69 Abs. 2, 71 Abs. 1, 90 Abs. 1, 93 Abs. 2 JGG), bedarf einer kritischen Revision.

Der Gedanke der Erziehung findet seinen Platz in der Jugendhilfe, hier sollen Defizite und Mangellagen ausgeglichen, kompensiert und gemildert werden – mehr nicht. Mehr geht nicht. Im Strafrecht hat er nichts zu suchen. Das Strafrecht verfolgt den Zweck, Wert und Normen der Gesellschaft zu bestätigen, Rechtsfrieden herzustellen oder zu erhalten – zu mehr ist es nicht in der Lage. Es erzieht nicht, schon gar nicht im Strafvollzug; es ist auch keine Prävention, es wirkt am besten, wenn es die soziologischen Determiniertheiten durchbricht, zu denen wir scheinbar gezwungen sind, wenn der Geprügelte nicht mehr prügeln muss, wenn die Missbrauchte nicht mehr missbrauchen muss, wenn der, dem was fehlt, an innerer Liebe oder materiell, nicht mehr stehlen muss.

2. In den Köpfen der meisten Rechtsanwender und Richter gibt es bis heute eine praktisch gesetzte Eskalationstheorie: Wir finden diese im Grunde auch im Sanktionskatalog des JGG wieder. Man fängt milde, zum Beispiel ambulant, an, und wenn es nicht aufhört, das Strafobjekt Jugend, deviant zu sein, wenn es immer noch nicht aufhört, wenn sie immer wiederkommen, die Straftäter, dann zieht die strafende Gewalt an, dann wird es mehr, härter und länger. Dieses Reaktionsmuster aber stammt aus der Ideologie der schwarzen Pädagogik.

Ein anderes Reaktionsmuster bietet z. B. die paradoxe Intervention, (Watzlawick / Beawin / Jackson 1982), die auch als Symptomverschiebung bezeichnet werden kann. Das als problematisch verstandene Verhalten wird gefördert. So kann z. B. die therapeutische Verschreibung in einer Paartherapie, in der sie ihm vorwirft im Haushalt nichts zu machen, in folgender Anweisung an ihn bestehen: *Bis zu unserer Sitzung unterlassen Sie jede Tätigkeit im Haushalt.*

In einem Strafprozess gegen eine Jugendliche habe ich als Strafverteidiger erlebt, dass ein Jugendrichter das Mädchen lobte, dass es Unterhosen gestohlen hat, statt mit dreckiger Unterwäsche durch die Gegend zu laufen, und daher von einer Strafe abgesehen hat. Die Reaktion, die ich mit jungen Sozialarbeitsstudenten beobachten konnte, war unbeschreiblich: Tränen, Rührung und Dankbarkeit.

Nun will ich aus dieser kleinen Geschichte noch keine Theorie formulieren, sie soll nur deutlich machen, dass die Reaktionsmuster des Strafrechts Alternativen zulassen, auch Spielraum für die Berücksichtigung spezialpräventiver Strategien geben, wenn der strafende Richter seine eigene Eskalationstheorie überwindet, man könnte auch sagen, den straffälligen Menschen differenzierter sieht: das Strafrecht straft, ändert aber nichts.

3. Es gibt auch ein aus der Sanktionsforschung heraus sich entwickelndes gewichtiges Argument gegen den Erziehungsgedanken im Jugendstrafrecht, das Argument, dass den jungen Tätern sogar größere strafrechtliche Belastungen auferlegt werden, als es nach Allgemeinem Strafrecht oft der Fall gewesen wäre (Weber 1990, 165; Kölbel 1998, 10). Aber nicht nur die Empirie hat die größere Repression belegen können, auch die Rechtsprechung des BGH hat bis in die 1980er-Jahre die Überschreitung von Strafrahmen immer wieder mit dem Erziehungsgedanken legitimiert (BGHSt 8, 78 ff; BGH, StV 1982, 27 f.). Die Hinwendung der Deutschen zu einem Täterstrafrecht war nie unproblematisch, denn es birgt in sich die Gefahr, dass hier Gesinnung und Persönlichkeitskern, vielleicht sogar Ethnie im Zentrum der Strafe steht. Besser ist es da, sich eines klar formulierten Tatstrafrechts zu bedienen und einige Maximen einzuführen oder zu verstärken, die das JGG und die Jugendstrafvollzugsgesetze nicht normieren wollten.

Sprechen wir also von den politischen Reformthemen, derer sich mündige Studentinnen der Jurisprudenz und der Sozialarbeit annehmen sollten:

4. Jeder Mensch braucht einen Bruder oder eine Schwester. Hat man keinen, so ist ein verordneter Begleiter besser als alleine zu sein. Ein Begleiter für all die Lebenslagen, in denen sich diese verlassene Klientel jugendlicher Straftäter aufhält, könnte in der Figur des **Beistandes** institutionell ausgebaut werden. Die Vorschrift der §§ 12 Nr. 1 und § 69 JGG wären zu ergänzen um die Institution eines Beistandes auch für Heranwachsende. Das wiederum setzt voraus, dass die Jugendhilfe auch genügend professionelle und ehrenamtliche Beistände bereithält.

5. Erlaube ich mir, vom Moped aus, meine eigene, kriminelle Biografie zu betrachten, so war nichts kriminalpräventiver als die Kategorie der **Milde**. Richter Schumann war ein milder Mann, einer der sich nicht leiten ließ von Rache und Zorn. Jugend hat ein Anrecht auf Milde, insbesondere § 18 JGG ist dahingehend umzuformulieren, dass das Gericht mit Rücksichtnahme auf das Alter des Täters und die Besonderheiten der Tat eine besondere Prüfung der Milde vorzunehmen hat. Der moralische Begriff der Milde, wird so zu einer normativen Kategorie, mehr zu einer Strafzumessungsregel und ggf. zu einem Revisionsgrund.

6. Zu Recht hebt Streng (2008, Rn. 22) hervor, dass der **Beschleunigungsgrundsatz** im Jugendstrafrecht ernst zu nehmen ist, denn *lange*

*Verfahrensdauer fördert die Rationalisierungs- und Verdrängungsneigung, was der Normbestätigungsaufgabe ahndender Sanktionierung entgegenwirkt* (Mann 15 ff.). Kirsten Heisigs Vermächtnis (Das Ende der Geduld, 2010) setzt genau an diesem Defizit an. Sie fordert keine Verschärfung des Strafrechts, aber sie zeigt Handlungsdefizite auf, dies gilt für die Bürgergesellschaft im Alltag, vor allem aber für die institutionelle Ignoranz von Kommunalverwaltung und strafrechtlicher Praxis.

7. So wird im Jugendstrafrecht von den jüngeren Autoren (Streng 2008, Rn. 23; Meier et al. 2007, § 1 Rn. 1 ff.) zunehmend ein Strafrecht der Verantwortung eingefordert, Verantwortung der Gesellschaft für ihre Jugendlichen und Heranwachsenden, aber auch Verantwortung der Täter für ihre Taten.

8. Freiräume für Sozialisationschancen können sich für Jugendliche nur dort entwickeln, wo ein Mindestmaß an **Autonomie** möglich ist. Die Jugendstrafvollzugsgesetze haben zwar vereinzelt den Wohngruppenvollzug normiert, aber keinerlei Standards an Sozial-, Gruppen- oder Psychotherapie. Das ist Aufgabe einer klugen Sozialarbeit und Jugendhilfe. Deshalb ist es unerlässlich, dass inhaftierten Jugendlichen und Heranwachsenden eine freie Arzt- und Therapeutenwahl in der Haft zusteht, die durch Krankenkassenleistungen abgesichert werden muss, nur so bleibt gewährleistet, dass therapeutische Prozesse, die inneren Öffnungen in die Dunkelheit der eignen, kriminellen Biografien nicht von der Anstaltsleitung missbraucht werden können.

9. Ich hatte gerade meine Arbeitsauflage von acht Stunden in der Psychiatrie hinter mich gebracht, als die Arbeiterwohlfahrt 1970 den Vorschlag des Strafprozessrechtslehrers Karl Peters auf dem 13. Deutschen Jugendgerichtstages aufgriff.

Der praktizierende Katholik Peters und die sozialdemokratische Basisorganisation machten einen revolutionären Vorschlag. Sie wollten den gesamten Bereich abweichenden Verhaltens von bis zu 16 Jährigen Tätern entkriminalisieren. Sie forderten ein einheitliches Jugenderziehungsrecht für junge Täter, soweit keine Jugendstrafe in Betracht kam. Dieses Konzept wurde 1973 vom Bundesminister für Jugend, Familie und Gesundheit noch einmal aufgenommen.

Es ist in der Geschichte der Reform des Jugendstrafrechts, 50 Jahre nach dem ersten JGG der konsequenteste Entwurf zur Entkriminalisierung. Die Geschichte und die Gerichte, die meisten Lehrbücher sind über den Vortrag von Karl Peters auf dem 13. Jugendgerichtstag (1966, 58) hinweggegangen. Lassen Sie uns noch einmal den Befund von Peters lesen:

„Sowohl im Individualbereich, als auch im Sozialbereich werden Lebensformen als rechtlich und sozial irrelevant hingenommen, die sittlich anstößig, verwerflich oder wenigstens fragwürdig sind. Hintergehen des andern, liebloses Hinwegsetzen über menschliche Ansprüche, seelische Verletzungen und Quälereien, Missachtungen und Rücksichtslosigkeiten erlebt der junge Mensch in seinem Lebensbereich, ohne dass irgendwelche rechtlich negative Folgen damit verbunden sind. Im Gegenteil, der derartig Handelnde gilt weiterhin als lebensverbunden und lebenstüchtig. Im Sozialbereich ist der junge Mensch den Erfahrungen des auf Kosten anderer sich vollziehenden Gewinnstrebens, ungezügelten Sexualeinflüssen, des Erfolges egoistischen Strebens, der selbstverständlichen Drohung mit Gewalt oder der faktischen Gewaltanwendung, der grundsätzlichen Hinnahme der potentiellen Vernichtung von Menschen, ja der Menschheit selbst, ausgesetzt. Unter derartigen Umständen soll der junge Mensch Sozial- und Rechtsgesinnung, Sozial- und Rechtshaltung gewinnen?"

Peters stellt das Verhältnis von Strafrecht und Erziehung vom Kopf auf die Füße, wenn er feststellt, dass seit 1943 das Jugendstrafrecht vornehmlich von den Vertretern der Strafrechtswissenschaft gelehrt und behandelt wird und von daher statt dem Jugenderziehungsrecht dem Strafrecht zugeschlagen wurde. Peters also räumt auf, seit 1943 hat die Jugendhilfe im Strafrecht nichts zu suchen, daher formuliert er, dass jede Reform daran ansetzen muss, dass die Hilfe im Zentrum steht und daher das Jugendstrafrecht abgeschafft gehört zugunsten eines Jugendkonfliktrechts. Diese Ideen sind nahezu 50 Jahre alt, ebenso die Forderung des Katholiken Karl Peters nach einer zweiten Tatsacheninstanz für Kapitalverbrechen.

Als Karl Peters schon weit über 90 Jahre alt war, bin ich mit ihm durch Münster gegangen. Er hatte sich bei mir eingehängt, gerne hätte ich meinen eigenen Vater so geführt. Da erzählte er mir, dass er auch Theaterstücke geschrieben habe, die gelegentlich seine Enkel aufführten, und wir waren uns einig, dass, wer auf der Bühne morde, dies im wirklichen Leben nicht mehr tun müsse. Spiel und Experiment, Freiräume und konkrete Hilfe entsprachen dem Reformziel des Naturrechtlers Karl Peters: Erziehung *statt* Strafe steht heute mehr denn je und immer noch auf der Tagesordnung, das einheitliche Jugendrecht.

10. Es fällt auf, dass die politischen Parteien, außerhalb der konservativen Zirkel, keinerlei Reformthemen im Jugendrecht mehr angesprochen haben. Fehlt ihnen das Personal, das Problembewusstsein, haben sie Angst, Wählerstimmen zu verlieren. Sozialdemokraten, Grüne oder linke Parteien haben zur Jugendhilfe oder zum Jugendstrafrecht nichts zu sagen, außer dass sie gelegentlich aufspringen auf den Zug einer unkritischen Pädagogisierung der Strafe.

Vielleicht haben unsere Vorschläge und Gedanken wenig Realisierungschancen, das ist aber kein Grund, sie nicht auch in einer Einführungsschrift formulieren zu dürfen. Karl Peters hat niemals resigniert, ihn auf die Tagesordnung zu setzen, scheint revolutionär. Die Verhältnisse im Strafrecht und im Jugendstrafrecht haben sich nicht verbessert, eine Reform haben die Vertreter unserer Generation, die Post-68er versäumt. Es ist die Aufgabe nachfolgender Sozialarbeiter(innen) und Jurist(inn)en, die Welt nicht so zu lassen wie sie ist.

11. Die Philosophen haben die Welt nur verschieden interpretiert; es kommt drauf an, sie zu verändern (Karl Marx).

# Literatur

Albrecht, H.-J. (2002): Ist das deutsche Jugendstrafrecht noch zeitgemäß? Gutachten D zum 64. Deutschen Juristentag. Beck, München

Albrecht, P.-A. (2000): Jugendstrafrecht. 3. Aufl. Beck, München

Aries, P. (1975): Geschichte der Kindheit. Beck, München

Bareis, F. (2006): Nebenstrafen und Nebenfolgen jugendstrafrechtlicher Verurteilungen. Zeitschrift für Jugendkriminalrecht und Jugendhilfe, 272–281

Bartsch, T. (2010): Zur nachträglichen Anordnung der Unterbringung in der Sicherheitsverwahrung nach der Verurteilung zu einer Jugendstrafe. Strafverteidiger, 521–524

Beccaria, C. (1764/2005): Von den Verbrechen und von den Strafen. Berliner Wissenschafts-Verlag, Berlin

Becker, G. S. (1993): Der ökonomische Ansatz zur Erklärung menschlichen Verhaltens. 2. Aufl. Mohr Siebeck, Tübingen

Bizer, J. (1992): Kostentragungspflicht für die jugendrichterliche Weisung, einen Sozialen Trainingskurs zu besuchen. Zentralblatt für Jugendrecht, 616–623

Bloch, E. (1972): Naturrecht und menschliche Würde. Suhrkamp, Frankfurt

Bochmann, C. (2009): Entwicklung eines europäischen Jugendstrafrechts. Nomos, Baden-Baden

Böhm, A., Feuerhelm, W. (2004): Einführung in das Jugendstrafrecht. 4. Aufl. Beck, München

– (1991): Zur Änderung des Jugendgerichtsgesetzes. Neue Juristische Wochenschrift, 534–538

Böse, J., Nix, C. (1992): Über Kriminalitätsbelastung. Sozialmagazin, 36–38

Brunner, R., Dölling, D. (2002): Jugendgerichtsgesetz. Kommentar. 11. Aufl. de Gruyter, Berlin / New York

Bundeskriminalamt (BKA) (Hrsg.) (2010): Polizeiliche Kriminalstatistik Bundesrepublik Deutschland (PKS). Berichtsjahr 2009. Bundeskriminalamt, Wiesbaden

Christie, N. (2005): Wieviel Kriminalität braucht die Gesellschaft? Beck, München

Dallinger, W., Lackner, K. (1965): Jugendgerichtsgesetz. 2. Aufl. Beck, München

Dolde, G. (2001): Organisations- und Personalentwicklung im Justizvollzug. Zeitschrift für Strafvollzug und Straffälligenhilfe, 15–18

Dünkel, F. (2008): Rechtsschutz im Jugendstrafvollzug. Anmerkungen zum Zweiten Gesetz zur Änderung des Jugendgerichtsgesetzes vom 13.12.2007. Neue Kriminalpolitik, 2–4

– (1990): Freiheitsentzug für junge Rechtsbrecher. Situation und Reform von Jugendstrafe, Jugendstrafvollzug, Jugendarrest und Untersuchungshaft in der Bundesrepublik Deutschland und in internationalem Vergleich. Forum Verlag Godesberg, Bonn

Eisenberg, U. (2010a): Jugendgerichtsgesetz. Kommentar. 14. Aufl. Beck, München

– (2010b): „Feindliche Übernahme" im Jugendstrafrecht? Neue juristische Wochenschrift, 1507–1509

– (2007): Nachträgliche Sicherungsverwahrung bei zur Tatzeit Jugendlichen bzw. Heranwachsenden? Juristenzeitung, 1143–1144

– (1998): Zur verfahrensrechtlichen Stellung der Jugendgerichtshilfe. Strafverteidiger, 304–313

Eisner, E. W. (1997): Cognition and Curriculum Reconsidered. Bertrams Print, New York

Feldmann, C. (2008): Sozialdatenschutz in der Jugendgerichtshilfe. Zeitschrift für Jugendkriminalrecht und Jugendhilfe, 21–28

Fieseler, G., Schleicher, H., Busch, M. (Hrsg.) (1998/2010): Kider- und Jugendhilferecht. Gemeinschaftskommentar zum SGB VIII. Loseblatt. Neuwied/Kriftel

Fischer, T. (2009): Strafgesetzbuch und Nebengesetze. 57. Aufl. Beck, München

Foucault, M. (1977): Überwachen und Strafen. Die Geburt des Gefängnisses. Suhrkamp, Frankfurt

Franzen, R. (2008): Anregungen zum praktischen Umgang mit § 36a SGB VIII aus jugendrichterlicher Perspektive. Zeitschrift für Jugendkriminalrecht und Jugendhilfe, 17–20

Frehsee, D. (1998): Politische Funktionen Kommunaler Kriminalprävention. In: Sessar, K., Schöch, H., Kürzinger, J., Kerner, H.-J., Dünkel, F., Albrecht, H.-J. (Hrsg.): Internationale Perspektiven in Kriminologie und Strafrecht. Festschrift für Günther Kaiser. Erster Halbband. Duncker & Humblot, Berlin, 739–763

Freud, S. (1999): Gesammelte Werke, Bd. XV: XXXIV Vorlesung, Aufklärungen, Anwendungen, Orientierungen. Fischer, Frankfurt, 739–763

Gehb, J., Drange, G. (2004a): Heranwachsende im Strafrecht – Quo Vaditis? Deutsche Richterzeitung, 118–122

– (2004b): Überlegungen zur Neuordnung der strafrechtlichen Behandlung junger Volljähriger. Zeitschrift für Jugendkriminalrecht und Jugendhilfe 15, 259–266

Goerdeler, J., BAG JGH in der DVJJ e. V. (Hrsg.) (2009): Jugendhilfe im Strafverfahren. DVJJ e. V., Hannover

– (2008): Das „Ziel der Anwendung des Jugendstrafrechts" und andere Änderungen des JGG. Zeitschrift für Jugendkriminalrecht und Jugendhilfe, 137–147

– (2006): The never ending story: das Verhältnis von Jugendhilfe und Justiz im Jugendstrafrecht. Einige Anmerkungen zur „Steuerungsverantwortung des öffentlichen Jugendhilfeträgers". Zeitschrift für Jugendkriminalrecht und Jugendhilfe, 4–10

Grosse-Brömer, M., Klein, O. (2010): Sicherungsverwahrung als Verfassungsauftrag. Zeitschrift für Rechtspolitik, 172–175

Hase, P. (2003): Bundeszentralregistergesetz. Beck, München

Hassemer, W. (2004): Jugend im Strafrecht. Zeitschrift für Jugendkriminalrecht und Jugendhilfe, 344–356

Heisig, K. (2010): Das Ende der Geduld. Herder, Freiburg

Hess, H., Scherer, S. (1997): Was ist Kriminalität? Skizze einer konstruktivistischen Kriminalitätstheorie. Kriminologisches Journal, 83–155

Höynck, T., Goerdeler, J. (2006): Kooperation auf Augenhöhe oder „Schwarzer Peter"? Das Jugendamt 79, 170–176

Jauer, W. (2008): Hessen kann auch Vorbild sein. Betrifft JUSTIZ, 273–275

Kaiser, G. (1996): Kriminologie. 3. Aufl. C. F. Müller, Heidelberg.

Kamann, U. (2009): Vollstreckung und Vollzug der Jugendstrafe. Verteidigung und Rechtsschutz. ZAP Verlag, Münster

Kindhäuser, U. (2010): Strafprozessrecht. 2. Aufl. Nomos, Baden-Baden

– (2009): Strafrecht Allgemeiner Teil. 4. Aufl. Baden-Baden

Kinzig, J. (2010): Zur Frage der Anordnung nachträglicher Sicherungsverwahrung. Juristenzeitung, 689–692

Kölbel, R. (1998): Zur Verkehrsdelinquenz der heranwachsenden. Empirische und jugendstrafrechtliche Anmerkungen. Zentralblatt für Jugendrecht, 10–24

Kreuzer, A. (2010): Sicherungsverwahrung nach Jugendstrafrecht angesichts divergierender Urteile des BGH und EGMR – Zugleich eine Besprechung des Urteils des BGH vom 9.3.2010 – 1 StR 554/09. Neue Zeitschrift für Strafrecht, 473–479

– (2008): Ursprünge, Gegenwart und Entwicklungen des deutschen Jugendstrafrechts. Zeitschrift für Jugendkriminalrecht und Jugendhilfe 19, 122–131

– (2002): Ist das deutsche Jugendstrafrecht noch zeitgemäß? Neue Juristische Wochenschrift, 2345–2351

Kunkel, P.-C. (2004): Hat der Jugendgerichtshelfer ein Zeugnisverweigerungsrecht im Strafprozess? Zeitschrift für Jugendkriminalrecht und Jugendhilfe, 426–428

Kusch, R. (2006): Plädoyer für die Abschaffung des Jugendstrafrechts. Neue Zeitschrift für Strafrecht, 65–69

Laubenthal, K. (2008): Strafvollzug. 5. Aufl. Springer, Berlin

–, Baier, H. (2006): Jugendstrafrecht. Springer, Berlin

Lenz, T. (2007): Die Rechtsfolgensystematik im Jugendgerichtsgesetz (JGG). Duncker & Humblot, Berlin

Maaß, H. (2008): Vollstreckung einer Jugendstrafe neben einer Freiheitsstrafe: Zuständigkeitskonzentration bei Staatsanwaltschaft und Strafvollstreckungskammer? Neue Zeitschrift für Strafrecht, 129–131

Mann, H. (2004): Beschleunigungspotenzial im Jugendstrafverfahren. Verlag Peter Lang, Franfurt

Mathiesen, T. (1979): Überwindet die Mauern! Die skandinavische Gefangenenbewegung als Modell politischer Randgruppenarbeit. Luchterhand, Neuwied

Meier, B.-D. (2006): Der Täter-Opfer-Ausgleich vor dem Aus? Zu den Auswirkungen des Gesetzes zur Weiterentwicklung der Kinder- und Jugendhilfe (KICK) im Bereich der ambulanten Maßnahmen nach dem JGG. Zeitschrift für Jugendkriminalrecht und Jugendhilfe, 261–266

– (2003): Kriminologie. Beck, München

–, Rössner, D., Schöch, H. (2007): Jugendstrafrecht. 2. Aufl. Beck, München

Meysen, T. (2008): Steuerungsverantwortung des Jugendamts nach § 36a SGBVIII: Anstoß zur Verhältnisklärung oder anstößig? Zeitschrift für das gesamte Familienrecht, 562–571

Möller, W., Nix, C. (Hrsg.) (2006): Kurzkommentar zum SGB VIII – Kinder- und Jugendhilfe. Ernst Reinhardt, München

–, Schütz, C. (2007): Jugendrichterliche Kompetenz versus Steuerungsverantwortung des öffentlichen Jugendhilfeträgers. Zeitschrift für Kindschaftsrecht und Jugendhilfe, 178–183

Moser, T. (1973): Gespräche mit Eingeschlossenen. Suhrkamp Frankfurt

Münder, J., Meysen, T., Trenczek, T. (Hrsg.) (2009): Frankfurter Kommentar zum SGB VIII. 6. Aufl. Nomos, Baden-Baden

Nietzsche, F. (1972): Also sprach Zarathustra. Frankfurt

Nix, C. (2008): Junge Hunde. Das Neue Berlin, Berlin

– (Hrsg.) (1994): Kurzkommentar zum Jugendgerichtsgesetz. Beltz, Weinheim

– (1993): Vorläufige Festnahme und verbotene Vernehmungsmethoden gegenüber Kindern, Jugendlichen und Heranwachsenden im strafrechtlichen Ermittlungsverfahren. Monatsschrift für Kriminologie und Strafrechtsreform, 183–191.

– (1992): Der Haftgrund der Verdunkelungsgefahr, StV, 445

– (1991): Der Erziehungsgedanke im Jugendstrafrecht, zugleich eine Rezension zu: Friedrich Schaffstein. Zentralblatt für Jugendrecht, 541 ff.

Nothacker, G. (2001): Jugendstrafrecht. Fälle und Lösungen. 3. Aufl. Nomos, Baden-Baden

Ostendorf, H. (2009a): Jugendstrafrecht. Lehrbuch. 5. Aufl. Nomos, Baden-Baden

– (2009b): Jugendstrafvollzugsrecht. Nomos, Baden-Baden

– (2009c): Jugendgerichtsgesetz. 8. Aufl. Nomos, Baden-Baden

– (2008): Jugendstrafvollzugsgesetz. Neue Gesetze – neue Perspektiven? Zeitschrift für Rechtspolitik, 14–18

– (2006): Jugendhilfe und Justiz – Organisationsbedingungen einer Gesamtverantwortung. Zeitschrift für Jugendkriminalrecht und Jugendhilfe, 155–163

– (2004): Eigentor für das Jugendstrafrecht durch Selbstverweigerung der Jugendhilfe? Zeitschrift für Jugendkriminalrecht und Jugendhilfe, 294–296

– (1998): Das deutsche Jugendstrafrecht – zwischen Erziehung und Repression. Strafverteidiger, 297–303

– (1989): Maßloses Erziehungsstrafrecht oder gebändigtes Präventionsstrafrecht? In: Walter, M. (Hrsg.):
Beiträge zur Erziehung im Jugendkriminalrecht. Carl Heymanns Verlag, Köln / Berlin / Bonn / München, 91–110

Paschke, B. (2010): Jugendstrafrecht im 21. Jahrhundert. Kommentar zur Antwort der Bundesregierung auf die Große Anfrage zum Jugendstrafrecht –

Jugend(gerichts)hilfe Fragen 181 bis 189. Zeitschrift für Jugendkriminalrecht und Jugendhilfe, 68–70

Peters, K. (1966): Die Grundlagen der Behandlung junger Rechtsbrecher. Monatsschrift für Kriminologie und Strafrechtsreform, 49–62

Petersen, A. (2008): Sanktionsmaßstäbe im Jugendstrafrecht. Nomos, Baden-Baden

Pfeiffer, J. (2010): Besserer Schutz von Kindern und Jugendlichen durch ein neues „erweitertes Führungszeugnis". Neue Juristische Wochenschrift, 1109–1110

Plate, J. (2002): Psyche, Unrecht und Schuld. Die Bedeutung der psychischen Verfassung des Täters für die allgemeinen Voraussetzungen der Strafbarkeit. Beck, München

Plath, J. (2005): Das Jugendgerichtsgesetz der DDR von 1952: eine darstellende und vergleichende Untersuchung. Kovač, Hamburg.

Quensel, S. (1970): Wie wird man kriminell? Verlaufsmodell einer fehlgeschlagenen Interaktion zwischen Delinquenten und Sanktionsinstanz. Kritische Justiz 3, 375–382

Radbruch, G. (1963): Rechtsphilosophie. 6. Aufl. K.F. Köhler, Stuttgart

Reik, T. (1925): Geständniszwang und Strafbedürfnis. Probleme der Psychoanalyse und der Kriminologie. In: Moser, T. (Hrsg.) (1974): Psychoanalyse und Justiz. Suhrkamp, Frankfurt, 9–201

Renzikowski, J. (2010): Urteilsanmerkung. Neue Zeitschrift für Strafrecht, 506–508

Rousseau, J.-J. (1971): Emile oder über die Erziehung. Schöningh, Paderborn

Sack, F. (1972): Abweichendes Verhalten aus soziologischer Sicht. In: Otto, H.U., Schneider, S.(Hrsg.): Gesellschaftliche Perspektiven der Sozialarbeit. 1. Halbbd. Luchterhand, Neuwied/Berlin, 129–149

Schaffstein, F., Beulke, W. (2002): Jugendstrafrecht: eine systematische Darstellung. 14. Aufl. Kohlhammer, Stuttgart

Schlüchter, E. (1994): Plädoyer für den Erziehungsgedanken. de Gruyter, Berlin/New York

Schneider, H.J. (1982): Kriminologie, Jugendstrafrecht, Strafvollzug. Beck, München

Schläfke, D., Häßler, F., Feger, J.M. (2005): Sexualstraftaten. Forensische Begutachtung, Diagnostik und Therapie. Schattauer, Stuttgart

Schöch, H. (1998): Das Gesetz zur Bekämpfung von Sexualdelikten und anderen gefährlichen Straftaten vom 26.1.1998. Neue Juristische Wochenschrift, 1257–1262

Seebode, M. (1985): Der Vollzug der Untersuchungshaft. de Gruyter, Berlin/New York

Sessar, K. (2004): Verbrechen als soziale Konstruktion. Eine kriminologische Vorlesung. In: Karliczek, K.-M. (Hrsg.): Kriminologische Erkundungen. Wissenschaftliches Symposium aus Anlass des 65. Geburtstages von Klaus Sessar. LIT, Münster, 32–77

Sonnen, B.-R. (2004): Spielgestaltung statt Eigentor. Anmerkungen zum Beitrag von Heribert Ostendorf. Zeitschrift für Jugendkriminalrecht und Jugendhilfe, 296–297

– (2003): Die Mitwirkung der Jugendhilfe in Verfahren nach dem Jugendgerichtsgesetz – Vom Wort zur Tat. Zeitschrift für Jugendkriminalrecht und Jugendhilfe, 377–381

Skinner,F. (1973): Was ist Behaviorismus. Rowohlt, Reinbek

Spiess, G. (2010): Jugendkriminalität in Deutschland – zwischen Fakten und Dramatisierung. Kriminalstatistische und kriminologische Befunde. Universität Konstanz, Konstanz.. In: http://www.uni-konstanz.de/rtf/gs/Spiess-Jugendkriminalitaet-2010.pdf, 15.02.11

Streng, F. (2008): Jugendstrafrecht. 2. Aufl. C.F. Müller, Heidelberg

Trenczek, T. (2010a): Risikoeinschätzung und psychosoziale Diagnose der Jugendhilfe (auch) im Jugendstrafverfahren. Zeitschrift für Jugendkriminalrecht und Jugendhilfe, 249–262

– (2010b): Verantwortungsgemeinschaft in der Jugendstraffälligenhilfe. Zeitschrift für Kindschaftsrecht und Jugendhilfe, 142–147

– (2007): Jugendgerichtshilfe: Aufgaben und Steuerungsverantwortung. Zeitschrift für Jugendkriminalrecht und Jugendhilfe, 31–39

– (2003): Die Mitwirkung der Jugendhilfe im Strafverfahren. Beltz, Weinheim u. a.

– (2000): Rechtliche Grundlagen der Neuen Ambulanten Maßnahmen und sozialpädagogischen Hilfeangebote für junge Straffällige. In: BAG NAM (Hrsg.): Neue Ambulante Maßnahmen. Grundlagen – Hintergründe – Praxis. Forum Verlag Godesberg, Mönchengladbach, 17–119

Ullenbruch, T. (2008): Das „Gesetz zur Einführung der nachträglichen Sicherungsverwahrung bei Verurteilungen nach Jugendstrafrecht" – ein Unding? Neue Juristische Wochenschrift, 2609–2615

– (1998): Verschärfung der Sicherungsverwahrung auch rückwirkend– populär, aber verfassungswidrig? Neue Zeitschrift für Strafrecht, 326–330

Wagner, R. (2007): Das Bundesamt für Justiz – Eine neue Bundesoberbehörde mit Aufgaben auch im Zivil(-verfahrens-)recht. IPRax, 87–88

Walter, M. (2005): Jugendkriminalität. Eine systematische Darstellung. 3. Aufl. Boorberg, Stuttgart

–, Wilms, Y. (2004): Kriminalrechtlicher Erziehungsgedanke und elterliches Erziehungsrecht – Zur Zulässigkeit und den Voraussetzungen jugendrechtlicher Weisungen gemäß § 10 I JGG. Neue Zeitschrift für Strafrecht, 600–607

Watzlawick, P., Beawin, J.H., Jackson, D.D. (1982): Menschliche Kommunikation. Formen, Störungen, Paradoxien. 6. Aufl. Hans Huber, Bern/Stuttgart/Wien

Weber, M. (1990): Die Anwendung der Jugendstrafe – strafrechtliche Grundlagen und gerichtliche Praxis. Peter Lang, Frankfurt

Weis, K. (1998): Was treibt die Zeit? dtv, München

Wetzels, P. (1997): Gewalterfahrung in der Kindheit. Nomos, Baden Baden

Weyel, F.H. (2008): Geschichte und Wandel des Erziehungsgedankens. Zeitschrift für Jugendkriminalrecht und Jugendhilfe, 132–136

Wiesner, R. (2006): SGB VIII – Kinder- und Jugendhilfe. 3. Aufl. Beck, München

Wolff, J. (1992): Jugendliche vor Gericht im Dritten Reich. Nationalsozialistische Jugendstrafrechtspolitik und Justizalltag. Beck, München

# Sachregister

Leseprobe
# Grundkurs Recht für die Soziale Arbeit

## 1.1 Recht als Rahmenbedingung Sozialer Arbeit

### 1.1.1 Soziale Wirklichkeit und Recht

Was hat Recht mit der sozialen Wirklichkeit und mit der Gesellschaft zu tun, in der wir leben? Vielleicht wird dies deutlich, wenn man einen kurzen Blick in eine x-beliebige Tageszeitung und auf die dort besonders ins Auge springenden Schlagzeilen wirft. Dies könnten z.B. die Folgenden sein, bei denen sofort deutlich wird, dass Politik, Wirtschaft, lokale Nachrichten, ja sogar Sport und Feuilleton sehr häufig zumindest auch eine rechtliche Dimension haben:

„Staats- und Regierungschefs verständigen sich auf verbindliche Regelungen für die Bankenaufsicht." Sie erinnern sich: Im Jahr 2008 kam es zu einer weltweiten Krise des Bankensystems, und die Mitgliedstaaten der Europäischen Union verständigten sich 2009 darauf, mit „öffentlichen Finanzspritzen" Banken vor dem Zusammenbruch zu bewahren. Zugleich verständigte man sich dahingehend, Banken rechtliche Vorgaben für die Vergabe von Krediten zu machen und eine besser funktionierende Bankenaufsicht zu organisieren. Hier ging es also um internationales Recht und um Wirtschaftsrecht.

**reinhardt**

www.reinhardt-verlag.de

„Bundestag beschließt Kindergelderhöhung." Für die Jahre ab 2009 kam es auf dieser Grundlage zur Erhöhung des Kindergeldes um je 10 € für das erste und zweite und um 16 € für das dritte Kind. Die rechtliche Relevanz dieser politischen Entscheidung liegt auf der Hand: Der Deutsche Bundestag hat damit Änderungen im Bundeskindergeldgesetz bzw. im Einkommensteuergesetz vorgenommen.

„Hessischer Landtag beschließt Selbstauflösung. Neuwahlen am 18.01.2009." Auch hochpolitische Entscheidungen müssen sich im Rahmen des geltenden Rechts bewegen, also sind die Vorschriften der Landesverfassung und des Landeswahlgesetzes zu beachten.

„Wirtschaft fordert verbesserte Abschreibungsmöglichkeiten für Investitionen im Umweltschutz." Auch dafür müssen Gesetze geschaffen, geändert oder verbessert werden.

„Keine Tarifeinigung in Sicht. Droht jetzt ein neuer Arbeitskampf in der Metallindustrie?" Die Arbeits- und Wirtschaftsbedingungen für Arbeitnehmerinnen und Arbeitnehmer werden zumeist in Tarifverträgen zwischen Gewerkschaften und Arbeitgeberverbänden ausgehandelt. Dafür gibt es rechtliche Regelungen im Tarifvertragsgesetz. Kann man sich nicht einigen, gibt es nach dem Arbeitsrecht weitere „Spielregeln", z. B. für das Streikrecht der Arbeitnehmer.

„Kein neues Einkaufzentrum auf der grünen Wiese." Sehr häufig gibt es Streit um die Ansiedlung von neuen Großprojekten. Wichtige Grenzziehungen zwischen zulässigen und nicht zulässigen bzw. genehmigungs-bedürftigen Maßnahmen werden durch die bestehenden Gesetze, durch entsprechende Beschlüsse der Kommunalpolitik oder auch durch Gerichtsentscheidungen vorgenommen.

„Doping im Radsport und kein Ende." Auch im Bereich des Sports gibt es viele verbindliche Regelungen und Vorgaben rechtlicher Art dafür, was erlaubt ist oder nicht. „Auftrittsverbot für Rock-Band im Waldstadion." Auch im Bereich von Freizeit und Kultur gilt Entsprechendes.

## 1.1.2 Soziale Arbeit und Recht

Schon diese wenigen Beispiele zeigen, dass ganz offensichtlich große Bereiche von Politik, Wirtschaft, Umwelt, Freizeit, Sport und Kultur in einem Maße von rechtlichen Regelungen durchdrungen sind, wie man sich dies als „Normalbürger" mitunter gar nicht vorstellt. Und wie sieht dies in der Sozialen Arbeit aus? Dazu zwei praktische Beispiele.

*Beispiel 1:*

Frau Anna A. ist 34 Jahre alt und hat zwei Kinder im Alter von fünf und acht Jahren. Frau A. ist von ihrem Ehemann verlassen worden. Von Beruf ist sie Sekretärin, hat jedoch seit der Geburt des ersten Kindes nicht mehr gearbeitet. Sie hat zudem ein chronisches Rückenleiden und wäre kaum dazu in der Lage, in ihren alten Beruf zurückzukehren, in dem sich mit dem Einsatz moderner

www.reinhardt-verlag.de

Informations- und Computertechnologien zudem sehr viel verändert hat. Frau A. erhält von ihrem Ehemann keine finanzielle Unterstützung mehr und ist auch sonst mittellos. Sie befindet sich zudem in einer psychischen Krisensituation und wendet sich in ihrer Verzweiflung an Sie als der zuständigen Sozialarbeiterin bzw. dem zuständigen Sozialarbeiter im Amt X der Stadt Y.

Sofort haben Sie sicherlich eine Menge Ideen, wie Frau A. in persönlicher Hinsicht geholfen werden könnte, insbesondere durch Sozialberatung und durch Vermittlung psychotherapeutischer und gesundheitlicher Hilfen. Aber würde dies ausreichen? Nein, denn in diesem Fall und vielfach auch sonst in der Sozialen Arbeit erfordert professionelle Hilfe nicht nur Sozialberatung, sondern auch Rechtsberatung, ggf. auch Rechtsvertretung.

Deshalb müssen Sie sich als Sozialarbeiter/in, wenn Sie hier wirksam helfen wollen, auch im Familienrecht auskennen, insbesondere im Unterhaltsrecht des BGB. Notwendig wäre hier auch die Kenntnis des Unterhaltsvorschussgesetzes. Mit Blick auf Berufsberatung und Umschulung durch die Agentur für Arbeit ist die Kenntnis der Regelungen des SGB III (Arbeitsförderung) erforderlich, ergänzend möglicherweise auch der Hilfen nach dem SGB VIII (Kinder- und Jugendhilfe) und dem SGB XII (Sozialhilfe). Im SGB V ist geregelt, welche gesundheitlichen Leistungen der Gesetzlichen Krankenversicherung hier in Betracht zu ziehen sind. Damit wird deutlich, dass Sie als Sozialarbeiterin oder als Sozialarbeiter auch die einschlägigen rechtlichen Ressourcen kennen und ausschöpfen müssen, wenn Sie Frau A. wirkungsvoll helfen wollen.

**ℰℛ reinhardt**
www.reinhardt-verlag.de

*Beispiel 2:*

Der drogenabhängige Karl D. kommt in die Drogen-
beratungsstelle des Evangelischen Dekanats in der
Stadt X. D. offenbart Ihnen als dem/der dort tätigen
Sozialarbeiter/in Privatgeheimnisse und im weiteren Verlauf des Gespräches sogar die Begehung einer
Straftat. Wie verhalten Sie sich nun gegenüber Ihren
Kollegen/innen und Vorgesetzten? Wie gegenüber der
Polizei? Dürfen oder gar müssen Sie schweigen? Wie
sieht es mit dem Datenschutz und ggf. Ihrem Recht
auf Zeugnisverweigerung aus, falls es zu einem Prozess
kommt? Auch hier ist offensichtlich, dass die Kenntnis
des einschlägigen Berufsrechts gleichsam die Grundlage
Ihrer Tätigkeit als Sozialarbeiter/in darstellt. Auch hier
gehört die Kenntnis des Rechts zum Handwerkszeug für
eine(n) Sozialarbeiter/in schlechthin.

### 1.1.3 Studium der Sozialen Arbeit und Recht

Mit diesen beiden Beispielen ist auch deutlich geworden, wie intensiv in der Sozialen Arbeit die Probleme
ihrer Klientinnen und Klienten mit den einschlägigen
Rechtsvorschriften „verwoben" sind. Deshalb gehört
es unverzichtbar zum Kanon der Lehrveranstaltungen
an den Fachbereichen für Soziale Arbeit, dass dort
zumindest Grundkenntnisse im Familienrecht, Kinder-
und Jugendhilferecht, im Sozialhilferecht, im Recht
der Existenzsicherungsleistungen, ggf. im Strafrecht,
Ausländer-/Aufenthaltsrecht, Arbeitsrecht und im
Berufsrecht vorgesehen sind.

**reinhardt**
www.reinhardt-verlag.de

Um in diese sehr speziellen Rechtsgebiete mit Aussicht auf Erfolg „einsteigen" zu können, ist es erforderlich, zunächst allgemeine Basiskenntnisse über die Strukturen von Rechtsnormen, über Rechtsquellen, über die Rechtsanwendung sowie über die wichtigsten Grundbegriffe des Zivilrechts und des öffentlichen Rechts zu erwerben. Dazu dienen die üblicherweise angebotenen Lehrveranstaltungen „Einführung in die rechtlichen Grundlagen der Sozialen Arbeit" und das vorliegende Buch will eine Hilfe für den Einstieg geben.

„Künftige Sozialarbeiter/innen bzw. Sozialpädagogen/ innen haben nicht der Rechtsfächer wegen ihr Studium der Sozialen Arbeit begonnen. Würde man sie fragen, mit welchen herkömmlichen Disziplinen sie am ehesten ihr Studium in Verbindung bringen, würden sie vermutlich antworten: mit „Psychologie", „Pädagogik", „Methoden der Sozialen Arbeit", aber wohl eher ausnahmsweise mit „Recht", das zudem vielfach als formal, unverständlich und scheinbar gegenwartsfern empfunden wird (Gastiger 2006, 2).

Recht ist zudem vielfach „gefürchtet", weil man dort viel lernen und Klausuren schreiben muss. In der Tat ist es richtig, dass man für die Rechtsfächer Einiges an Zeit aufwenden muss. Die Erfahrung zeigt jedoch, dass spätestens dann, wenn Sie sich im praktischen Studiensemester/ Berufspraktikum befinden, und allerspätestens dann, wenn Sie später als Sozialarbeiter/in der beruflichen Praxis stehen, klar geworden ist, wie wichtig, gesellschaftsrelevant und dynamisch Recht ist – und wie spannend Recht sein kann.

**ᴇⱽ reinhardt**
www.reinhardt-verlag.de

Leseprobe (S. 14 – 18) aus:

Reinhard J. Wabnitz
**Grundkurs Recht für die Soziale Arbeit**
Mit 97 Übersichten, 22 Fällen und Musterlösungen
2010. 243 Seiten.
UTB-S (978-3-8252-3368-6) kt

www.reinhardt-verlag.de

# SGB VIII verständlich erklärt

Reinhard J. Wabnitz
**Grundkurs Kinder- und Jugendhilferecht für die Soziale Arbeit**
2., überarb. Aufl. 2009. 192 Seiten. 3 Tab.
Mit 62 Übersichten, 14 Fallbeispielen und Musterlösungen
UTB-S (978-3-8252-2878-1) kt

Der „Grundkurs Kinder- und Jugendhilferecht für die
Soziale Arbeit" vermittelt die elementaren Kenntnisse
des Kinder- und Jugendhilferechts. Er gibt Studierenden
einen Überblick über die rechtlichen Regelungen im SGB
VIII, die Leistungen und anderen Aufgaben in der Kinder-
und Jugendhilfe sowie über deren Trägerstrukturen und
Behörden. Mit zahlreichen Übersichten, Prüfungsfragen,
Fallbeispielen und Musterlösungen.

## ℰⱽ reinhardt
www.reinhardt-verlag.de

# Bereits in 2. Auflage!

Reinhard J. Wabnitz
**Grundkurs Familienrecht für die Soziale Arbeit**
2., überarb. Aufl. 2009. 197 Seiten. 8 Tab.
Mit 67 Übersichten, 14 Fallbeispielen und Musterlösungen
UTB-S (978-3-8252-2754-8) kt

Reinhard Wabnitz vermittelt das relevante Basiswissen des Familienrechts – speziell aufbereitet für Studierende des Faches Soziale Arbeit. Für die 2. Auflage wurden wichtige neue Gesetze, z.B. zur Reform des Personenstandsrechts, zur Änderung des Unterhaltsrechts und zur Erleichterung familiengerichtlicher Maßnahmen bei Gefährdung des Kindeswohls eingearbeitet. Mit Fallbeispielen, Prüfungsfragen, Musterlösungen und einem ausführlichen Literaturverzeichnis. Ein Muss für Studierende der Sozialen Arbeit!

**ℝ reinhardt**
www.reinhardt-verlag.de

# Wichtige rechtliche Grundlagen

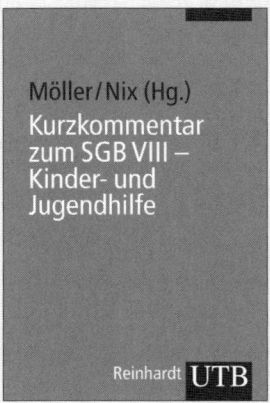

Winfried Möller / Christoph Nix (Hg.)
**Kurzkommentar zum SGB VIII – Kinder- und Jugendhilfe**
Bearbeitet von Manfred Busch, Dietmar Fehlhaber, Gerhard
Fieseler, Ernst Fricke, Petra Hartleben-Baildon, Winfried Möller,
Christian Müller, Christoph Nix, Ralf Witte
2006. 475 Seiten.
UTB-S (978-3-8252-2859-0) kt

Hier werden alle Vorschriften des achten Sozialgesetz-
buches kurz und bündig kommentiert, besonderen Wert
haben die Autorinnen und Autoren auf eine sozialpädagogische Perspektive gelegt. Aktuelle Änderungen des
Gesetzes wie TAG (Tagesbetreuungsausbaugesetz) und
KICK (Kinder- und Jugendhilfeweiterentwicklungsgesetz)
wurden berücksichtigt.

www.reinhardt-verlag.de

# Das Standardwerk der Sozialen Arbeit

Hans-Uwe Otto / Hans Thiersch (Hg.)
**Handbuch Soziale Arbeit**
Grundlagen der Sozialarbeit und Sozialpädagogik
Herausgegeben unter Mitarbeit von K. Grunwald,
K. Böllert, G. Flösser und C. Füssenhäuser
4., völlig neu bearb. Aufl. 2011. 1831 Seiten.
(978-3-497-02158-1) gb

Die völlig neu bearbeitete 4. Auflage des „Handbuch
Soziale Arbeit" von Prof. Dr. Dr. h.c. mult. Hans-Uwe Otto
und Prof. em. Dr. Dres. h.c. Hans Thiersch versammelt
über 175 Beiträge von rund 200 namhaften AutorInnen
auf 1817 Seiten zu den zentralen Themen des Faches.
Ein Großteil der Beiträge dieses Standardwerks wurde
im Vergleich zur letzten Ausgabe komplett überarbeitet
oder völlig neu geschrieben.

**EV reinhardt**
www.reinhardt-verlag.de

# Der soziale Basisdienst

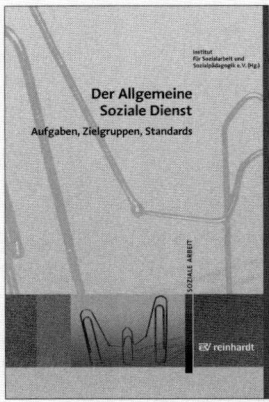

Institut für Sozialarbeit und Sozialpädagogik e.V. (ISS) (Hg.)
**Der Allgemeine Soziale Dienst**
Aufgaben, Zielgruppen, Standards
Mit Beiträgen von Dieter Kreft, Benjamin Landes, Maria Lütt-
ringhaus, Dieter Maly, Susanne Poller, Angelika Streich, Wolfgang Tenhaken, Wolfgang Trede, Reinhard J. Wabnitz,
Hans-Georg Weigel
2010. 162 Seiten. 12 Abb. 5 Tab.
(978-3-497-02135-2) kt

Studierende und PraktikerInnen in diesem Arbeitsfeld
finden Antworten auf viele Fragen: Was sind die Aufgaben des ASD? Wie sind rechtliche Rahmenbedingungen,
Verantwortung und Haftung der Handelnden geregelt?
Wie werden „Fälle bearbeitet"? Wie funktioniert die
Zusammenarbeit mit Kooperationspartnern wie Familiengerichten und Freien Trägern?

 **reinhardt**
www.reinhardt-verlag.de

# Hilfe bei der Krisenintervention

Institut für Sozialarbeit und Sozialpädagogik e.V. (ISS) (Hg.)
**Vernachlässigte Kinder besser schützen**
Sozialpädagogisches Handeln bei Kindeswohlgefährdung
Mit einer Einleitung von Dieter Kreft und Hans-Georg Weigel
sowie Beiträgen von Christoph Hoppensack, Joachim Merchel,
Thomas Meysen, Christian Schrapper
2008. 158 Seiten. 6 Abb. 5 Tab.
(978-3-497-01945-8) kt

Ausgewiesene Experten klären in diesem Lehrbuch über
den rechtlichen Rahmen bei Kindesvernachlässigung auf,
zeichnen ein fachliches Profil und skizzieren die notwendige Organisationsstruktur bei Kriseninterventionen. Ein
handlungsorientiertes Lehrbuch zu den Regeln der Kunst
bei Kriseninterventionen – damit vernachlässigte Kinder
in Zukunft frühzeitig Hilfe bekommen.

**Ǝ⁄ reinhardt**
www.reinhardt-verlag.de

# Professionelle Konfliktlösung

Anja Köstler
**Mediation**
Innenteil zweifarbig.
2010. 100 Seiten. 2 Abb. 2 Tab.
UTB-Profile (978-3-8252-3369-3) kt

Wie kann man verhindern, dass Konflikte eskalieren? Oft bietet sich die Mediation als professionelles Verfahren der Konfliktklärung und Vermittlung an. Dieses Buch führt in Konzepte und Theorien der Mediation ein und gewährt Einblick in die Arbeitsweise eines Mediators. An Fallbeispielen aus der psychosozialen Beratung, Nachbarschaftskonflikten, Teams in Firmen und Organisationen u. a. werden die einzelnen Phasen und Werkzeuge der Mediation erläutert.

## ℛ reinhardt
www.reinhardt-verlag.de